劳动法学中的解雇制度研究

梁 晓 著

延边大学出版社

图书在版编目（CIP）数据

劳动法学中的解雇制度研究 / 梁晓著. -- 延吉：
延边大学出版社，2021.11
ISBN 978-7-230-02636-9

Ⅰ. ①劳… Ⅱ. ①梁… Ⅲ. ①解雇－劳动争议－劳动
法－研究－中国 Ⅳ. ①D922.591.4

中国版本图书馆 CIP 数据核字(2021)第 251558 号

劳动法学中的解雇制度研究
——
著　　者：梁　晓
责任编辑：高　莎
封面设计：正合文化
出版发行：延边大学出版社
社　　址：吉林省延吉市公园路 977 号　　邮　　编：133002
网　　址：http://www.ydcbs.com　　E-mail：ydcbs@ydcbs.com
电　　话：0433-2732435　　传　　真：0433-2732434
印　　刷：天津市天玺印务有限公司
开　　本：710×1000　1/16
印　　张：16
字　　数：200 千字
版　　次：2021 年 11 月 第 1 版
印　　次：2024 年 3 月 第 2 次印刷
书　　号：ISBN 978-7-230-02636-9
——
定价：68.00 元

作者简介

梁晓（1984.4—），男，汉族，河北石家庄人，河北传媒学院教师，法学博士，副教授，主要研究方向为法学。

前　言

从世界发展的总体趋势看，科技的进步，尤其是人工智能技术的进步，使得越来越多的传统工作岗位逐渐消失，造成了大量剩余劳动力。新兴工作岗位越来越多，这也对劳动者的劳动技能提出了更高的要求，因而社会的就业压力依然较大。从世界范围来看，金融危机、自然灾害、民族矛盾、政治对抗、经济制裁等，都会严重影响国家经济的发展。经济低迷必然会导致劳动者就业压力增大，进而使得劳动者与用人单位在劳动关系中变得越来越不平等。对解雇制度进行研究，可以维持劳资关系的稳定，并促进其发展，确保劳动者的合法权益，因而是非常有必要的。

本书的内容共五章，第一章论述了研究缘起、研究内容和使用的研究方法；第二章主要讨论了解雇制度的相关概念及理论基础，对本书涉及的一些专有名词和法律术语进行明确的阐释，为本书研究的主要内容做了扎实的理论铺垫；第三章主要论述了中国解雇制度的规定和思量；第四章对国外的解雇制度进行介绍，主要涉及韩国、美国、英国、德国和日本等国家；第五章就进一步完善中国解雇制度进行思考并提出建议。

在编写本书过程中，笔者参阅了相关文献资料，在此谨向相关文献资料的作者表示衷心的感谢。由于笔者水平有限，书中内容难免存在不妥、疏漏之处，敬请广大读者批评指正！

梁晓

2021 年 5 月

目　　录

第一章 劳动法学中的
解雇制度研究综述

第一节 研究缘起

随着世界科技的进步，尤其是近年来人工智能技术的迅猛发展，新的工作岗位相继出现，一些传统工作岗位逐渐消失，使得全球范围内的劳动力呈现出供大于求的状况。中国是世界人口第一大国，劳动力总数量也居于世界首位，这使得中国在享受人口红利的同时，也面临着很大的就业压力。在人口红利优势消失的时候，我国的就业问题将会更加严峻。在这种形势下，劳动者与用人单位的地位将会变得越来越不平等，因此保护劳动者权益愈发重要。对中国解雇制度进行深入研究，将成为未来几年我国劳动法学界的重点课题。

中国有关解雇制度的全国性法律，主要有：1994 年 7 月 5 日由第八届全国人民代表大会常务委员会第八次会议通过，自 1995 年 1 月 1 日起施行的《中华人民共和国劳动法》（2009 年 8 月 27 日第十一届全国人民代表大会常务委员会第十次会议对其进行修改；2018 年 12 月 29 日第十三届全国人民代表大会常务委员会第七次会议对其进行再次修改）；2007 年 6 月 29 日由第十届全国人民代表大会常务委员会第二十八次会议通过，自 2008 年 1 月 1 日起施行的《中华人民共和国劳动合同法》（2012 年 12 月 28 日第十一届全国人民代表大会常务委员会第三十次会议对其进行修改）；2007 年 8 月 30 日由第十届全国人民代表大会常务委员会第二十九次会议通过，自 2008 年 1 月 1 日起施行的《中华人民共和国就业促进法》；2020 年 5 月 28 日由第十三届全国人民代表大会第三次会议表决通过，自 2021 年 1 月 1 日起施行的《中华人民共和国民法典》。

中国有关解雇制度的全国性法律解释或实施细则主要有：2020 年 12 月 25 日由最高人民法院审判委员会第一千八百二十五次会议通过，自 2021 年 1 月 1 日起施行的《最高人民法院关于审理劳动争议案件适用法律问题的解释（一）》；2008 年 9 月 3 日由国务院第二十五次常务会议通过，自公布之日起实施的《中华人民共和国劳动合同法实施条例》。此外，《最高人民法院关于审理劳动争议案件适用法律若干问题的解释》（2001 年 3 月 22 日由最高人民法院审判委员会第一千一百六十五次会议通过，自 2001 年 4 月 30 日起施行）、《最高人民法院关于审理劳动争议案件适用法律若干问题的解释（二）》（2006 年 7 月 10 日由最高人民法院审判委员会第一千三百九十三次会议通过，自 2006 年 10 月 1 日起施行）、《最高人民法院关于审理劳动争议案件适用法律若干问题的解释（三）》（2010 年 7 月 12 日由最高人民法院审判委员会第一千四百八十九次会议通过，自 2010 年 9 月 14 日起施行）、《最高人民法院关于审理劳动争议案件适用法律若干问题的解释（四）》（2012 年 12 月 31 日由最高人民法院审判委员会第一千五百六十六次会议通过，自 2013 年 2 月 1 日起施行）都曾在中国的司法实践中发挥过重要作用。随着最高人民法院发布的《最高人民法院关于审理劳动争议案件适用法律问题的解释（一）》（法释〔2020〕26 号），以及《关于废止部分司法解释及相关规范性文件的决定》（法释〔2020〕16 号）的生效，上述一系列《最高人民法院关于审理劳动争议案件适用法律若干问题的解释》被废止。

中国有关解雇制度的地方性法规或政府规章，有代表意义的有（本书内容涉及的）：1995 年 4 月 7 日，由广东省人民政府颁布，自 1995 年 5 月 1 日起施行的《广东省劳动合同管理规定》；1998 年 4 月 3 日，由黑龙江省人民政府颁布，自 1995 年 5 月 1 日起施行的《黑龙江省劳动合同管理规定》；1996 年 6 月 27 日由海南省第一届人民代表大会常务委员会第二十三次会议通过，即日施行的《海南省劳动合同管理规定》（1988 年 4 月 13 日，第七届全国人民代表大会第一次会议通过了设立海南省的决定。1993 年 1 月 30 日，海南省第一届人民代表大会第一次会议召开。因此，海南省人民代表大会的届次与其他省份不一样）；2002 年 5 月 13 日由河北省政府第五十三次常务会议通过，自 2002 年 7 月 1 日起施行的《河北省劳动合同管理办法》；2004 年 12 月 27 日由湖北省政府常务会议审议通过，自 2005 年 3 月 1 日起施行的《湖北省劳动合同规定》；2003 年 4 月 8 日由湖南省政府第四次常务会议通过，自 2003 年 6 月 1 日起施行的《湖南省劳动合同规定》；2015 年 8 月 27 日由广东省汕头市第十三届人民代表大会常务委员会第三十三次会议审议通过，自 2015 年 10 月 1 日起施行的《汕头经济特区职工权益保障条例》。

中国有关解雇制度的全国性法律、全国性法律解释或实施细则、地方性法规或政府规章，对于促进中国解雇制度的发展和保障劳动者权益起到了巨大的推动作用。当然，这些制度也需要不断改进和完善。在现实生活中，用人单位在解雇劳动者的时候，侵害劳动者权益的现象时有发生。从国内角度来看，作为社会主义国家，《中华人民共和国宪法》规定"中华人民共和国的一切权力属于人民"，劳动者的合法权益能够被有效地、全面地保护，是"人民当家作主"的重要体现。劳动者的合法权益在受到侵害的时候，劳动者能够及时得到救济，其才能够被称为国家的主人。从政党角度来看，中国共产党是中国的执政党，中国共产党将"为人民服务"作为党的宗旨。保护劳动者的合法权益就是为人民服务最直观的体现。从国际角度看，保障人权是世界各国的共识，也是国际发展的趋势。历史和实践都证明：如果用人单位的利益与劳动者的利益无法协调，这两者之间就会产生冲突，进而影响用人单位的发展，甚至影响社会经济的发展，最终将会阻碍世界各国谋求共同发展的目标的实现。劳动者的劳动权利和经济权利是人权的重要组成部分，用人单位在解雇劳动者的时候，侵害了劳动者的权益。劳动者能否得到救济，是衡量世界人权发展水平的重要参考指数。

综合国内、政党、国际三个方面，中国必须加大解雇保护制度建设。此外，在理论上，对劳动法学中的解雇制度进行研究，不仅是对劳动权研究的深化与完善，还可从中窥探劳资双方利益博弈的现状与方向，为劳动法律制度乃至社会法律制度的健全与完善提供理论依据。

第二节　研究内容

本书的基本研究思路是：基础理论研究——中国解雇制度研究与思量——国外解雇制度的介绍与启示——中国解雇制度的发展方向。

本书共分为五章。第一章是劳动法学中的解雇制度研究综述。首先，论述了本书的研究缘起。根据当前世界经济发展的大趋势，预见劳动者就业的困难，揭示中国解雇制度研究的重要性。其次，从"全国性法律""全国性法律解释或者实施细则""地方性法规或政府规章"三个方面，列举中国现行的与解雇制度相关的法律规范文件。最后，从国内、政党、国际三个方面阐述对中国解雇制度进行研究的意义。

第二章是解雇制度的相关概念及理论基础。本章的意义在于为本书研究的主要内容做好扎实的理论铺垫，对本书涉及的一些专有名词和法律术语进行明确的阐释，以避免由于词语上的歧义引起无意义的学术争议。需要注意的是，本书认为，无论是学术上的争议，还是经济矛盾、政治争端、军事冲突，这些问题的缘起都是由于各方对某些概念的理解有偏差。所以，第二章对解雇制度基础理论进行分析和对相关概念进行解释是非常有必要的。

第三章是中国解雇制度的规定和思量。该章分为四个部分：第一部分是中国合法解雇制度的规定和思量。中国的合法解雇包括即时解雇和预告解雇。《中华人民共和国劳动法》和《中华人民共和国劳动合同法》以列举的方式规定了用人单位及时解除劳动合同和预告解除劳动合同的适用情形。本书从以下几个方面进行重点分析：在试用期间被证明不符合录用条件的情形、严重违反用人单位的规章制度的情形、被依法追究刑事责任的情形、不能胜任工作的情形、客观情况发生重大变化的情形。此外，还对合法解雇的经济补偿金进行研究。第二部分是中国不当解雇救济制度的规定和思量。通过研究中国不当解雇救济制度的学术观点和现行立法状况，对其适用情形和救济方式进行思量。第三部分是中国经济裁员制度的规定和思量。通过研究中国经济裁员制度的学术观点和现行立法状况，对其裁员条件、裁员程序和限制条款进行思量。第四部分是中国推定解雇制度的规定和思量。通过研究中国推定解雇制度的学术观点和现行立法状况，对其适用情形、认定标准和法律责任进行思量。

第四章是国外解雇制度的介绍和启示。本书在研究各国解雇制度的时候，选择的是韩国、美国、英国、德国、日本五个国家。在研究"合法解雇制度""不当解雇救济制度""经济裁员制度"的章节中，均是按照韩国、美国、英国、德国、日本这个顺序进行论述的。本书在研究国外推定解雇制度的时候发现，推定解雇制度最初只是判例法上的一项制度，对该制度研究比较成熟的国家主要是英美法系国家，而韩国、德国、日本在推定解雇制度方面的研究比较少。因此，最后一节对国外推定解雇制度的研究，选择了英国、美国、加拿大这三个英美法系国家。

第五章是中国解雇制度的完善建议。基于第三章的研究内容，本书提出了中国解雇制度的完善建议。按照合法解雇制度、不当解雇救济制度、经济裁员制度、推定解雇制度的顺序，分别提出具体的完善方案。

第三节　研究方法

一、规范分析方法

规范分析方法是以价值判断为基础，以法律规范为研究对象的法学研究基本方法之一。规范分析方法注重对某项制度的法规资源进行整体评价，从而思考如何塑造该项制度，给现行制度的完善与发展指明方向、提出建议。本书通过对中国解雇制度立法进程和现行法律法规的分析，探究解雇制度的构成和适用情形，通过分析不同社会背景下的解雇制度，探究解雇制度的发展趋势。

二、比较研究方法

本书主要采用比较研究方法，即对国内与国外的相关规定进行研究、比较，以获得一定的启示。本书先分析中国解雇制度，然后选取韩国、美国、英国、德国、日本等国，并对其解雇制度进行研究，最后从中得到启示。

比较研究的方法可以使我们对国内与国外解雇制度的异同进行辨识，探讨在不同背景下借鉴国外相关制度的可能性与现实性。在经济全球化的浪潮中，国外处理劳动关系（劳动关系是指劳动者因为工作需要，客观上与用人单位形成的一种社会关系）有一定经验和技巧，我国可以在建构或完善相关制度时对其进行借鉴。

第二章　解雇制度的相关概念及理论基础

第一节　解雇的概念及相关理论

一、解雇的概念解释

（一）解雇的学界解释

英美法系的一些学者认为，解雇是由雇主一方主动发起的，目的是解除劳动关系。大陆法系的一些学者认为，解雇是雇主根据自己一方的意思表示，终止与雇员的劳动合同的法律行为。中国一些学者认为，解雇是雇主基于单方意思表示，结束与劳动者劳动关系的法律行为。无论是英美法系还是大陆法系，无论是中国还是外国，学界对解雇的主体和主客观内容等方面，都有着较为一致的理解。首先，在主体方面，解雇的主体是用人单位。用人单位包括企业、公司、个体工商户等。虽然政府机关、事业单位、政府性社会团体、事业性社会团体中的在编人员（具备公务员编制、事业单位编制的人员）是依据或参照《中华人民共和国公务员法》进行人事管理的人员，不存在劳动法意义上的解雇，但是对于政府机关、事业单位、政府性社会团体、事业性社会团体中的非在编人员（不具备公务员编制、事业单位编制的人员），依然存在劳动法意义上的解雇。因此，解雇的主体是不仅仅是企业、公司等，还包括雇佣非在编人员的其他组织。其次，在主观方面，解雇是用人单位的单方意思表示。如果是劳动者单方意思表示，解除劳动关系，那么就是"辞职"。如果是用人单位和劳动者双方意思表示，解除劳动关系，那么就是"协商一致地解除劳动关系"。再次，在客观方面，解雇是用人单位必须实施的单方意思表示行为。这种单方意思表示行为既可以是直接表明与劳动者解除劳动关系的行为，也可以是间接表明与劳动者解除劳动关系的行为，即"推定解雇行为"。最后，在内容方面，解雇的内容是用人单位与劳动者解除劳动关系。解除劳动关系与劳动合同终止既有相似之处，也有不同之处。两者的相似之处是：均导致了用人单位与劳动者劳动关系的终止。不同之处是：解除劳动关系是当事人主动实施的，有目的追求的；而劳动合同终止既包括当事人主观终止劳动合同，也包括劳动合同期满或因其他客观原因无法继续履行合同而导致劳动合同的终止。

（二）解雇与相近词的关系

在中国的司法实践中，用人单位经常会以"除名""辞退""开除"的方式来处理劳动者，这些词汇与解雇既有联系，又有区别。解雇与除名、辞退、开除的相同之处是，它们的结果都是用人单位与劳动者的劳动关系终止。解雇与其区别在于主体的不同，解雇的主体是一般意义上的用人单位；而依据《企业职工奖惩条例》[①]和《国营企业辞退违纪职工暂行规定》[②]，除名、辞退、开

---

① 《企业职工奖惩条例》于 1982 年 4 月 10 日由国务院公布实施，2008 年 1 月 15 日由国务院废止。

② 《国营企业辞退违纪职工暂行规定》于 1986 年 7 月 12 日由国务院公布实施，2001 年 10 月 6 日由国务院废止。

除的主体仅限于国有企业。除名、辞退、开除之间的区别在于引发事由的不同和处理态度的不同。根据《企业职工奖惩条例》和《国营企业辞退违纪职工暂行规定》的规定，用人单位根据员工所犯错误的性质、情节轻重程度，由轻到重地选择对其进行除名、辞退、开除处理；根据用人单位对员工处理态度的严肃程度，由"一般严肃"到"极其严肃"，作出除名、辞退、开除处理。虽然《企业职工奖惩条例》和《国营企业辞退违纪职工暂行规定》已经被废止，但是在目前的司法实践中，依然有众多国有企业和事业单位在解雇劳动者的时候，在文件中使用除名、辞退、开除等词汇，并将该文件归入劳动者人事档案中，其原因就是用人单位希望通过不同的词汇表示不同的态度，进而对劳动者起到教育和震慑的作用。

（三）解雇与劳动合同的关系

劳动合同，也称劳动契约或劳动协议，是用人单位与劳动者之间确立的一种双务合同（双方当事人互相承担义务和享有权利的合同），是一种明确双方责任、权利和义务的协议。《中华人民共和国劳动法》对劳动合同的定义是"劳动者与用人单位确立劳动关系、明确双方权利义务的协议"。[①]

用人单位单方解除劳动合同就是解雇。如果将劳动合同视为一种特殊合同，那么，劳动合同具备一般合同的共同属性，也就是解除合同导致合同终止。用人单位单方解除劳动合同，导致劳动合同的终止，用人单位与劳动者之间的权利义务关系终止，这就是解雇。当然，劳动合同作为一种特殊合同，还具备一般合同之外的特殊属性，即劳动合同是一种"继续性合同"，合同终止没有

---

① 《中华人民共和国劳动法》第十六条："劳动合同是劳动者与用人单位确立劳动关系、明确双方权利和义务的协议。"

溯及力，不影响已经履行的权利义务，所以已经付出的劳动力和已经给付的劳动报酬，不再恢复原状。当今世界，很多国家将劳动法视为民法中的特别法，将劳动合同视为合同中的特殊合同，都认为用人单位单方解除劳动合同导致劳动契约的终止，是解雇行为；都认为劳动者单方解除劳动合同导致劳动契约的终止，是辞职行为。

劳动合同期限届满，用人单位不再与劳动者续签，不是解雇。有一些学者认为，劳动合同期限届满，用人单位不再与劳动者续签，也是解雇，理由是劳动合同到期后，用人单位需要向劳动者支付补偿金。本书认为，劳动合同期限届满，导致劳动合同终止，这是客观事实，并不是用人单位的单方意思表示。虽然劳动合同期限届满后，用人单位不再与劳动者续签合同，用人单位可能会支付补偿金①，但是这种补偿金的意义是对劳动者过去劳动的认可。因此，劳动合同期限届满，用人单位不再与劳动者续签合同，不是解雇。

解雇不仅仅是用人单位单方解除劳动合同。很多学者认为，解雇是用人单位单方解除劳动合同的同义词。本书认为，解雇可以脱离劳动合同而存在。在中国的司法实践中，目前还存在一些没有签订劳动合同的劳动关系，这种劳动

---

① 《中华人民共和国劳动合同法》第四十六条规定，"有下列情形之一的，用人单位应当向劳动者支付经济补偿：（一）劳动者依照本法第三十八条规定解除劳动合同的；（二）用人单位依照本法第三十六条规定向劳动者提出解除劳动合同并与劳动者协商一致解除劳动合同的；（三）用人单位依照本法第四十条规定解除劳动合同的；（四）用人单位依照本法第四十一条第一款规定解除劳动合同的；（五）除用人单位维持或者提高劳动合同约定条件续订劳动合同，劳动者不同意续订的情形外，依照本法第四十四条第一项规定终止固定期限劳动合同的；（六）依照本法第四十四条第四项、第五项规定终止劳动合同的；（七）法律、行政法规规定的其他情形"。

关系被称为"事实劳动关系"。在我国，事实劳动关系是一种违法现象，因为《中华人民共和国劳动合同法》规定，用人单位与劳动者必须签订书面的劳动合同，如果不签订劳动合同，用人单位要向劳动者每月支付 2 倍的工资。①一般情况下，在事实劳动关系存续期间，劳动者为了能够继续工作，不会向用人单位主张 2 倍工资。一旦用人单位终止了事实劳动关系，劳动者就会向用人单位主张 2 倍工资，并可以同时主张赔偿金或者补偿金。因此，解雇既可以是用人单位单方解除劳动合同，也可以是用人单位单方解除事实劳动关系。

二、解雇的主要类型

（一）学理上的分类

1.过错解雇和无过错解雇

以解雇的原因为标准进行分类，可以分为过错解雇和无过错解雇。过错解雇就是，用人单位因为劳动者存在过错行为而对其进行解雇。劳动者的过错行为包括：违反法律法规、违反工作规则、扰乱生产秩序，甚至是个人行为不检点而导致用人单位的利益遭受损害。劳动者的过错行为必须是与劳动有关的行为，或者是对用人单位的生产经营或名誉产生影响的行为。一般认为，劳动者的纯粹个人生活中的过错，是与用人单位无关的过错，不是过错解雇的事由。

---

① 《中华人民共和国劳动合同法》第八十三条规定，"用人单位违反本法规定与劳动者约定试用期的，由劳动行政部门责令改正；违法约定的试用期已经履行的，由用人单位以劳动者试用期满月工资为标准，按已经履行的超过法定试用期的期间向劳动者支付赔偿金"。

因为过错解雇中的劳动者具有过错，所以在被解雇的时候，获得的补偿或者赔偿较少，甚至没有。无过错解雇就是，用人单位并不是因为劳动者的原因而对其进行解雇。无过错解雇的事由包括经济原因、不可抗力原因，甚至还包括劳动者个人的客观能力。虽然法律规定了无过错解雇制度，但是从道德的角度看，无过错解雇中的劳动者是无辜的，用人单位也是无奈的。因此，劳动者无过错而被解雇的时候，获得的补偿或者赔偿较多。

2.预告解雇和即时解雇

以解雇的程序为标准进行分类，可以分为预告解雇和即时解雇。预告解雇就是，用人单位在解雇劳动者之前，需要履行一定的预告程序。用人单位通过提前一定的时间告知劳动者即将被解雇的事实，使得劳动者有时间做好被解雇的心理准备，有时间安排被解雇后的收尾事宜，并且有时间寻找新的工作。预告解雇的解雇事由往往是非劳动者主观过错的客观事实。即时解雇就是，用人单位无须履行一定的预告程序，可以立刻解雇劳动者。即时解雇没有留给劳动者心理准备的时间，没有留给劳动者安排收尾事宜的时间，也没有留给劳动者寻找新工作的时间。即时解雇的解雇事由往往是劳动者有主观过错，用人单位需要将其立即解雇，以示惩戒，同时避免用人单位的利益受到更多损害。预告解雇和即时解雇都是要式法律行为，都需要书面通知劳动者，都需要一定的程序，只不过即时解雇没有预告程序。无论是预告解雇还是即时解雇，都是为了维护劳动合同的稳定性和严肃性。

3.个别解雇和集体解雇

以解雇的人数为标准进行分类，解雇可以分为个别解雇和集体解雇。个别解雇就是用人单位针对劳动者个人的解雇。个别解雇是一种特殊性解雇，用人单位每一次解雇劳动者都有不同的事由。从社会稳定的角度看，个别解雇不会对社会稳定产生较大的影响。在个别解雇中，劳动者往往是因为自身的主观原因或者自身的客观原因而被解雇的，所以他们一般不会对社会产生仇视和报复心理。但是，当整个国家、社会的个别解雇大量增加的时候，会导致总体失业率的上升，进而会引发一定的社会动荡。从用人单位的角度看，个别解雇不会对用人单位的生产和经营产生较大的影响。因为普通劳动者个人存在的价值对整个用人单位而言是微乎其微的，甚至是可以替代的。假如某个劳动者对用人单位来说是不可替代的，用人单位也不会轻易地解雇这个人。集体解雇就是，用人单位因为经济原因或某种客观事实而一次性地大量解雇劳动者。一些学者认为集体解雇就是经济裁员。从社会稳定的角度看，集体解雇对社会的稳定性会产生较大的影响。集体解雇不是劳动者的自身问题，而是社会经济大环境的问题，所以被集体解雇的劳动者容易对社会产生仇视和报复心理，最典型的就是进行集体游行和抗议。从用人单位的角度看，集体解雇会使用人单位的社会形象遭到破坏，导致人们对用人单位的信任程度降低，进而使得用人单位的经营更加困难。因此，相对于个别解雇，集体解雇的程序更加严格，条件更加苛刻。

（二）法理上的分类

1.合法解雇

中国的合法解雇是指，用人单位依照《中华人民共和国劳动法》和《中华人民共和国劳动合同法》的规定，单方解除劳动合同的行为。合法解雇分为实体上的合法解雇和程序上的合法解雇。首先，实体上的合法解雇是指，用人单位解雇劳动者的事由符合法定情形。《中华人民共和国劳动法》第二十五条[①]

---

① 《中华人民共和国劳动法》第二十五条规定，"劳动者有下列情形之一的，用人单

和《中华人民共和国劳动合同法》第三十九条①以列举的方式规定了用人单位即时解除劳动合同的法定情形。《中华人民共和国劳动法》第二十六条②和《中华人民共和国劳动合同法》第四十条③以列举的方式规定了用人单位预告解除

位可以解除劳动合同：（一）在试用期间被证明不符合录用条件的；（二）严重违反劳动纪律或者用人单位规章制度的；（三）严重失职，营私舞弊，对用人单位利益造成重大损害的；（四）被依法追究刑事责任的"。

①《中华人民共和国劳动合同法》第三十九条规定，"劳动者有下列情形之一的，用人单位可以解除劳动合同：（一）在试用期间被证明不符合录用条件的；（二）严重违反用人单位的规章制度的；（三）严重失职，营私舞弊，给用人单位造成重大损害的；（四）劳动者同时与其他用人单位建立劳动关系，对完成本单位的工作任务造成严重影响，或者经用人单位提出，拒不改正的；（五）因本法第二十六条第一款第一项规定的情形致使劳动合同无效的；（六）被依法追究刑事责任的"。

②《中华人民共和国劳动法》第二十六条规定，"有下列情形之一的，用人单位可以解除劳动合同，但是应当提前三十日以书面形式通知劳动者本人：（一）劳动者患病或者非因工负伤，医疗期满后，不能从事原工作也不能从事由用人单位另行安排的工作的；（二）劳动者不能胜任工作，经过培训或者调整工作岗位，仍不能胜任工作的；（三）劳动合同订立时所依据的客观情况发生重大变化，致使原劳动合同无法履行，经当事人协商不能就变更劳动合同达成协议的"。

③《中华人民共和国劳动合同法》第四十条规定，"有下列情形之一的，用人单位提前三十日以书面形式通知劳动者本人或者额外支付劳动者一个月工资后，可以解除劳动合同：（一）劳动者患病或者非因工负伤，在规定的医疗期满后不能从事原工作，也不能从事由用人单位另行安排的工作的；（二）劳动者不能胜任工作，经过培训或者调整工作岗位，仍不能胜任工作的；（三）劳动合同订立时所依据的客观情况发生重大变化，致使劳动合同无法履行，经用人单位与劳动者协商，未能就变更劳动合同内容达成协议的"。

劳动合同的法定情形。其次，程序上的合法解雇是指，用人单位解雇劳动者的程序符合法定流程。《中华人民共和国劳动法》第二十六条和《中华人民共和国劳动合同法》第四十条规定了预告解雇的程序。[①]《中华人民共和国劳动合同法》第五十条[②]还规定了解雇发生后的程序。因为合法解雇是用人单位以守法的方式进行的，从法律的角度看，该行为应该给予肯定，因而用人单位为此受到的限制较少、付出的代价较低。

2.不当解雇

中国的不当解雇是指，用人单位违反《中华人民共和国劳动法》和《中华人民共和国劳动合同法》的规定或无法律依据，单方解除劳动合同的行为。不当解雇分为违法解雇和无法律依据解雇两种。第一，违法解雇是指，用人单位解雇劳动者的事由是法律明确规定不得解雇的情形。《中华人民共和国劳动法》第二

---

① 《中华人民共和国劳动法》第二十六条规定预告解雇，"用人单位可以解除劳动合同，应当提前三十日以书面形式通知劳动者本人"；《中华人民共和国劳动合同法》第四十条规定预告解雇，"用人单位提前三十日以书面形式通知劳动者本人或者额外支付劳动者一个月工资后，可以解除劳动合同"。

② 《中华人民共和国劳动合同法》第五十条规定，"用人单位应当在解除或者终止劳动合同时出具解除或者终止劳动合同的证明，并在十五日内为劳动者办理档案和社会保险关系转移手续。劳动者应当按照双方约定，办理工作交接。用人单位依照本法有关规定应当向劳动者支付经济补偿的，在办结工作交接时支付。用人单位对已经解除或者终止的劳动合同的文本，至少保存二年备查"。

十九条①和《中华人民共和国劳动合同法》第四十二条②以列举的方式规定了用人单位不得解雇劳动者的情形。第二，无法律依据解雇是指，用人单位解雇劳动者，虽然没有违反法律规定的不得解雇的情形，但是也不符合解雇的法定情形。一些学者认为，"法无规定即可为"，法律没有规定某种情况不得解雇，则不属于不当解雇，因而不应该将其作为解雇的分类进行讨论。本书认为，既然中国法律规定了解雇的法定情形，那么，不符合法定情形的解雇就是不当解雇。中国法律规定的不得解雇的情形，是为了强调保护劳动者权利，因此违反不得解雇的情形的解雇就是非法解雇，也是不当解雇。不当解雇是用人单位违法或者无法律依据而实施的行为，从法律的角度看，该行为应该给予否定，因而用人单位为此受到的限制较多、付出的代价较高。

3.经济裁员

中国的经济裁员是指，用人单位依照《中华人民共和国劳动法》和《中

---

① 《中华人民共和国劳动法》第二十九条规定，"劳动者有下列情形之一的，用人单位不得依据本法第二十六条、第二十七条的规定解除劳动合同：（一）患职业病或者因工负伤并被确认丧失或者部分丧失劳动能力的；（二）患病或者负伤，在规定的医疗期内的；（三）女职工在孕期、产期、哺乳期内的；（四）法律、行政法规规定的其他情形"。

② 《中华人民共和国劳动合同法》第四十二条规定，"劳动者有下列情形之一的，用人单位不得依照本法第四十条、第四十一条的规定解除劳动合同：（一）从事接触职业病危害作业的劳动者未进行离岗前职业健康检查，或者疑似职业病病人在诊断或者医学观察期间的；（二）在本单位患职业病或者因工负伤并被确认丧失或者部分丧失劳动能力的；（三）患病或者非因工负伤，在规定的医疗期内的；（四）女职工在孕期、产期、哺乳期的；（五）在本单位连续工作满十五年，且距法定退休年龄不足五年的；（六）法律、行政法规规定的其他情形"。

华人民共和国劳动合同法》的规定，在面临破产、生产经营困难、经营方式调整、客观情况致使劳动合同无法履行等情形的时候，大量裁减人员的一种行为。《中华人民共和国劳动法》第二十七条[①]和《中华人民共和国劳动合同法》第四十一条[②]规定了经济裁员的适用情形和程序。根据法律规定可以判断出，经济裁员属于预告解雇，但是又与一般性预告解雇存在诸多不同。首先，在解雇的法定情形方面，经济裁员的法定情形是"大环境"，是与用人单位甚至社会经济状态有关的；一般性预告解雇的法定情形是"小环境"，是与劳动者本身有关的。其次，在解雇对象方面，经济裁员是"群体事件"；一般性预告解雇是"个体事件"。再次，在解雇程序方面，经济裁员的程序相对复杂；一般性预告解雇相对简单。最后，在社会影响方面，经济裁员对社会的影响较

---

① 《中华人民共和国劳动法》第二十七条："用人单位濒临破产进行法定整顿期间或者生产经营状况发生严重困难，确需裁减人员的，应当提前三十日向工会或者全体职工说明情况，听取工会或者职工的意见，经向劳动行政部门报告后，可以裁减人员。"

② 《中华人民共和国劳动合同法》第四十一条规定，"有下列情形之一，需要裁减人员二十人以上或者裁减不足二十人但占企业职工总数百分之十以上的，用人单位提前三十日向工会或者全体职工说明情况，听取工会或者职工的意见后，裁减人员方案经向劳动行政部门报告，可以裁减人员：（一）依照企业破产法规定进行重整的；（二）生产经营发生严重困难的；（三）企业转产、重大技术革新或者经营方式调整，经变更劳动合同后，仍需裁减人员的；（四）其他因劳动合同订立时所依据的客观经济情况发生重大变化，致使劳动合同无法履行的。裁减人员时，应当优先留用下列人员：（一）与本单位订立较长期限的固定期限劳动合同的；（二）与本单位订立无固定期限劳动合同的；（三）家庭无其他就业人员，有需要扶养的老人或者未成年人的。用人单位依照本条第一款规定裁减人员，在六个月内重新招用人员的，应当通知被裁减的人员，并在同等条件下优先招用被裁减的人员"。

大；一般性预告解雇对社会的影响较小。

4.推定解雇

中国的推定解雇是指，表面上是由劳动者单方提出解除劳动合同，实质上是因为用人单位实施了某些行为，迫使劳动者辞职的变相解雇。《中华人民共和国劳动法》第三十二条[①]与《中华人民共和国劳动合同法》第三十八条[②]规定了劳动者即时辞职的法定情形。广义上的劳动者辞职包括主动辞职和被动辞职。主动辞职是劳动者由于个人原因，心甘情愿地单方解除劳动合同。被动辞职是劳动者由于用人单位的原因，被迫无奈地单方解除劳动合同。主动辞职就是狭义上的辞职，而被动辞职应该视为推定解雇，从保护劳动者权利的角度，劳动者被动辞职时，用人单位应根据解雇的补偿或赔偿标准给予劳动者经济补偿。如果将劳动者被动辞职视为主动辞职，或者将推定解雇视为主动辞职，容易造成用人单位权利滥用，或者以合法手段掩盖非法目的，进而侵害劳动者的权益。

---

① 《中华人民共和国劳动法》第三十二条规定，"有下列情形之一的，劳动者可以随时通知用人单位解除劳动合同：（一）在试用期内的；（二）用人单位以暴力、威胁或者非法限制人身自由的手段强迫劳动的；（三）用人单位未按照劳动合同约定支付劳动报酬或者提供劳动条件的"。

② 《中华人民共和国劳动合同法》第三十八条规定，"用人单位有下列情形之一的，劳动者可以解除劳动合同：（一）未按照劳动合同约定提供劳动保护或者劳动条件的；（二）未及时足额支付劳动报酬的；（三）未依法为劳动者缴纳社会保险费的；（四）用人单位的规章制度违反法律、法规的规定，损害劳动者权益的；（五）因本法第二十六条第一款规定的情形致使劳动合同无效的；（六）法律、行政法规规定劳动者可以解除劳动合同的其他情形。用人单位以暴力、威胁或者非法限制人身自由的手段强迫劳动者劳动的，或者用人单位违章指挥、强令冒险作业危及劳动者人身安全的，劳动者可以立即解除劳动合同，不需事先告知用人单位"。

三、解雇的基本功能

（一）对用人单位的功能

1.积极功能

解雇是市场经济运行中的常见现象。主张市场经济自由化的学者对解雇的积极功能非常认可。例如，法学家爱泼斯坦（Richard A. Epstein）认为，自由地解雇在三个方面对雇主具有吸引力：它有利于激励员工，具有灵活性，且采用该原则时企业的管理成本较低。本书认为，解雇对于用人单位的积极功能主要体现在三个方面。首先，有利于提高用人单位的活力。中国有句谚语"流水不腐，户枢不蠹"，意思是水只有不断流动，才可以保持新鲜；木门的轴承只有不断地转动，才可以避免被虫蛀。如果用人单位的人员很长时间没有变动，就犹如一潭死水，缺乏活力。其次，有利于用人单位加强对劳动者的管理。用人单位对劳动者管理最重要的手段就是奖勤罚懒。解雇是惩罚懒惰员工最有效的方法。解雇可以使用人单位具有权威性和震慑力，从而增强劳动者的服从性，便于用人单位加强对劳动者的管理。最后，有利于用人单位紧跟市场发展趋势。市场发展动态瞬息万变，用人单位不能保守原有的生产经营模式和思维，否则就会被市场淘汰。用人单位需要紧跟时代步伐，劳动者也需要有新思维和新办法。保证用人单位和劳动者紧跟时代发展的方法有两个：一是加强对劳动者的培训，使他们获得新的知识，形成新的思维；二是淘汰落后的劳动者，引进具有新知识和新思维的新劳动者。解雇是完成劳动者更新换代的最基本的方式，便于用人单位紧跟市场发展趋势。

2.消极功能

市场经济社会中的经济学家和法学家，不太关注解雇对用人单位的消极作用。事实上，解雇对用人单位的消极功能是存在的，主要体现在三个方面。首先，解雇容易让用人单位名誉受损。人们普遍具有同情弱者的心理。用人单位解雇劳动者，会给社会民众一种冷漠无情的感觉。尤其是被解雇的劳动者被媒体报道后，一旦引起社会广泛关注，产生负面影响，用人单位的名誉就会受损。其次，解雇容易增大用人单位招聘难度。如果用人单位的解雇频繁发生，那么计划进入该用人单位的人，就会思考自己会不会也有一天被轻易地解雇，使人们不敢轻易进入该用人单位工作，增大了用人单位的招聘难度。最后，解雇容易增加用人单位诉讼成本。一旦被解雇的劳动者心有不甘，势必会通过诉讼的方式为自己讨回公道。虽然一些用人单位设置了法务部门，有专门的法务人员，但是一般而言，用人单位的法务人员数量是按照日常工作劳动强度来设置和配备的。因解雇引发的额外诉讼会使用人单位付出更多代价。这些都是解雇对用人单位消极作用的体现。

（二）对劳动者的功能

1.积极功能

解雇是劳动者被迫面对的事实。解雇对劳动者的功能分为积极功能和消极功能。多数学者在研究的时候，将关注点集中在解雇对劳动者的消极功能上，忽视了其对劳动者的积极功能。解雇对劳动者的积极功能主要表现在两个方面。首先，解雇可以鞭策未被解雇的劳动者。孟子曾说："生于忧患，死于安乐。"这句话的意思是人面临困难的时候，会奋发图强；身处在安逸舒适的环境下，会堕落灭亡。通过解雇，可以对未被解雇的劳动者起到警示作用，使其产生危机感，迫使其努力工作，提高生产效率。虽然劳动者被迫提高劳动效率、被迫提高业务能力，但是最终也是劳动者自身工作能力得到了提高。劳动者自身工作能力的提高，可以为其赢得更多的工资福利。其次，解雇可以激发被解雇劳动者的潜力。中国有句俗语"树挪死，人挪活"，意思是树木离开了原来的地方，就会死去；人离开了原来的地方，会生活得更好。劳动者长时间在同一个用人单位会产生惰性，容易产生"做一天和尚，撞一天钟"的想法。解雇迫使被解雇的劳动者抛弃原有的工作与生活模式，在不断突破自我的过程中，取得新的成就。

2.消极功能

解雇对劳动者的消极功能是显而易见的。失业或者提前退休，会对劳动者的人格利益（借助工作以发展其人格）有明显影响。解雇对劳动者的消极功能主要表现在三个方面。首先，解雇使劳动者失去生活来源。劳动作为人类的生存条件，是一切形式的人类社会所共有的，这是马克思和恩格斯一贯的观点。马克思指出："劳动作为使用价值的创造者，作为有用劳动，是不以一切社会形式为转移的人类生存条件，是人和自然之间的物质变换，即人类生活得以实现的永恒的自然必然性。"因此，劳动者失去了工作，就失去了谋生手段，就失去了生活来源。其次，解雇使劳动者失去社会地位。人的社会地位是由多种因素共同作用的，其中工作是最重要的因素之一。在现代社会，劳动者失去工作，就意味着失去因工作产生的人际关系，其社会地位也会随之失去。最后，解雇会使劳动者减少对用人单位的情感。用人单位为了更好地提高生产效率，需要凝聚人心、鼓舞士气。用人单位凝聚人心、鼓舞士气，不能仅仅依靠工资福利，还要打造企业文化，培养劳动者对用人单位的情感，尤其是忠诚度和依赖感。如果用人单位频繁解雇劳动者，那么就会使劳动者减少对用人单位的情感，使劳动者仅仅把用人单位看作挣钱的场所，缺乏为之奋斗的精神，这会影响用人单位的发展。

第二节　解雇权的概念及相关理论

一、解雇权的概念解释

（一）解雇权的学理解释

研究解雇权的概念是研究解雇保护制度的理论起点和逻辑起点。解雇权的概念并不存在于法律条文之中，而是存在于学术界的研究和探讨之中。很多研究解雇保护制度的学者，仅仅研究了解雇的概念，而没有研究解雇权的概念。本书认为，对解雇概念的研究不能代替对解雇权概念的研究。

很多研究解雇权概念的学者认为，狭义上的解雇权是指用人单位单方解除劳动合同的权利，这里的单方解除劳动合同，仅仅是指单方解除书面劳动合同，不包括单方解除口头劳动合同，也不包括单方解除没有劳动合同的事实劳动关系。中国人民大学法学院王益英教授在其编著的《外国劳动法和社会保障法》一书中认为，解雇权是指用人单位根据自己的意愿向被雇佣的劳动者表示终止劳动契约的权利。很多研究解雇权概念的学者认为，广义上的解雇权是指用人单位单方解除劳动关系的权利，这里的劳动关系既包括基于劳动合同的劳动关系，也包括没有劳动合同的事实劳动关系；既包括基于书面劳动合同的劳动关系，也包括基于口头劳动合同的劳动关系。例如：解雇兼职劳动者、勤工俭学劳动者、以小时计酬的劳动者等。

本书认同将解雇权分为狭义解雇权和广义解雇权，但不认同上述学者对此的划分方法。本书认为，上述划分方法在现实中的意义不大，因为狭义解雇权和广义解雇权的法律渊源都是劳动法及其相关法律法规。中国学者周军认为狭义上的解雇权，其法律渊源是《中华人民共和国劳动法》和《中华人民共和国劳动合同法》。虽然他没有指明广义上的解雇权的法律渊源是什么，但是《中华人民共和国劳动合同法》有明确的关于"非全日制用工"的规定①。非全日制用工就是广义解雇权中的"兼职劳动者、勤工俭学劳动者、以小时计酬的劳动者"。由此可见，中国广义上的解雇权的法律渊源依然是《中华人民共和国劳动法》和《中华人民共和国劳动合同法》。

本书认为，应该以法律渊源为标准，将解雇权分为狭义解雇权和广义解雇权。本书认为的狭义解雇权就是以劳动法及其相关法律法规为渊源，用人单位单方解除与劳动者的劳动合同或劳动关系的权利。本书认为的广义解雇权包括了上述学者认为的狭义解雇权和广义解雇权，即以劳动法和民法及其相关法律法规为渊源，用人单位单方解除与劳动者的劳务关系。劳务关系是指，用人单位将某项工作发包、分包给具有独立经营资格的劳动者或其他单位。在中国，人们将解除劳务关系也称为解雇，将该权利称为解雇权，本书将此划为广义上的解雇权。但是本书研究的解雇权，仅仅是指本书认为的狭义解雇权。

---

① 《中华人民共和国劳动合同法》第六十八条："非全日制用工，是指以小时计酬为主，劳动者在同一用人单位一般平均每日工作时间不超过四小时，每周工作时间累计不超过二十四小时的用工形式。"第六十九条："非全日制用工双方当事人可以订立口头协议。从事非全日制用工的劳动者可以与一个或者一个以上用人单位订立劳动合同；但是，后订立的劳动合同不得影响先订立的劳动合同的履行。"第七十条："非全日制用工双方当事人不得约定试用期。"第七十一条："非全日制用工双方当事人任何一方都可以随时通知对方终止用工。终止用工，用人单位不向劳动者支付经济补偿。"第七十二条："非全日制用工小时计酬标准不得低于用人单位所在地人民政府规定的最低小时工资标准。非全日制用工劳动报酬结算支付周期最长不得超过十五日。"

（二）解雇权的要素解释

1.解雇权的主体要素

解雇权的主体是用人单位。首先，解雇权的主体是用人单位，不能是个人。假如一个人召集了其他人完成某项工作，他们的关系不是雇佣关系，而是一般合同关系，如保姆。保姆和雇主之间是平等的民事主体，是一般合同关系，这种法律关系不适用于劳动法，而适用于民法中关于合同的法律规定，例如《中华人民共和国民法典》第四百六十三条至第四百六十七条的规定①。假如一个人同其他人一同完成某项工作，并为此签订了合伙契约，他们的关系不是雇佣关系，而是合伙关系。这种关系不适用于劳动法，而适用于民法中关于合伙人的法律规定，例如《中华人民共和国民法典》第九百六十七条等的规定②。其

---

① 《中华人民共和国民法典》第四百六十三条："本编调整因合同产生的民事关系。"第四百六十四条："合同是民事主体之间设立、变更、终止民事法律关系的协议。婚姻、收养、监护等有关身份关系的协议，适用有关该身份关系的法律规定；没有规定的，可以根据其性质参照适用本编规定。"第四百六十五条："依法成立的合同，受法律保护。依法成立的合同，仅对当事人具有法律约束力，但是法律另有规定的除外。"第四百六十六条："当事人对合同条款的理解有争议的，应当依据本法第一百四十二条第一款的规定，确定争议条款的含义。合同文本采用两种以上文字订立并约定具有同等效力的，对各文本使用的词句推定具有相同含义。各文本使用的词句不一致的，应当根据合同的相关条款、性质、目的以及诚信原则等予以解释。"第四百六十七条："本法或者其他法律没有明文规定的合同，适用本编通则的规定，并可以参照适用本编或者其他法律最相类似合同的规定。"

② 《中华人民共和国民法典》第九百六十七条："合伙合同是两个以上合伙人为了共同的事业目的，订立的共享利益、共担风险的协议。"第九百六十八条："合伙人应当按照约定的出资方式、数额和缴付期限，履行出资义务。"第九百七十一条："合伙人不得因执

次，解雇权的主体是单位，且该单位受劳动法及其相关法律法规的调整，如政府、事业单位。但是政府、事业单位中没有编制的普通雇员，他们和政府、事业单位之间的关系依然是劳动关系，此时的政府、事业单位属于解雇权的主体。例如，《中华人民共和国劳动法》第二条①和《中华人民共和国劳动合同法》第二条②的规定。最后，值得注意的是，党派、社会团体是否属于解雇权主体，要看该党派、社会团体的性质。一些党派、社会团体是民间组织性质，那么这些党派、社会团体就属于解雇权主体。而一些党派、社会团体是政府、公共事业性质组织，那么这些党派、团体就不属于解雇权主体。在中国，这个问题必须引起人们注意，因为中国是社会主义国家，一些党派、社会团体具有很大的特

行合伙事务而请求支付报酬，但是合伙合同另有约定的除外。"第九百七十六条："合伙人对合伙期限没有约定或者约定不明确，依据本法第五百一十条的规定仍不能确定的，视为不定期合伙。合伙期限届满，合伙人继续执行合伙事务，其他合伙人没有提出异议的，原合伙合同继续有效，但是合伙期限为不定期。合伙人可以随时解除不定期合伙合同，但是应当在合理期限之前通知其他合伙人。"第九百七十七条："合伙人死亡、丧失民事行为能力或者终止的，合伙合同终止；但是，合伙合同另有约定或者根据合伙事务的性质不宜终止的除外。"第九百七十八条："合伙合同终止后，合伙财产在支付因终止而产生的费用以及清偿合伙债务后有剩余的，依据本法第九百七十二条的规定进行分配。"

① 《中华人民共和国劳动法》第二条："在中华人民共和国境内的企业、个体经济组织（以下统称用人单位）和与之形成劳动关系的劳动者，适用本法。国家机关、事业组织、社会团体和与之建立劳动合同关系的劳动者，依照本法执行。"

② 《中华人民共和国劳动合同法》第二条："中华人民共和国境内的企业、个体经济组织、民办非企业单位等组织（以下称用人单位）与劳动者建立劳动关系，订立、履行、变更、解除或者终止劳动合同，适用本法。国家机关、事业单位、社会团体和与其建立劳动关系的劳动者，订立、履行、变更、解除或者终止劳动合同，依照本法执行。"

殊性。例如，从中央委员到乡镇党委委员和政府机关、国有企业、事业单位中的党组织中的党员干部，均参照《中华人民共和国公务员法》实施工作。即便是农村的党支部党员干部，就党务工作而言，也不是劳动法意义上的劳动者。中国有 8 个民主党派[①]，他们中的专职工作人员，也是参照《中华人民共和国公务员法》开展工作的，中国公务员考试中的职位，也有 8 个民主党派工作岗位。因此，这些党派不属于解雇权主体。再如，中华全国总工会、中国作家协会、中国文学艺术界联合会等 21 个正部级社会团体[②]，其中的专职工作人员，也是参照《中华人民共和国公务员法》开展工作的，中国公务员考试中的职位，也有这些社会团体的工作岗位。因此，这些社会团体也不属于解雇权主体。

2.解雇权的客体要素

从哲学的角度看，马克思认为客体是主体实践活动的对象。从刑法学的角度看，一些学者认为，客体不是对象，而是主体实施的行为。本书认为，从劳动法学角度看，客体应该是一种行为，这种行为包括行为的对象和行为导致的结果。因此，解雇权客体要素是解雇权主体行使解雇权的法律行为，该法律行为的对象是劳动关系，导致的结果是劳动关系的消灭。

---

① 中国 8 个民主党派：中国国民党革命委员会、中国民主同盟、中国民主建国会、中国民主促进会、中国农工民主党、中国致公党、九三学社和台湾民主自治同盟。

② 中国 21 个正部级社会团体：1.中华全国总工会；2.中国共产主义青年团中央委员会；3.中华全国妇女联合会；4.中华全国工商业联合会；5.中国科学技术协会；6.中国文学艺术界联合会；7.中国作家协会；8.中华全国新闻工作者联合会；9.中华全国归国华侨联合会；10.中华全国台湾同胞联谊会；11.中华全国供销合作总社理事会；12.中国人民对外友好协会；13.中国红十字会；14.中国国际贸易促进委员会；15.中国宋庆龄基金会；16.中国残疾人联合会；17.中国法学会；18.中国人民外交学会；19.国务院三峡工程建设委员会办公室；20.国务院南水北调工程建设委员会办公室；21.中国国家开发银行。

（1）行为的对象是劳动关系

对于签订劳动合同的情况，用人单位行使解雇权就是单方解除与劳动者的劳动合同。对于没有签订劳动合同的事实劳动关系，用人单位行使解雇权就是单方解除与劳动者的事实劳动关系。在本书中，在没有特别说明的情况下，单方解除与劳动者的劳动合同包括单方解除与劳动者的事实劳动关系。目前在中国，劳动关系包括三种：一是基于固定工作制度的劳动关系；二是基于劳动合同的劳动关系；三是没有劳动合同的事实劳动关系。第一种，基于固定工作制度的劳动关系，这是中国计划经济的特殊产物。在 1949 年中华人民共和国成立之后，到 1978 年改革开放之前，中国效仿苏联经济模式开展经济建设。在计划经济时代，国有企业与职工没有签订劳动合同，职工的法律地位也不参照公务员标准，它们有一套自己的固定工作制度。在这种固定工作制度下，职工与用人单位是"终身制关系"①和"全面制关系"②。中国改革开放 43 年的实践证明，计划经济不适合中国现代化发展，中国的计划经济体制已经逐渐被市场经济体制代替。虽然现在中国还有少数历史遗留的固定工作制度的劳动关系，但是这种劳动关系也会逐渐被历史淘汰。第三种，没有劳动合同的事实劳动关系，这是法治落后的产物。中国改革开放以来，民主法治取得了长足发展，但是还存在法治落后的情况，一些劳动者法治观念不强，一些用人单位知法犯法，没有和劳动者签订劳动合同。近年来，随着法治建设的发展与进步，这种事实劳动关系也会逐渐退出历史舞台。因此第二种，基于劳动合同的劳动关系

---

① 终身制关系是指，职工经过国家劳动人事部门统一招录、调配，安排到国有企业工作，只要不触犯法律和企业制度，就长期在企业工作到退休。也叫作"铁饭碗式关系"。
② 全面制关系是指，职工和企业之间，形成以劳动关系为主，涉及生活各个方面的关系，包括职工的结婚、生育、丧葬等各个方面。

才是主流，才是解雇权的主要客体要素。

（2）行为的结果是劳动关系的消灭

劳动关系的消灭就是劳动合同的终止，劳动者不再为用人单位提供劳动，用人单位不再向劳动者支付劳动报酬。这种劳动合同的终止是"结束"，不是"中止"，即便劳动者随后马上与用人单位签订劳动合同，也只是新的劳动关系的建立，与原来的劳动关系没有关联。需要注意的是，劳动合同的终止并不意味着停止任何行动的"不作为"，用人单位还需要向劳动者支付赔偿金或者补偿金，而且还要协助劳动者办理人事档案和社会保险的转移手续。劳动者也需要将本人工作使用的设施设备和工作文件交还给用人单位。

二、解雇权的性质

解雇权的性质是典型的形成权，形成权是依权利人一方的意思表示而使法律关系发生、内容变更或消灭的权利。形成权是一个很宽泛的概念，依据不同标准，可以分为不同的形成权。其一，以法律关系的产生、变更、消灭为标准，可以分为积极形成权和消极形成权。积极形成权是指使得法律关系产生或变更的权利，例如追认权、优先购买权等。消极形成权是指使得法律关系消灭的权利，例如解除权、撤销权等。解雇权在这个划分标准中属于消极形成权。其二，以法的调整对象为标准，可以分为债权法上的形成权、物权法上的形成权、婚姻法上的形成权、继承法上的形成权、劳动法上的形成权。债权法上的形成权主要有：债的撤销权、债的追认权、债的抵销权等。物权法上的形成权主要有：典物回赎权、共有物分割请求权等。婚姻法上的形成权主要有：离婚请求权、收养关系解除权等。继承法上的形成权主要有：继承放弃权、遗嘱撤销权、遗赠撤销权、遗产分割请求权等。劳动法上的形成权主要有：解雇权、辞职权等。解雇权在这个划分标准中属于典型的劳动法上的形成权。其三，以约定或法定为标准，可以分为约定形成权和法定形成权。在这个分类标准中，解雇权可以分为约定解雇权和法定解雇权。

需要强调的是，在对待中国目前是否有约定解雇权的问题上，学界有一定争议。郑州航空工业管理学院的李国庆认为，虽然《中华人民共和国劳动法》第二十三条规定了约定解雇权，但是之后颁布实施的《中华人民共和国劳动合同法》取消了约定解雇权，因此解雇权只有法定解雇权。本书认为，目前在中国依然有约定解雇权。《中华人民共和国劳动法》和《中华人民共和国劳动合同法》的法律位阶是相同的，两者都是由全国人民代表大会常务委员会颁布实施的，不存在谁高谁低的问题。两部法律都是现行法律，虽然在颁布实施的时间上有先后之别[1]，但是两者在约定解雇规定方面，没有彼此否定、没有彼此冲突。《中华人民共和国劳动法》规定了约定解雇，而《中华人民共和国劳动合同法》没有规定约定解雇，不能视为是对约定解雇的删除，而应该视为对约定解雇的默认。因此，本书认为目前在中国既有约定解雇权，也有法定解雇权。对于法定解雇权的存在，中国学界没有分歧，都认为《中华人民共和国劳动法》

---

[1] 《中华人民共和国劳动法》由第八届全国人民代表大会常务委员会第八次会议于1994年7月5日通过，2018年12月29日第十三届全国人民代表大会常务委员会第七次会议修改。《中华人民共和国劳动合同法》由第十届全国人民代表大会常务委员会第二十八次会议于2007年6月29日通过，2012年12月28日第十一届全国人民代表大会常务委员会第三十次会议修改。

第二十五条至第二十七条[①]、《中华人民共和国劳动合同法》第三十九条至四十一条[②]规定了法定解雇权。

三、解雇权的限制

（一）限制解雇权的原因

在历史发展的长河之中，从原始社会末期开始出现不平等，造成这种不平等的原因，除了自然原因，还有社会原因。例如，在中国原始社会末期的尧、舜、禹时期，已经开始出现因为权力而导致人们地位的不平等现象。奴隶社会和封建社会，奴隶主阶级和封建地主阶级将人们地位的不平等变为常态，法律存在的重要意义就是维护特权和地位的不平等。在近代市场经济的发展中，经济主体和个人主体由于能力的不同和资源占有的不同等，导致了社会成员之间的不平等，形成了社会强势群体和弱势群体。现代社会自由、平等、正义、公正思想的发展，要求通过法律来调节这些不平等。法律通过加强对社会弱势群体的保护、对社会强势群体权利和权力的限制，进而影响社会结构和经济结构，避免因为利益失衡而导致社会整体的严重不平等。具体到劳动领域，虽然我们一直倡导劳动者和用人单位平等，但是在现实中，劳动者只能在形式上与用人单位保持平等，而无法达到实际上的平等。用人单位在行使解雇权的过程中，这种不平等会更加突出地表现出来。具体而言，劳动者与用人单位之间，因为以下三个方面的不对等，使得解雇权必须受到限制。

---

① 参见第 14 页脚注①、第 15 页脚注②、第 18 页脚注①。

② 参见第 15 页脚注①、第 15 页脚注③、第 18 页脚注②。

1.经济资源的原因

用人单位作为市场经济的主体,其存在的目的就是追求经济利益。在社会学领域,用人单位是比初级社会群体更高级的次级社会群体。次级社会群体与初级社会群体本质上的不同是,是否有明确目标,并围绕该目标进行所有活动。用人单位是典型的次级社会群体,其所有活动都是围绕获得经济利益展开的,如果其经济利益获取不足,那么就会被市场淘汰。用人单位在经济来源、经济积累、经济适用方面,比劳动者拥有更多优势。其一,经济来源方面。用人单位的经济来源主要依靠生产经营和投资经营。劳动者的经济来源主要是用人单位支付的工资。这两者相比较,生产经营和投资经营的金钱数额比工资的金钱数额多得多。从马克思主义经济学的角度看,用人单位的经济来源是资本家剥削工人的剩余价值,劳动者的经济来源是被剥削后的工资。剥削者和被剥削者在经济来源方面肯定是不平等的。其二,经济积累方面。用人单位因为本身的经济体量较大,投入金额较大,所以经济积累的规模就会很大。在市场经济健康发展的大环境下,用人单位经济积累的速度也会较快。在市场经济停滞发展或缓慢发展的大环境下,尤其是在经济危机的时候,用人单位经济积累的速度会放缓甚至倒退。对劳动者而言,在市场经济健康发展的大环境下,扣除消费支出后,经济体量小、经济积累速度较慢。其三,经济使用方面。用人单位作为市场经济主体,就是要追求高额利润,所以会将经济来源、经济积累再投入到生产经营之中,不断地壮大自己的规模,谋求更大的经济利益。对劳动者而言,获得工资后,首先是支付生活必须消费,如饮食、服装、交通、子女教育等消费;其次是支付娱乐和高档消费,如电影、游戏、化妆品、珠宝首饰等消费;最后将剩余的金钱存入银行,或购买理财产品。在劳动者的经济使用情况中,大部分属于消费,只有购买理财产品属于投资,而且这种投资的回报远远小于用人单位生产经营的投资回报。

2.依存关系的原因

在现代社会中，虽然很多法律法规都表明人与人之间的关系是独立自主的，但是更多的司法实践和现实生活却表明人与人之间的对称、相互关系只是一种理想化状态。用人单位和劳动者是相互依存的，没有劳动者，用人单位无法生产经营、无法存在；没有用人单位，劳动者无法获得工资，无法生存。但是，用人单位和劳动者之间的依存关系是不对称的。劳动者在签订和履行劳动合同的时候，往往需要大量投入额外成本，这就加重了对用人单位的依存程度。劳动者需要额外投入的成本包括前期成本、人生成本、感情成本等。前期成本是指劳动者在应聘工作阶段的成本。例如，制作应聘简历、了解用人单位情况、为应聘而准备服装等。这些投入是不对等的，用人单位不会为这种投入买单。人生成本是指劳动者在用人单位工作，因为工作原因，失去了恋爱结婚的机会、失去了照顾父母的机会等。即便是某些劳动者因为工作的原因，失去了很多其他机会，用人单位在解雇的时候，也不会考虑这些。感情成本是指劳动者对用人单位和同事产生的感情。劳动者在某一个用人单位工作时间久了，自然容易产生感情，而用人单位是一个组织，不具备人的感情。在这方面，劳动者是单方面的感情付出者。

3.社会关系的原因

用人单位和劳动者在社会关系方面是不平等的，这种不平等表现在社会影响力和社会人脉资源两个方面。其一，社会影响力方面。用人单位是市场经济重要的直接推动力。现代社会财富的创造、科技的发展、交通的便利都离不开用人单位。大型用人单位对社会的影响力是每个人都能感受到的。例如，在韩国有这样一种说法：韩国人的一生无法避免三件事，即死亡、税收和三星。韩国人在日常生活中会使用很多三星公司的产品。韩国三星公司的社会影响力，不仅仅影响着每一个韩国人的生活，还影响着韩国经济。相比之下，劳动者的社会影响力就非常小。其二，社会人脉资源方面。用人单位比劳动者更容易搭建和扩大社会人脉资源。尤其是大公司凭借自己雄厚的财力和较强的影响力，可以拥有广泛的社会人脉资源。例如，用人单位和政府部门之间，因为政府的一大职能是促进经济的增长，大公司的发展是重要的经济增长点；又因为政府的主要财政来源是税收，用人单位是国家税收的重要贡献者。因此，用人单位在和政府部门交往的时候容易形成良好的关系，互相帮助。相比之下，劳动者在社会人脉资源占有方面处于劣势地位。

（二）解雇权限制的理论学说

在资本主义早期，资产阶级主张自由市场经济，与之对应的劳动法学界，解雇自由学说占据了主流。解雇自由学说的核心观点是契约自由。解雇自由学说认为，用人单位行使解雇权不受到任何限制，如果解雇权受到限制，那么用人单位就会在生产经营和内部管理方面产生诸多不便，会影响市场经济的自由化程度，进而影响整个市场经济的发展。不可否认，在资本主义市场经济发展的早期，解雇自由学说的观点适应了当时社会发展的要求，促进了经济的发展。然而，解雇自由学说忽视了用人单位与劳动者之间的不平等，过分强调用人单位的权利，忽视劳动者的权利，使得劳动者的权利无法得到全面保护，进而加剧了社会的不平等，引发了劳动者的罢工甚至革命。因此，解雇自由学说逐渐被解雇限制学说替代。解雇限制学说可以分为两类：其一是正当事由学说，其二是最后手段学说。

1.正当事由学说

正当事由学说认为解雇权应当被限制，用人单位只有具备一定的正当事由，才可以行使解雇权。首都经济贸易大学的牛宇认为，除了正当事由学说，解雇权限制理论还有一种学说，就是禁止解雇权滥用学说。本书认为，没有必要再单独划出一种禁止解雇权滥用学说。禁止解雇权滥用学说和正当事由学说是一个问题的两个方面。正当事由学说是从许可条件的角度，规定了用人单位只有在满足许可条件的情况下，才可以行使解雇权；禁止解雇权滥用学说是从禁止条件的角度，规定用人单位不可以触碰禁止条件来解雇劳动者。因此，正当事由学说就包括了禁止解雇权滥用学说，不用再单独划分出一个禁止解雇权滥用学说。用人单位即便没有触碰到解雇的禁止条件，如果没有正当事由，依然不能解雇劳动者。1982 年，国际劳工组织制定的第 158 号公约《雇主主动终止雇佣公约》规定，雇主解雇雇员必须具备正当事由，即雇主只有找出与雇员能力或行为相关的理由或者由于经营上的需要方可解雇雇员，否则就构成不当解雇。正当事由必须符合一般的社会正当性，即一般的社会理念。一般的社会理念具备历史性、道德性、经济性等特征。首先，社会理念的历史性是指，社会理念是根据历史发展而不断变化的，没有一成不变的社会理念。因此，法律对解雇正当事由的规定，必须随着历史的发展不断变化。其次，社会理念的道德性是指社会理念是与道德相一致的。道德分为公共道德、家庭道德、职业道德三个方面。在这里，社会理念是与公共道德、职业道德相一致的。因此，法律对解雇正当事由的规定必须符合公共道德、职业道德。最后，社会理念的经济性是指社会理念被经济决定，反映经济要求。马克思认为，经济基础决定上层建筑，上层建筑反映经济基础。社会理念是典型的上层建筑。经济基础决定社会理念，社会理念反映经济基础。因此，法律对解雇正当事由的规定，应该反映经济的需要，促进经济的发展。

2.最后手段学说

最后手段学说认为解雇权是用人单位在迫不得已、不可避免的情况下，最终使用的权利。如何理解"迫不得已""不可避免"的概念，是最后手段学说的核心问题。首先，从文字意思的角度看。"迫不得已"是指被逼得没有办法，不得不这样做。"不可避免"的意思是没有办法避免，一定会发生。其次，从利益权衡的角度看。用人单位"迫不得已""不可避免"行使解雇权是为了维护自己的利益，但是也会损害劳动者的利益。两者利益权衡，以损害劳动者的利益来维护用人单位的最大利益。用人单位的最大利益，不仅包括直接获得的最大利益，也包括避免的最大损失。

最后手段学说可以适用于不同类型的解雇，是所有类型劳动合同单方解除的共同原则。最后手段学说要求用人单位在行使解雇权的时候，必须考虑三个方面的问题。首先，用人单位必须进行利益权衡。利益权衡不能仅仅是金钱数额上的对比，更重要的是对期待利益的考虑。劳动者在用人单位履行劳动义务的时候，必然会与用人单位形成一种情感上的信赖关系。这种信赖关系使劳动者把更多的精力投入到工作中，进而提高工作效率、增加劳动产出；这种信赖关系导致用人单位更加放心地把一些涉及商业秘密和重要技术的资料交给劳动者处理，节约了保密成本和监管成本。用人单位解雇一名劳动者，就节省了一份工资的支出，但应该把节省的这份工资和用人单位为此受到的损失，尤其是期待利益的损失，进行利益权衡。其次，用人单位必须履行必要的法定程序。对于不可避免的解雇，履行法定程序是对劳动者权利的保障，也是对用人单位解雇行为的一种约束。如果没有解雇的法定程序，不但劳动者的权利会受到损害，而且会助长随意解雇的风气。一些学者认为程序比实体更重要，没有程序的合法性和正义性，实体的合法性和正义性就无法保障。本书不同意程序比实体更重要的观点，而是认同程序保障实体的观点。用人单位行使解雇权的时候，既要遵守实体法上的规定，又要履行必要的法定程序。最后，用人单位必须进行补偿或赔偿。劳动者被解雇后，将面临诸多的困难，用人单位对劳动者进行补偿或赔偿，不仅可以解决劳动者在经济方面的困难，更是对劳动者心理的一种慰藉。同时，由于补偿或赔偿制度的存在，用人单位在行使解雇权的时候会更加慎重。

四、解雇权与工作权的冲突

（一）冲突的本质

首先说明的是，本书所阐述的解雇权与工作权的冲突，是一种逻辑假设，是指法律在设定权利的时候，一种逻辑上的冲突。或者说，是法律在设定权利的时候，一种固有的、内在的冲突。解雇权与工作权冲突的本质是，劳动者的就业权利和用人单位的经营管理权利的冲突。在法律关系之中，劳动者的就业权利和用人单位的经营管理权利有着属性上的不同。用人单位的经营管理权利属于私权利；劳动者的就业权利既属于私权利，又属于社会权利。社会权利是公民依法享有的、为了满足自己的物质和精神需求的、可以要求社会和国家积极提供服务的权利。中国台湾的学者许志雄和蔡茂寅教授认为，社会权利是国家和社会为了使每个人都能获得人性尊严的生存空间，向公民提供福利并予以保障的所有权利的总称。国家和社会面对私权利，一般采取消极保护的做法，即不会主动实施某些具体行为，而在公民的私权利受到侵犯的时候，国家和社会会被动地采取保护的策略。国家和社会面对社会权利，一般采取积极保护的做法，即主动实施具体行为，为公民提供直接的、必要的、有效的帮助，以确保权利的实现。因此，劳动者的工作权属于社会权，用人单位的解雇权属于私权。

劳动者的工作权属于社会权的表现有两个方面。一方面，国家制定一系列积极政策，甚至上升到国家战略的层面来促进公民的就业。例如，国务院总理李克强提出的"大众创业、万众创新"。该政策鼓励更多人参与到创新和创业上，使得大学生、农民工、留学归国人员投入创业之中，也使得公司企业的科研人员、技术骨干、管理人员投入创新之中，创造出更多的就业岗位，极大地扩大了劳动者的就业范围。相比之下，没有哪个国家会把保障用人单位的解雇权上升到国家政策和国家战略层面。另一方面，国家对于侵害劳动者工作权的行为，给予坚决的打击。国家通过法律和行政手段，制止侵害劳动者工作权的行为，社会通过组建一些社会团体，维护劳动者工作权。相比之下，虽然有保障解雇权的法律法规，但这些法律法规主要是对解雇权的限制。而且，在社会上，也没有为了维护用人单位解雇权而存在的社会团体。用人单位属于强势群体，劳动者属于弱势群体，所以在解雇权与工作权冲突的时候，国家和社会将劳动者的工作权纳入社会权利，并予以保护，将一种不平等状态尽力地转变为一种平等状态。解雇权与工作权冲突的时候，用人单位的权利作为一种私权利需要受到限制和克制，这是符合社会本位价值观和整体利益的，是用人单位应当付出的一种社会成本和应当承受的一种法治代价。

（二）解决冲突的思路

1.用人单位强化社会责任

用人单位应在内部形成自我约束机制，强化社会责任感。用人单位保障劳动者的工作权，是为了更好地进行生产经营。用人单位重视和保护劳动者的工作权是一种常态，而行使解雇权是一种偶然状态。用人单位重视和保护劳动者的工作权主要体现在两个方面。其一，提高劳动者内在的劳动能力。用人单位对劳动者进行技术技能培训，劳动者工作能力的提升是保障工作权的最佳手段。很少有用人单位解雇具有较高工作能力的劳动者，即便用人单位解雇了该劳动者，该劳动者也能凭借较高的工作能力，快速地找到新的工作，从而保障工作权的实现。其二，提高劳动者外在的劳动条件。外在的劳动条件包括：劳动环境、劳动待遇、劳动职位。劳动条件的提高会激发劳动者的工作积极性。很少有用人单位解雇工作积极性较高的劳动者，因为这样的劳动者不但生产效率高，而且会给用人单位带来积极的工作氛围，进而影响更多的劳动者积极投身于工作之中。这种用人单位自律和自我反省的做法，并不是解决解雇权和工作权冲突最有效的办法，但是也是一种思路。

2.工会对用人单位进行制衡

工会是劳动者的自治组织，其存在的意义是维护劳动者的合法权益。在解雇权与工作权发生冲突的时候，工会代表劳动者与用人单位协商，以最大限度地维护劳动者的工作权。在经济裁员的情况下，工会发挥的作用更加显著。当然，通过工会对用人单位进行制衡，作用是有限的。在解雇权与工作权发生冲突的时候，工会能否发挥至关重要的作用，在不同的国家、地区、行业差别很大。例如，有的国家没有建立完备的工会组织；有的国家虽然拥有工会组织，但工会形同虚设；有的国家建立了完备的工会组织。即便拥有完备的工会组织，工会的作用也是有限的，这是它的性质决定的。工会组织的性质是社会团体，相比政府机关和司法机关，强制执行力较弱。

3.法律的强制干预

国家通过法律限制解雇权的行使，保障工作权的行使，就是社会权利对抗私权利，以求改变用人单位与劳动者原有的不平衡状态，使得利益向劳动者一方倾斜的表现。国家对解决解雇权和工作权冲突的立法，形式上属于公法性质，实质上是用国家公权力调整用人单位和劳动者之间的劳动关系，使他们形成私法上的契约关系，达到限制解雇权和保护工作权的目的。这种通过法律进行强制干预的方法，作用是最大的，效果也是最好的。法律强制干预属于典型的他律行为。从社会学角度看，他律行为比自律行为的效果更好。尤其是人性本恶论的支持者，更是认为自律行为不可靠，维护社会稳定发展，更需要法律的强制干预。

第三章　中国解雇制度的
规定和思量

第一节　中国合法解雇制度的
规定和思量

一、中国合法解雇制度的规定

（一）合法解雇的适用情形

中国的合法解雇包括即时解雇和预告解雇。《中华人民共和国劳动法》第二十五条[1]和《中华人民共和国劳动合同法》第三十九条[2]以列举的方式规定了用人单位即时解除劳动合同的适用情形。《中华人民共和国劳动法》第二十六条[3]和《中华人民共和国劳动合同法》第四十条[4]以列举的方式规定了用人单位

---

[1] 参见第 14 页脚注①。

[2] 参见第 15 页脚注①。

[3] 参见第 15 页脚注②。

[4] 参见第 15 页脚注③。

预告解除劳动合同的适用情形。本书从以下几个方面进行重点分析：在试用期间被证明不符合录用条件的情形、严重违反用人单位的规章制度的情形、被依法追究刑事责任的情形、不能胜任工作的情形、客观情况发生重大变化的情形。

1.在试用期间被证明不符合录用条件的情形

《中华人民共和国劳动合同法》第三十九条[①]，规定了劳动者在试用期间被证明不符合录用条件，用人单位可以行使解雇权。《中华人民共和国劳动合同法》第二十一条[②]规定了在试用期之内，用人单位解雇劳动者的法定情形。虽然法律没有对解雇条件进行详细的解释，但是这并不意味着用人单位可以按照自己的理解，随意地解雇劳动者。用人单位以"在试用期间被证明不符合录用条件"为理由，解雇劳动者，应该符合四个方面的要求：前提要求、程序要求、证据要求、时间要求。

（1）前提要求

用人单位以在试用期间被证明不符合录用条件为理由，解雇劳动者的前提要求，分为"大前提"和"小前提"两个要求。大前提是指，约定试用期的劳动合同合法有效。劳动合同合法有效是劳动者与用人单位产生劳动合同关系的前提，也是探讨用人单位以在试用期间被证明不符合录用条件为理由，解雇劳动者的前提。试用期的约定内容，必须包括劳动者在试用期的工资待遇、试用期期限、试用期次数等。在劳动争议的司法实践中，用人单位往往对试用期约定的内容不明确，导致与劳动者产生争议。试用期的期限和次数必须符合《中

---

① 参见第 15 页脚注①。

② 《中华人民共和国劳动合同法》第二十一条："在试用期中，除劳动者有本法第三十九条和第四十条第一项、第二项规定的情形外，用人单位不得解除劳动合同。用人单位在试用期解除劳动合同的，应当向劳动者说明理由。"

华人民共和国劳动合同法》第十九条①的规定。在试用期的司法实践中，用人单位最常见的违法行为，就是把法定试用期延长。这是因为用人单位希望延长对劳动者的考察时间。如果劳动者在超时的试用期结束后，能够继续在用人单位工作，这个违法行为可能被忽视。但是，如果劳动者在超时的试用期结束后，被用人单位解雇，那么，这个违法行为将会成为劳动争议案件的重要内容。试用期的工资待遇，必须符合《中华人民共和国劳动合同法》第二十条②的规定。在司法实践中，用人单位违反该法律条文，给予劳动者在试用期内的工资低于法定试用期工资的最低限度，这种行为并不多见。因为，对于用人单位而言，劳动者在试用期的最低法定工资和劳动者正常工资相比，差距不大，用人单位没有必要在这种事情上面做出违法行为。小前提是指，录用条件必须是明确的、具体的、可操作的条件。录用条件的设定，需要和用人单位的工作性质、工作要求相符合。不能设定抽象的、与工作无关的录用条件。用人单位还应该制定详细的考核标准，使录用条件的评价具有可操作性。

---

① 《中华人民共和国劳动合同法》第十九条："劳动合同期限三个月以上不满一年的，试用期不得超过一个月；劳动合同期限一年以上不满三年的，试用期不得超过二个月；三年以上固定期限和无固定期限的劳动合同，试用期不得超过六个月。同一用人单位与同一劳动者只能约定一次试用期。以完成一定工作任务为期限的劳动合同或者劳动合同期限不满三个月的，不得约定试用期。试用期包含在劳动合同期限内。劳动合同仅约定试用期的，试用期不成立，该期限为劳动合同期限。"

② 《中华人民共和国劳动合同法》第二十条："劳动者在试用期的工资不得低于本单位相同岗位最低档工资或者劳动合同约定工资的百分之八十，并不得低于用人单位所在地的最低工资标准。"

（2）程序要求

程序要求按照时间划分，分为"招聘时的程序"和"解雇时的程序"两个要求。招聘时的程序是指，用人单位在招聘劳动者的时候，应当主动将录用条件直接告知劳动者，或者以公示的形式告知劳动者，尊重和维护劳动者的知情权。《中华人民共和国劳动合同法》第八条①规定了用人单位的告知义务。在司法实践中，用人单位不需要专门制作告知方面的文件。用人单位履行告知程序，通常会将告知的内容，包括工作地点、工作条件、工资福利等内容直接写入劳动合同之中。对于一些没有能够在劳动合同之中体现的告知内容，用人单位通常会以员工手册、工作规章制度等方式告知劳动者。解雇时的程序是指，在试用期内，用人单位解雇劳动者需要履行的程序。解雇时的程序包括工会程序和劳动者程序两部分。《中华人民共和国劳动合同法》第四十三条②规定了工会程序。在试用期内解雇劳动者，用人单位也需要向工会发出通知，并研究工会对该解雇事件的意见，书面通知工会研究结果。《中华人民共和国劳动合同法》第二十一条③规定了劳动者程序。在试用期内解雇劳动者，用人单位也需要向劳动者说明原因。这些原因就是劳动者在试用期内被认定为不符合录用条件

---

① 《中华人民共和国劳动合同法》第八条："用人单位招用劳动者时，应当如实告知劳动者工作内容、工作条件、工作地点、职业危害、安全生产状况、劳动报酬，以及劳动者要求了解的其他情况；用人单位有权了解劳动者与劳动合同直接相关的基本情况，劳动者应当如实说明。"

② 《中华人民共和国劳动合同法》第四十三条："用人单位单方解除劳动合同，应当事先将理由通知工会。用人单位违反法律、行政法规规定或者劳动合同约定的，工会有权要求用人单位纠正。用人单位应当研究工会的意见，并将处理结果书面通知工会。"

③ 参见第 42 页脚注②。

的事项。

（3）证据要求

用人单位因解雇劳动者而发生的劳动争议，其举证责任由用人单位承担。2020 年 12 月 25 日由最高人民法院审判委员会第一千八百二十五次会议通过，自 2021 年 1 月 1 日起施行的《最高人民法院关于审理劳动争议案件适用法律问题的解释（一）》第四十四条①，规定了用人单位的举证责任。从诉讼法学的角度看，一般举证责任的原则是"谁主张谁举证"，但也有特殊的举证责任，例如《中华人民共和国民法典》第一千二百二十五条②，规定医疗机构对于医院的病历材料负有举证责任。用人单位和医疗机构的这种举证责任，就是"举证责任倒置"或者"固定的举证责任"。从司法实践的角度看，用人单位负有举证责任，是因为用人单位是解雇事件的发起者和实施者，用人单位对自己行为的正当性和合法性负有举证责任。在劳动争议诉讼或仲裁之中，无论谁是原告，对于试用期内解雇劳动者的事由，由用人单位负责举证。对于证据材料，用人单位可以从以下四个方面进行搜集：其一，用人单位在招聘劳动者过程中，已经履行了告知义务的证据；其二，劳动者在试用期内，被证明不符合录用条件的证据；其三，用人单位在解雇劳动者的时候，将解雇事由通知劳动者的证据；其四，用人单位在解雇劳动者的时候，将解雇事件提前通知工会的证据，

---

① 《最高人民法院关于审理劳动争议案件适用法律问题的解释（一）》第四十四条："因用人单位作出的开除、除名、辞退、解除劳动合同、减少劳动报酬、计算劳动者工作年限等决定而发生的劳动争议，用人单位负举证责任。"

② 《中华人民共和国民法典》第一千二百二十五条："医疗机构及其医务人员应当按照规定填写并妥善保管住院志、医嘱单、检验报告、手术及麻醉记录、病理资料、护理记录等病历资料。患者要求查阅、复制前款规定的病历资料的，医疗机构应当及时提供。"

以及工会对解雇事件提出意见之后，用人单位对意见进行研究，并将结果通知工会的证据。

（4）时间要求

《中华人民共和国劳动合同法》第三十九条[1]规定，用人单位在试用期内解雇劳动者，属于即时解雇。这意味着，在试用期内解雇劳动者，不需要提前通知，可以在试用期内的任意时间进行。需要注意的是，用人单位的这种解雇行为必须在试用期内完成。在司法实践中，有的用人单位采取的是逐级评估的方式。用人单位的内部机构先对试用期内的劳动者进行评估和考核，如果认为劳动者不符合录用条件，就会提出解雇的建议，并提交用人单位的高层主管部门或领导。在高层主管部门或领导批准解雇的时候，已经超过了试用期，这时，用人单位不能再以试用期内不符合录用条件为由解雇劳动者。因此，用人单位的内部机构在对试用期内的劳动者进行评估和考核的时候，应该提早进行，不要在临近试用期结束的时候进行，要给高层主管部门或领导预留充分的决策时间。

2.严重违反用人单位规章制度的情形

（1）用人单位规章制度的性质

从法国启蒙运动时期的卢梭提出社会契约论至今，在民主法治国家中，契约思想已经深入人心。在中国，于2008年1月1日起实施的《中华人民共和国劳动合同法》，是中国劳动契约思想广泛传播的重要推动剂。本书认为，用人单位的规章制度是社会契约在劳动关系中的反映。用人单位规章制度的合理性、实施程度，是社会契约思想发展的体现。对于用人单位规章制度的性质，在劳动法学界主要有三种学说："合同义务学说""法律义务学说"

---

① 参见第15页脚注①。

"混合学说"。

第一，"合同义务学说"认为，用人单位规章制度和劳动合同这两者的性质是相同的，都是用人单位和劳动者之间自愿签订并履行的文件。用人单位规章制度就是劳动合同的组成部分。劳动者需要像履行劳动合同中的义务一样，履行用人单位规章制度中的义务。劳动合同规定了劳动者的权利义务，用人单位规章制度也规定了劳动者的权利义务。只不过，用人单位规章制度是劳动合同的细化。在签订劳动合同的时候，一般情况下，用人单位会在劳动合同之中明确告知劳动者应当遵守用人单位规章制度。即便劳动合同中没有明确要求劳动者遵守用人单位规章制度，也视为劳动者默认遵守用人单位规章制度。因此，劳动者违反了用人单位规章制度，就是不履行义务，就是对劳动合同的违约，用人单位可以单方行使劳动合同解除权。

第二，"法律义务学说"认为，用人单位规章制度的性质和法律规范的性质是不一样的。用人单位规章制度和劳动合同，在性质上有两点不同。其一，主体的不同。劳动合同的主体是用人单位和劳动者，需要双方共同遵守。用人单位规章制度的主体主要是劳动者，主要是对劳动者的约束。其二，内容的不同。劳动合同的内容既有权利又有义务。例如，劳动者获得工资的权利和完成工作任务的义务。但是，用人单位规章制度的内容，主要是规定劳动者的义务，即便规定了劳动者的权利，也是由于其能很好地履行义务而进行的奖励。例如，规定劳动流程和劳动责任的规章制度，主要是针对劳动者的义务。再例如，规定职位晋升的规章制度是针对工作优秀的劳动者的奖励，是少量劳动者的权利。因此，用人单位规章制度和劳动合同在性质上是不同的。

第三，"混合学说"认为，单位规章制度既有劳动合同的性质，也有法律规范的性质。在主体上，用人单位规章制度中约束用人单位和劳动者双方的内容，属于劳动合同的性质，也就是双方合意的契约；用人单位规章制度中只约束劳动者的内容,属于法律规范的性质,也就是基于用人单位管理权的单方义务。在内容上,用人单位规章制度之中,既规定权利又规定义务的内容,属于劳动合同的性质;用人单位规章制度之中,只规定义务的内容,属于法律规范的性质。

本书同意混合学说的观点。研究用人单位规章制度的意义在于,如何看待权利义务的关系、如何解决用人单位与劳动者的纠纷和争议。混合学说在这些方面表现得更加适用和高效。

(2)相关法律规定

第一,关于严重违反用人单位规章制度的全国性法律有:《中华人民共和国劳动法》和《中华人民共和国劳动合同法》。《中华人民共和国劳动法》第二十五条[①]规定,劳动者在严重违反劳动纪律,或者严重违反用人单位规章制度的时候,用人单位可以行使解雇权。《中华人民共和国劳动合同法》第三十九条[②]规定,劳动者在严重违反用人单位规章制度的时候,用人单位可以行使解雇权。需要注意的是,两部法律对此的规定有略微不同,前者比后者多了"严重违反劳动纪律"的规定。中国人民大学的林嘉、关怀认为,劳动纪律是法律法规,不容易被劳动者了解掌握,所以《中华人民共和国劳动合同法》删除了严重违反劳动纪律的规定。上海交通大学的张倩认为,因为现代社会把崇尚遵守规章制度作为一种先进的价值取向,所以《中华人民共和国劳动合同法》删除了严重违反劳动纪律的规定。本书认为,劳动纪律是 20 世纪中国在社会主义计划经济时期的产物,是国有企业中的特有称谓。目前,中国的经济体制属于社会

---

① 参见第 14 页脚注①。

② 参见第 15 页脚注①。

主义市场经济体制,《中华人民共和国劳动合同法》删除了严重违反劳动纪律的规定,是市场经济的需要,是历史的进步。

第二,关于严重违反用人单位规章制度的司法解释是《最高人民法院关于审理劳动争议案件适用法律问题的解释(一)》。该司法解释的第五十条[①]规定,用人单位规章制度不能违反国家法律、行政法规和相关政策,需要通过民主程序进行制定,并向劳动者公示。只有这样的用人单位规章制度才是合法有效的。在实体内容上,用人单位规章制度的内容如果违反了国家法律、行政法规和相关政策,那么,这样的用人单位规章制度是非法的、无效的,用人单位不能以此行使解雇权。在程序内容上,用人单位规章制度的制定过程如果没有履行民主程序,或者没有向劳动者公示,那么,这样的用人单位规章制度也是非法的、无效的,用人单位不能以此行使解雇权。

第三,关于严重违反用人单位规章制度的地方性文件有:北京、湖南、浙江、江苏等地方的高级人民法院的相关意见。[②]这些地方的高级人民法院的相关意见规定,司法机关应当对用人单位规章制度进行合理性审查。江苏省高级人民法院、江苏省劳动争议仲裁委员会印发的《关于审理劳动争议案件的指导意见》第十九条[③]规定,单位规章制度缺乏合理性的时候,用人单位以此行使

---

① 《最高人民法院关于审理劳动争议案件适用法律问题的解释(一)》第五十条:"用人单位根据劳动合同法第四条规定,通过民主程序制定的规章制度,不违反国家法律、行政法规及政策规定,并已向劳动者公示的,可以作为确定双方权利义务的依据。"

② 北京市高级人民法院、北京市劳动人事争议仲裁委员会发布的《关于劳动争议案件若干疑难问题的解答意见》、湖南省高级人民法院发布的《关于审理劳动争议案件若干问题的指导意见》、浙江省高级人民法院发布的《关于审理劳动争议案件若干问题的意见》。

③ 江苏省高级人民法院、江苏省劳动争议仲裁委员会印发的《关于审理劳动争议案件

解雇权，是非法行为。中国的其他地方，在司法实践中也会将用人单位规章制度的合理性审查作为审理案件的必要环节。

3.被依法追究刑事责任的情形

（1）相关法律规定

《中华人民共和国劳动法》第二十五条[①]规定，劳动者被依法追究刑事责任的时候，用人单位可以行使解雇权。1994年9月5日，中华人民共和国劳动部（今为中华人民共和国人力资源和社会保障部）颁布的《关于〈中华人民共和国劳动法〉若干条文的说明》第二十五条第三项[②]，对"被依法追究刑事责任"进行了解释。该解释将被依法追究刑事责任分为三种类型。其一，劳动者确实有犯罪行为，但被人民检察院免予起诉，该劳动者依然视为被依法追究刑事责任。1996年3月，第八届全国人民代表大会第四次会议通过了《全国人民代表大会关于修改〈中华人民共和国刑事诉讼法〉的决定》，决定不再有免予起诉的规定。因此，该种责任类型的说法失去了意义。其二，被人民法院判处

的指导意见》第十九条："用人单位以劳动者严重违反规章制度为由解除劳动合同的，人民法院、仲裁机构应当审查用人单位规章制度的制定程序是否合法、劳动者的违纪行为在规章制度中是否有明确规定、规章制度对劳动者严重违纪行为的规定是否公平合理等，以判断劳动者是否属于严重违反用人单位规章制度、用人单位解除劳动合同的行为是否合法有效。"

① 参见第14页脚注①。

② 《关于〈中华人民共和国劳动法〉若干条文的说明》第二十五条第三项规定，"本条中'被依法追究刑事责任'，具体指：（一）被人民检察院免予起诉的；（二）被人民法院判处刑罚（刑罚包括主刑：管制、拘役、有期徒刑、无期徒刑、死刑；附加刑：罚金、剥夺政治权利、没收财产）的；（三）被人民法院依据刑法第三十二条免予刑事处分的。"

刑罚的劳动者。刑罚包括《中华人民共和国刑法》第三十三条①规定的全部主刑，以及《中华人民共和国刑法》第三十四条②规定的全部附加刑。其三，劳动者确实有犯罪行为。《中华人民共和国刑法》第三十二条，只是概括地规定了刑罚的种类，没有规定免予刑事处罚的情形。本书认为，因为免予刑事处罚的情形，分散在《中华人民共和国刑法》众多条款之中，所以没有逐一列举。《最高人民法院关于审理劳动争议案件适用法律问题的解释（一）》及《中华人民共和国劳动法》，只是重复规定了劳动者被依法追究刑事责任的时候，用人单位可以行使解雇权，并没有对被依法追究刑事责任重新进行解释。

（2）合理性分析

将刑法之中关于刑事责任的一些规定引入劳动法之中，把被依法追究刑事责任作为用人单位行使解雇权的情形，这种做法是否合理，学术界的观点并不一致。一些学者认为，把被依法追究刑事责任作为用人单位行使解雇权的情形，缺乏合理性。他们认为劳动者实施了犯罪行为，如果被判处的刑罚使劳动者失去了人身自由，那么，劳动者自然无法继续工作，用人单位行使解雇权就没有实际意义。如果劳动者被判处刑罚之后，仍然具有人身自由，那么，用人单位借此行使解雇权，剥夺了劳动者的劳动权利，对犯罪的劳动者会造成严重的打击，不利于对犯罪分子的改造。被判处刑罚的人很容易被社会歧视，如果再失去工作，没有了经济来源，会导致其仇视社会、报复社会。一些学者认为，把被依法追究刑事责任作为用人单位行使解雇权的情形，具有合理性。他们认为

---

① 《中华人民共和国刑法》第三十三条规定，"主刑的种类如下：（一）管制；（二)拘役；（三)有期徒刑；（四)无期徒刑；（五)死刑"。

② 《中华人民共和国刑法》第三十四条规定，"附加刑的种类如下：（一）罚金；（二)剥夺政治权利；（三）没收财产。附加刑也可以独立适用。"。

劳动者实施了犯罪行为，一定有主观上的过错，这种主观上的过错分为故意和过失。无论是故意犯罪还是过失犯罪，行为人都应当为自己的犯罪行为负责。而且，行为人一旦触犯了刑罚，会使用人单位名誉遭受损害，在某种程度上，也损害了用人单位的利益。所以，劳动者在被依法追究刑事责任的时候，用人单位行使解雇权是合理的。本书认为，把被依法追究刑事责任作为用人单位行使解雇权的情形是否具有合理性，应该分情况而定，因为被依法追究刑事责任的规定本身存在一些问题，而使得其合理性受到质疑，如果能完善被依法追究刑事责任的规定，就会使得用人单位依据该规定行使解雇权具有合理性。

（3）社会评价分析

社会对于被依法追究刑事责任的人是有很大歧视的。尤其是 20 世纪的中国社会，由于对犯罪者的人权不够重视，使得被依法追究刑事责任的人犹如过街老鼠，人人喊打。社会对被依法追究刑事责任的人的劳动权更加不重视。很多人认为被依法追究刑事责任的人品质恶劣，不值得同情。他们被解雇是罪有应得、自作自受，社会上的正常人找工作都很困难，当然不能把宝贵的工作岗位留给犯罪者。

随着中国民主法治建设的发展，保障犯罪者劳动权的观念逐渐被人们接受。保障被依法追究刑事责任的人的就业权利是必要的，主要有以下三个方面的原因。其一，人道主义的要求。中国宪法中规定了公民拥有生存权和发展权。被依法追究刑事责任的人不能够就业，无法劳动，没有生活经济来源，就无法生存，更无法发展。当一个人因为被依法追究刑事责任而无法获得工作岗位时，就容易产生挫败感，这会使他感到自己没有尊严。从人道主义的角度，社会需要给予其生存的条件和基本的尊严。其二，经济发展的需要。市场经济需要更多、更优秀的劳动者。而被依法追究刑事责任的人并不意味着不优秀，他们之中的一些人之前可能是专业的技术人员、经验丰富的管理人员。将他们排除在劳动之外，将会使整个社会缺失一部分优秀劳动力。其三，社会稳定的要求。对被依法追究刑事责任的人进行改造，是不得不面临的问题。这种改造不但包括在监狱的改造，也包括在社会的改造。一个人有了工作，可以得到社会的认可，有助于防止其再次犯罪，进而有利于社会稳定。

4.不能胜任工作的情形

（1）相关法律规定

1978 年中国开始改革开放，开始探索市场经济体制。为了适应市场经济的发展要求，1980 年 7 月，中国国务院颁布实施了《中华人民共和国中外合资经营企业劳动管理规定》，在该文件的第四条①中，首次出现了关于劳动者不能胜任工作导致解雇的规定。但这个规定并不适用于广大的劳动者，只是适用于中外合资经营企业中的劳动者。虽然这个规定的适用范围很小，但也算是对解雇保护制度的一种完善。然而，在 1996 年 7 月中国国务院颁布的《国营企业实行劳动合同暂行规定》与 1989 年 9 月中国劳动部颁布的《劳动部关于私营企业劳动管理暂行规定》之中，都没有关于劳动者不能胜任工作导致解雇的规定。这也就意味着，这个规定不能适用于国有企业和私营企业。1994 年 8 月，中国劳动部、中华人民共和国对外贸易经济合作部（今中华人民共和国商务部）联合颁布实施了《外商投资企业劳动管理规定》，该文件的第十二条②，规定了

---

①《中华人民共和国中外合资经营企业劳动管理规定》第四条："合营企业对于因生产、技术条件发生变化而多余的职工，经过培训不能适应要求、也不宜改调其他工种的职工，可以解雇；但是必须按照劳动合同规定，由企业给予补偿。被解雇的职工，由企业主管部门或劳动管理部门另行安排工作。"

②《外商投资企业劳动管理规定》第十二条，"有下列情形之一的，企业在征求工会意见后，可以解除劳动合同，但应提前 30 日以书面形式通知职工本人：（一）职工患病或

劳动者不能胜任工作导致解雇的制度。该文件的第二条①将劳动者不能胜任工作导致解雇的适用范围，从原来的中外合资经营企业，扩大到了中外合作经营企业、外资企业、中外股份有限公司。《中华人民共和国劳动法》第二十六条②规定，劳动者不能胜任工作，经过培训或者调整工作岗位，仍不能胜任工作的时候，用人单位可以行使解雇权，但需要用人单位提前 30 日以书面形式通知劳动者。至此，不能胜任工作导致解雇的规定适用对象范围，扩大到了全体劳动者。《关于〈中华人民共和国劳动法〉若干条文的说明》第二十六条第二项③，对不能胜任工作进行了解释。《中华人民共和国劳动合同法》第四十条④规定，劳动者不能胜任工作，经过培训或者调整工作岗位，仍不能胜任工作的时候，用人单位可以行使解雇权，但需要用人单位提前 30 日以书面形式通知劳动者，或者额外支付给劳动者 1 个月的工资。《中华人民共和国劳动合同法》在这方面比《中华人民共和国劳动法》增加了"代通知金"。代通知金就是指用人单位可以用 1 个月的工资，代替提前 30 天通知的义务。这赋予了

非因工负伤，医疗期满后，不能从事原工作或不能从事由企业另行安排的工作的；（二）职工经过培训、调整工作岗位，仍不能胜任工作的；（三）劳动合同订立时所依据的客观情况发生变化，致使原劳动合同无法履行，经双方协商不能就变更劳动合同达成协议的；（四）法律、行政法规规定的其他情形"。

① 《外商投资企业劳动管理规定》第二条："本规定适用于中华人民共和国境内设立的中外合资经营企业、中外合作经营企业、外资企业、中外股份有限公司及其职工。"

② 参见第 15 页脚注②。

③ 《关于〈中华人民共和国劳动法〉若干条文的说明》第二十六条第二项："本条第（二）项中的'不能胜任工作'，是指不能按要求完成劳动合同中约定的任务或者同工种、同岗位人员的工作量。用人单位不得故意提高定额标准，使劳动者无法完成。"

④ 参见第 15 页脚注③。

用人单位更多的选择权。在司法实践之中，用人单位在解雇劳动者的时候，容易与劳动者形成紧张的关系。如果用人单位希望劳动者立即离开工作岗位，可以采用代通知金的方式。

（2）相关学说

对于劳动者不能胜任工作导致的解雇，如何理解"不能胜任"，劳动法学界分为三类学说：纯粹能力学说、主观能力学说、混合学说。对不能胜任的不同理解，会导致用人单位和劳动者权利义务上的差别。

第一，纯粹能力学说，该学说认为劳动者不能胜任工作的原因是其个人能力不足，这里的个人能力体现在个人的知识水平、学历水平、技术水平、管理水平等方面。这类学说的代表是中国台湾的黄越钦和黄程贯。黄越钦认为，劳动者不能胜任工作的原因是其技术能力或者组织管理能力缺乏。黄程贯认为，劳动者不能胜任工作的原因有其技术能力的缺乏，还有其体能和精力的缺乏。劳动者在与用人单位签订劳动合同的时候，一般而言，都是胜任当时的工作要求的。但是随着时代的发展、科技的进步，劳动者原来的技术能力无法满足目前的工作要求。同时，随着岁月的流逝，劳动者年龄逐渐增长，体能和精力也无法适应目前的工作要求。这是劳动者不想看到的情况，是一种被动的、无奈的情况。中国大陆的很多学者，基于对《中华人民共和国劳动合同法》的理解，也认同这个学说。

第二，主观能力学说，该学说认为劳动者不能胜任工作，不仅是劳动者个人能力导致的，还有可能是劳动者主观不愿意导致的。这类学说的代表者是中国台湾的吕荣海和林更盛。吕荣海认为，劳动者的技术能力没有问题，有能力做好工作，但是不愿意做好工作，这是一种消极不作为的情形，与技术能力一样需要我们重视。林更盛认为，劳动者主观上不愿意完成工作，或者不愿意做好工作，其结果和没有能力完成工作是一样的，都会导致没有完成工作而使用人单位利益受到损害。从中国台湾的司法实践看，诸多判例表明，中国台湾的法院采取的是这类学说。本书认为，这类学说不符合《中华人民共和国劳动法》和《中华人民共和国劳动合同法》的立法精神。劳动者主观不愿意劳动，是一种失职行为，也是一种过错行为。《中华人民共和国劳动法》第二十五条第三项[①]、《中华人民共和国劳动合同法》第三十九条第三项[②]，对失职行为和过错行为有专门的规定。所以，劳动者主观不愿意，不属于不能胜任。

第三，混合学说，该学说是在纯粹能力学说和主观能力学说之间寻求一个平衡点的学说。支持这种学说的人比较少，只有中国台湾的林更盛和中国大陆的杨珊在其论文中有所提及。这种学说的观点是，在同意纯粹能力学说的基础上，将主观能力学说作为一种例外情况加以讨论。本书认为，这种学说也不符合《中华人民共和国劳动法》和《中华人民共和国劳动合同法》的立法精神。因此，本书不赞同这种学说。

5.客观情况发生重大变化的情形

（1）相关法律规定

客观情况发生重大变化最早出现在自 1995 年 1 月 1 日起实施的《中华人民共和国劳动法》第二十六条[③]之中。该条款规定，劳动合同订立时所依据的客观情况发生重大变化，导致原来的劳动合同无法继续履行的时候，用人单位和劳动者经过协商，无法达成关于变更劳动合同的协议，用人单位可以行使解雇权。《关于〈中华人民共和国劳动法〉若干条文的说明》第二十六条第三

---

① 参见第 14 页脚注①。

② 参见第 15 页脚注①。

③ 参见第 15 页脚注②（自 1995 年 1 月 1 日起实施的《中华人民共和国劳动法》中第二十六条内容与 2018 年再次修订的《中华人民共和国劳动法》第二十六条内容相同）。

项①，对客观情况发生重大变化进行了解释。需要注意的是，在用人单位濒临破产，进行法定整顿期间，或者生产经营状况发生严重困难的情况，不属于客观情况发生重大变化。也就是说，经济裁员不属于客观情况发生重大变化的情形。有专门的法律条文规定了经济裁员适用的情形和程序。《中华人民共和国劳动法》实施以后，在 20 世纪 90 年代，中国一些地方立法机关颁布了一些地方性文件，对客观情况发生重大变化进行了更加详细的解释。例如，温州市、宁波市、杭州市的地方立法机关，对于客观情况发生重大变化的情形，增加了用人单位停产、转产、技术革新、改变性质等内容。由此可见，中国的一些地方对经济发展非常重视，对于涉及经济发展的解雇制度也非常重视。尤其是在一些东部和南部沿海地区，这种情况更加明显。地方立法机关对客观情况发生重大变化的情形进行增加性解释，目的就是扩大用人单位的解雇权利，使得用人单位更加自由，促进当地经济快速发展。

自 2008 年 1 月 1 日起实施的《中华人民共和国劳动合同法》，其中第四十条②对于客观情况发生重大变化的规定，相比《中华人民共和国劳动法》，增加了用人单位额外支付劳动者 1 个月工资的代通知金规定。《中华人民共和国劳动合同法》实施以后，中国一些地方继续对客观情况发生重大变化的解释进行探索。其中，具有代表性的事件是，2017 年初，北京市高级人民法院与北京市劳动人事争议仲裁委员会共同发起了大规模讨论，以求解决劳动争议中一些

---

① 《关于〈中华人民共和国劳动法〉若干条文的说明》第二十六条第三项规定，"本条中的'客观情况'指：发生不可抗力或出现致使劳动合同全部或部分条款无法履行的其他情况，如企业迁移、被兼并、企业资产转移等，并且排除本法第二十七条所列的客观情况"。

② 参见第 15 页脚注③（自 2008 年 1 月 1 日起施行的《中华人民共和国劳动合同法》中第四十条内容与 2012 年修订的《中华人民共和国劳动合同法》第四十条内容相同）。

典型问题。经过深入和广泛的讨论之后，2017 年 4 月北京市高级人民法院与北京市劳动人事争议仲裁委员会联合印发了《关于审理劳动争议案件法律适用问题的解答》。该文件将客观情况发生重大变化作为重要事项，并对其进行了更加详细的解释。该文件指出，客观情况发生重大变化是用人单位和劳动者无法预知的事件，导致劳动合同无法履行，如果继续履行劳动合同，就会增加成本，导致权利义务严重不平等。该文件将客观情况发生重大变化分为三类情形：其一，不可抗力，如地震、台风、洪水、火灾等自然灾害。其二，因为法律法规或者国家政策变化，导致用人单位驻地改变、资产转移、停产、转产、性质改变等。其三，特许经营的用人单位，特许经营的权利丧失或改变。需要注意的是，该文件将用人单位驻地改变、资产转移、停产、转产、性质改变等情形，附加了法律法规或者国家政策变化这个前提条件，保障了劳动者的劳动权利。该文件与 20 世纪 90 年代一些地方的解释有着本质的区别。该文件的目的是，限制用人单位解雇权，保护劳动者权利；20 世纪 90 年代一些地方的解释的目的是，扩大用人单位解雇权，使得用人单位更加自由。出现这种区别的主要原因是历史的发展。20 世纪 90 年代，中国正处于经济高速增长的时期，国家和地方为了促进经济的快速发展，希望赋予用人单位更大的自主权。到了 2017 年，北京市高级人民法院与北京市劳动人事争议仲裁委员会联合解释的时候，中国经济正处在增速放缓、趋于稳定的时期，国家和地方更加注重民主法治的建设，注重劳动者权利的保护。这是社会的进步。

（2）相关学说

在司法实践中，根据司法机关对客观情况发生重大变化解释权限的大小，可以分为无权解释学说和有权解释学说。

第一，无权解释学说，是指司法机关在进行审理和裁判的时候，只能严格依照现有的法律法规、相关文件，以及对客观情况发生重大变化的解释进行，不允许司法机关在具体案件之中进行额外的解释。无权解释学说认为，如果将客观情况发生重大变化没有约束地扩大解释，会侵害到劳动者的利益。其还认为，如果司法机关在具体案件之中进行额外的解释，是对法律尊严的挑战，与中国依法治国的理念不符。

第二，有权解释学说，是指司法机关在审理和裁判具体案件时，对客观情况发生重大变化可以进行额外的解释。有权解释学说认为，法律具有滞后性，现代社会的经济和科技发展迅速，用人单位在行使解雇权的时候，会面临很多新的问题，如果不能及时对客观情况发生重大变化的解释赋予新的内容，不但会损害用人单位的利益，甚至还会损害劳动者的利益。

本书赞同无权解释学说，认为司法机关不能在具体案件中进行额外的解释。虽然现代社会发展迅速，每天都会出现新的问题，但是不能赋予司法机关在具体案件中进行额外解释的权利。否则容易导致司法机关权力的滥用，甚至会影响社会健康发展。如果需要对客观情况发生重大变化进行新的解释，必须通过严格的立法程序，以保证法律的统一和权威，进而保障用人单位和劳动者的合法权益。

（二）合法解雇的经济补偿金

1.相关法律规定

经济补偿金最早出现在 1980 年 7 月中国国务院颁布实施的《中华人民共和国中外合资经营企业劳动管理规定》第四条①之中。此时的补偿虽然是由国家立法规定的，但是具有当事人约定的性质。因为，国家立法没有规定补偿的数额和方式，对此，需要依照当事人签订的劳动合同办理。1984 年 1 月，中国

---

① 参见第 53 页脚注①。

劳动人事部（今已撤销）颁布实施了《中外合资经营企业劳动管理规定实施办法》。其中的第七条①详细规定了补偿金制度。首先，在适用情形上，不再限于中外合营企业生产和技术发生变化时的解雇，而是扩大到了所有情形的解雇，甚至包括劳动合同期满导致的劳动合同终止的情形。其次，在补偿金数额上，根据劳动者在中外合资经营企业中的工作年限，工作 10 年以内的劳动者，每满 1 年发给 1 个月本企业的平均工资作为补偿金。工作 10 年以上的劳动者，从第 11 年起算，每满 1 年发给一个半月本企业的平均工资作为补偿金。《中外合资经营企业劳动管理规定实施办法》的制定是中国补偿金制度的一次重大进步，但是也留下了遗憾，即此时的经济补偿制度的适用对象，仅限于中外合资经营企业中的劳动者，不包括其他企业的劳动者。1986 年 7 月，中国国务院颁布实施了《国营企业实行劳动合同制暂行规定》，其中的第二十三条②规定了"生活补助费"制度，也就是经济补偿制度，只不过是名称有所不同。在适

---

① 《中外合资经营企业劳动管理规定实施办法》第七条："合营企业在劳动合同期内因生产、技术条件发生变化，需要辞退多余的职工时，或者因其他原因辞退职工时，须在辞退前一个月通知企业工会组织和被辞退职工本人，并报企业主管部门和所在地区劳动人事部门备案。职工因工伤、职业病经医院证明进行治疗、疗养期间，因病或者非因工负伤住院治疗期间，女职工怀孕六个月以上和休产假期间，不得辞退。对于在劳动合同期内被辞退的职工以及合同期满后被解除合同的职工，合营企业须根据他们在本企业的工作年限，每满一年发给一个月的本企业平均工资的补偿金；十年以上的，从第十一年起，每满一年发给一个半月本企业平均工资的补偿金。"

② 《国营企业实行劳动合同制暂行规定》第二十三条："劳动合同制工人因合同期满或属于第十二条(二)项和第十五条规定情况，解除劳动合同时，企业应当按照其在本企业工作年限，每满一年发给相当于本人标准工资一个月的生活补助费；但是，最多不超过十二个月的本人标准工资。按照第十二条(三)项规定被解除劳动合同的，或按照第十三条规定自行解除劳动合同的，以及自行离职的，不发给生活补助费。"

用情形上，规定了五种情形。其一，劳动者患病或非因工负伤，医疗期满后不能从事原工作的时候，用人单位行使解雇权的情形。其二，经国家有关部门确认，劳动安全、卫生条件恶劣，严重危害工人身体健康的时候，劳动者提出辞职的情形。其三，企业不能按照劳动合同规定支付劳动报酬的时候，劳动者提出辞职的情形。其四，经企业同意，自费考入中等专业以上学校学习的时候，劳动者提出辞职的情形。其五，企业不履行劳动合同，或者违反国家政策、法规，侵害劳动者合法权益的时候，劳动者提出辞职的情形。以上五种情形，只有第一种是与合法解雇有关的补偿金规定，其余都是与劳动者辞职有关的补偿金规定。在补偿金数额上，根据劳动者在本企业中的工作年限，每满 1 年发给 1 个月本人标准工资作为生活补助费。但是，最高生活补助费是本人 12 个月的标准工资。《国营企业实行劳动合同制暂行规定》将适用对象范围扩大到了国营企业中签订劳动合同的劳动者，并不包括具有国家编制的劳动者。

1995 年 1 月 1 日施行的《中华人民共和国劳动法》第二十八条[1]规定了经济补偿制度。经济补偿制度适用三种情形。其一，用人单位和劳动者协商一致，解除劳动合同的情形。其二，用人单位预告解雇的情形。其三，用人单位经济裁员的情形。本书中，将用人单位预告解雇的情形和即时解雇的情形统称为合法解雇的情形。本书该部分中的经济补偿制度，特指合法解雇中的预告解雇经济补偿制度。《中华人民共和国劳动法》在经济补偿的数额方面，没有做出规定。《中华人民共和国劳动法》将经济补偿制度的适用对象范围，扩大到了劳动法意义上的所有劳动者。1994 年 12 月，中国劳动部颁布，于 1995 年 1 月 1

---

[1]《中华人民共和国劳动法》第二十八条："用人单位依据本法第二十四条、第二十六条、第二十七条的规定解除劳动合同的，应当依照国家有关规定给予经济补偿。"

日施行的《违反和解除劳动合同的经济补偿办法》第五、六、七、八、九条①规定了经济补偿金的计算方式，弥补了《中华人民共和国劳动法》对此的缺失。经济补偿的计算方式，采用《国营企业实行劳动合同制暂行规定》的计算方式，又额外增加了"工作时间不满一年的，按一年的标准发给经济补偿金"的规定。2008 年 1 月 1 日实施的《中华人民共和国劳动合同法》第二十三条②，增加了

---

① 《违反和解除劳动合同的经济补偿办法》第五条："经劳动合同当事人协商一致，由用人单位解除劳动合同的，用人单位应根据劳动者在本单位工作年限，每满一年发给相当于一个月工资的经济补偿金，最多不超过十二个月。工作时间不满一年的按一年的标准发给经济补偿金。"第六条："劳动者患病或者非因工负伤，经劳动鉴定委员会确认不能从事原工作、也不能从事用人单位另行安排的工作而解除劳动合同的，用人单位应按其在本单位的工作年限，每满一年发给相当于一个月工资的经济补偿金，同时还应发给不低于六个月工资的医疗补助费。患重病和绝症的还应增加医疗补助费，患重病的增加部分不低于医疗补助费的百分之五十，患绝症的增加部分不低于医疗补助费的百分之百。"第七条："劳动者不能胜任工作，经过培训或者调整工作岗位仍不能胜任工作，由用人单位解除劳动合同的，用人单位应按其在本单位工作的年限，工作时间每满一年，发给相当于一个月工资的经济补偿金，最多不超过十二个月。"第八条："劳动合同订立时所依据的客观情况发生重大变化，致使原劳动合同无法履行，经当事人协商不能就变更劳动合同达成协议，由用人单位解除劳动合同的，用人单位按劳动者在本单位工作的年限，工作时间每满一年发给相当于一个月工资的经济补偿金。"第九条："用人单位濒临破产进行法定整顿期间或者生产经营状况发生严重困难，必须裁减人员的，用人单位按被裁减人员在本单位工作的年限支付经济补偿金。在本单位工作的时间每满一年，发给相当于一个月工资的经济补偿金。"

② 《中华人民共和国劳动合同法》第二十三条："用人单位与劳动者可以在劳动合同中约定保守用人单位的商业秘密和与知识产权相关的保密事项。对负有保密义务的劳动者，用人单位可以在劳动合同或者保密协议中与劳动者约定竞业限制条款，并约定在解除或者终止劳动合同后，在竞业限制期限内按月给予劳动者经济补偿。劳动者违反竞业限制约定

关于"竞业限制"的经济补偿。第四十六条①规定了经济补偿的适用情形，其中包括预告解雇的情形、推定解雇的情形、劳动者与用人单位协商一致解除劳动合同的情形、经济裁员的情形、劳动合同终止的情形。第四十七条②规定了经济补偿金的计算方式。除采用《国营企业实行劳动合同制暂行规定》的计算方式外，又增加了"六个月以上不满一年的，按一年计算；不满六个月的，向劳动者支付半个月工资的经济补偿。劳动者月工资高于用人单位所在直辖市、设区的市级人民政府公布的本地区上年度职工月平均工资三倍的，向其支付经济补偿的标准按职工月平均工资三倍的数额支付，向其支付经济补偿的年限最高不超过十二年"的规定。此外，在法律责任部分，规定了违反经济补偿制度的法律责任。《中华人民共和国劳动合同法》在经济补偿方面吸取了之前法律法规中的优点，摒弃了缺点，弥补了不足，可谓是集大成之作。

2.经济补偿金的性质

了解经济补偿金的性质是研究经济补偿制度必须面对的问题，这关系到经济补偿制度的制定和实施。目前在学界有四种不同的学说：劳动力价值补偿学说、劳动合同违约赔偿学说、社会责任学说、人道主义救助学说。

的，应当按照约定向用人单位支付违约金。"

① 参见第 11 页脚注①。

② 《中华人民共和国劳动合同法》第四十七条："经济补偿按劳动者在本单位工作的年限，每满一年支付一个月工资的标准向劳动者支付。六个月以上不满一年的，按一年计算；不满六个月的，向劳动者支付半个月工资的经济补偿。劳动者月工资高于用人单位所在直辖市、设区的市级人民政府公布的本地区上年度职工月平均工资三倍的，向其支付经济补偿的标准按职工月平均工资三倍的数额支付，向其支付经济补偿的年限最高不超过十二年。本条所称月工资是指劳动者在劳动合同解除或者终止前十二个月的平均工资。"

（1）劳动力价值补偿学说

劳动力价值补偿学说认为，劳动者在用人单位进行劳动，产生了劳动力价值，用人单位支付给劳动者的工资远远低于劳动者创造的价值，因此在劳动者被解雇的时候，用人单位应当支付经济补偿金，来补偿劳动者之前为其所作的贡献。基于这种学说，经济补偿金的计算方式，应当与劳动者在用人单位的工作年限相关联。因为，工作年限越长，劳动者为用人单位创造的劳动力价值越大。这种学说的缺点是，无法解释经济补偿金的适用情形。因为，从劳动力价值的角度来说，无论劳动者主动辞职，或是预告解雇，或是即时解雇，或是协商一致解除劳动合同，只要是劳动者离开用人单位，都应该获得经济补偿金。但是，法律法规不是这样规定的。中国的法律法规将适用经济补偿制度的情形明确在一定范围，其他原因导致的劳动者离开用人单位，是没有经济补偿金的。因此，这种学说如果想要自圆其说，则需要主张无限扩大经济补偿金适用情形的范围。

（2）劳动合同违约赔偿学说

劳动合同违约赔偿学说认为，用人单位将劳动者解雇，或者用人单位实施了某些行为，迫使劳动者辞职，都是用人单位对劳动合同的违约，用人单位应当向劳动者支付违约金，这个违约金就是经济补偿金。中国法律规范是在劳动者没有过错的前提下规定的经济补偿制度。这是这种学说的立足点。但是，这种学说也存在缺点，劳动者没有过错，并不意味着用人单位一定有过错。在劳动者和用人单位都没有过错的情况下，依然存在经济补偿金。例如，劳动合同期满，用人单位不和劳动者续约，用人单位是没有过错的，同时劳动者也没有过错，但是，用人单位需要向劳动者支付经济补偿金。因此，这种学说如果想要自圆其说，则需要主张缩小经济补偿金适用情形的范围。

（3）社会责任学说

社会责任学说认为，劳动者离开用人单位，会进入失业状态，会对社会造成压力，用人单位应当支付给劳动者经济补偿金，承担起社会责任。中国政府支持这种学说，因为政府希望更多人或组织为政府分担责任。政府应当承担起社会责任，但是政府并不是社会责任的唯一承担者。每一个公民、每一个组织都离不开社会，都应当承担一定的社会责任。但是，这种学说的缺点是忽略了用人单位的经济主体性质，增加了其社会责任。在市场经济社会，用人单位存在的首要目的，即核心目的，就是追求经济利益。用人单位承担社会责任是第二位的。如果在中国计划经济时代，这种学说会更受社会认同。但是，在市场经济时代，这种学说的支持者比较少。

（4）人道主义救助学说

人道主义救助学说认为，劳动者失去了工作岗位，就失去了经济来源，会造成生活困难。从人道主义的角度，用人单位应当给予劳动者救助，支付经济补偿，帮助劳动者渡过难关。很多中国学者支持这种学说，本书也赞同这种学说，但是本书同时认为这种学说的观点不够完善。这种学说的缺点是，其主张人道主义面前，人人平等，但是，每个劳动者获得的经济补偿金数额却不一样。本书认为，这个问题可以解释为，每个人失业后面对的困难不同，因此每个人获得的经济补偿金数额也会不同。

二、中国合法解雇制度的思量

（一）合法解雇适用情形方面的思量

1.在试用期间被证明不符合录用条件的思量

（1）录用条件的概念探究

中国法律规范没有对录用条件进行定义和解释。目前在学术界，对于录用条件的概念，有两种学说，一种是狭义学说，另一种是广义学说。

狭义学说认为，录用条件就是招聘条件。招聘条件就是用人单位在招聘劳动者的时候，对劳动者提出的一系列要求。这些要求包括：劳动者的学历（学位）、身体健康状况、年龄、技术职称、工作经历、获得的荣誉或奖励等。这些要求都是客观的、可以直接辨识的。这些要求都可以通过一些文件来证明。例如，学历（学位）证书、医院开具的体检报告、身份证上的出生日期、技术职称证书，以及之前的用人单位开具的工作证明、获得的荣誉证书等。所以，用人单位对招聘条件的审查是比较容易的。狭义学说认为，劳动者不符合录用条件有两种情形。其一，劳动者不满足招聘条件中的一些要求。例如，劳动者没有相应的学历学位。其二，劳动者伪造了相关证书或证明文件。例如，劳动者没有相应的技术职称，伪造了技术职称证书。如果劳动者不符合招聘条件中的一些要求，在招聘阶段就会被淘汰，无法进入试用期。

广义学说认为，录用条件不仅包括招聘条件，还包括劳动者的工作能力、团队协作能力、服从领导的程度、职业道德等。这些都是基于客观情况，但是仍然需要主观考核评价的条件。广义学说认为，劳动者在试用期间被证明不符合录用条件有两种情形。其一，劳动者伪造了相关证书或证明文件。其二，劳动者的考核评价结果不合格。针对第一种情况，因为证书或证明是客观存在的，所以用人单位发现劳动者的造假行为后可行使解雇权，劳动者对此不会产生异议。针对第二种情况，因为考核评价具有主观性质，所以，用人单位依据考核评价结果行使解雇权，劳动者容易产生异议。

（2）录用条件的合法性探究

从狭义学说的角度来说，录用条件的合法性欠缺主要表现在：用人单位招聘条件中具有非法事项。从广义学说的角度来说，录用条件的合法性欠缺主要表现在：用人单位招聘条件中具有非法事项，用人单位考核评价中具有非法事项。用人单位考核评价中的非法事项在司法实践中比较少，而且主要集中在解雇程序方面，所以在此不展开论述。本书认为，目前中国的用人单位招聘条件中的非法事项在司法实践中比较多，对其进行讨论具有一定的意义。用人单位招聘条件中的非法事项，主要违反了《中华人民共和国就业促进法》中第三条①的规定。该法律条款规定，劳动者在就业过程中，用人单位不能歧视劳动者。然而，一些用人单位的招聘条件中存在歧视条款。首先，最常见的是性别歧视。性别歧视主要是针对女性劳动者。一方面是因为女性劳动者在生理方面与男性劳动者有较大差距，能够从事的劳动强度远不如男性。另一方面是因为女性劳动者承担的家庭负担较重，如生育。这使得用人单位不愿意招聘太多女性劳动者，从而在招聘条件中设置歧视女性劳动者的条款。其次，比较常见的是地域歧视。例如，一些用人单位排斥外地户籍劳动者，尤其排斥外地农村户籍劳动者。除此之外，还有年龄歧视、健康歧视等。

（3）录用条件的合理性探究

录用条件的合理性欠缺与录用条件的合法性欠缺，两者非常相似。合法性欠缺是指缺乏法律依据或者违法。合理性欠缺是指缺乏法律依据，但不明显违法，且存在不合理因素。根据狭义学说，录用条件的合理性欠缺主要表现在：用人单位招聘条件中具有不合理事项。根据广义学说，录用条件的合理性欠缺主要表现在：用人单位招聘条件中有不合理事项、用人单位考核评价中有不合理事项。用人单位招聘条件中具有的不合理事项主要有：外貌要求、婚姻和生育状况要求、酒量要求等。用人单位对劳动者有外貌要求，是否合理，要看劳动者从事的工作岗位的性质。例如，空中乘务员，此类工作岗位要求应聘者外

---

① 《中华人民共和国就业促进法》第三条："劳动者依法享有平等就业和自主择业的权利。劳动者就业，不因民族、种族、性别、宗教信仰等不同而受歧视。"

貌端庄，这是合理的，是行业性质决定的。但是，打字员工作岗位要求应聘者外貌端庄，这是不合理的。因为打字员不代表用人单位对外进行业务往来，也不会影响用人单位的形象。中国上海社科院人口与发展研究所的调查显示：在工资水平上，外貌好看的人比外貌一般的人高出 15%。但是，如果劳动者的外貌与工作无关，那么用人单位不能将外貌作为招聘条件。劳动者的婚姻和生育状况确实会影响到工作，因为涉及相关的假期，用人单位喜欢结过婚的劳动者、有子女且不再生育子女的劳动者，这样的劳动者通常不用再享受相关假期。但是，结婚和生育是公民的合法权利，用人单位对劳动者这方面的歧视是不合理的。

（4）解雇程序探究

在试用期内，用人单位可以随时行使解雇权，法律规范对此程序的限制比较少。劳动法是社会法，它具有平衡利益的功能，以及实现公平正义的价值。对于处于弱势地位的劳动者，更应该予以保护。如果不能保护劳动者，那么劳动法就不能充分发挥作用，就失去了公平正义的价值。《中华人民共和国劳动合同法》第四十三条[①]规定了用人单位行使解雇权的一般程序。从立法的角度看，法律没有规定用人单位以何种形式通知工会解雇劳动者；也没有规定工会在收到用人单位书面处理结果之后，如果有异议的话，可以采取什么措施。在司法实践中，由于试用期内的劳动者还不是正式员工，工会对用人单位解雇试用期内的劳动者的行为，很难进行有效监督。一些用人单位在解雇长期工作的劳动者的时候，会尽可能地提前通知工会；但是在解雇试用期内的劳动者的时候，往往不会提前通知工会。这容易侵害劳动者的利益，凸显了用人单位与劳动者之间地位的不平等，违背了劳动法保护弱势群体的立法目的。

---

① 参见第 44 页脚注②。

2.严重违反用人单位的规章制度的思量

（1）合理性审查的探究

劳动者由于严重违反用人单位的规章制度而被解雇，解雇事由的合法性审查与认定比较容易。这是因为《最高人民法院关于审理劳动争议案件适用法律问题的解释（一）》第五十条①规定了用人单位规章制度的合法性要件。但是，中国全国性法律规范中没有关于用人单位规章制度合理性的审查与认定规定，只有一些地方法院或劳动争议仲裁委员会，对用人单位规章制度合理性的审查与认定做了规定。江苏省高级人民法院联合其本省劳动争议仲裁委员会，共同发布了指导意见，其中规定，用人单位规章制度的合理性审查权力属于法院和劳动争议仲裁委员会。②四川省与贵州省也有类似的规定。③虽然一些地方对此

---

① 参见第 49 页脚注①。

② 参见第 49 页脚注③。

③ 四川省高级人民法院印发的《关于审理劳动争议案件若干疑难问题的解答》第二十四条："认定用人单位规章制度的效力，需考察规章制度的制定程序是否合法，内容是否违反法律、行政法规及政策规定，是否公示或者告知劳动者。另外，还要结合劳动者的违纪行为在规章制度中是否有明确规定、规章制度对劳动者违纪行为的规定是否公平合理等因素，严格审查用人单位解除劳动合同的行为是否符合《劳动合同法》第三十九条第（二）项的规定。企业规章制度中约定'末位淘汰'或'竞争上岗'，用人单位以此为由解除劳动合同的，应认定为解除违法。"贵州省高级人民法院、贵州省人力资源和社会保障厅发布的《关于劳动争议案件若干问题的会议纪要》第四十二条："用人单位以劳动者严重违反企业规章制度为由解除劳动合同的，应当审查用人单位规章制度的制订程序是否合法、劳动者违反劳动纪律的行为在用人单位规章制度中是否有明确规定、用人单位规章制度对劳动者严重违反劳动纪律行为的规定是否公平合理等，以审查判断劳动者是否属于严重违反用人单位规章制度、用人单位解除劳动合同的行为是否合法有效。"

的立法比较明确，但是这些文件的适用地域仅限于本地区，中国还有一些地方没有这样的规范性文件。这导致在一些地方的司法实践中，用人单位规章制度的合理性无法被审查与认定，用人单位更容易使用严重违反用人单位规章制度的事由解雇劳动者。全国最高人民法院曾经将江苏省关于用人单位规章制度合理性审查与认定的判例作为经典案例，向全国各地法院发布。但是，中国不是英美法系的国家，判例不能作为裁判依据。最高人民法院没有将这种典型案例的裁判方式形成规范性文件推向全国。

（2）审查和认定主体探究

劳动者一般性地违反用人单位规章制度，用人单位不能行使解雇权，只能通过诸如警告、扣发当月奖金等内部方式进行处理。只有在劳动者严重违反用人单位规章制度时，用人单位才可以行使解雇权。"严重性"便成了关键因素。由谁来判断劳动者违反用人单位规章制度的行为，是"一般性"的，还是"严重性"的，法律法规没有做出规定。《中华人民共和国劳动合同法》第七十八条[①]规定了工会对用人单位履行劳动合同的情况具有监督权，对用人单位违反法律规定或者违反合同约定，侵害劳动者权利的情况具有建议权和纠正权。但是，没有规定工会对劳动者违反用人单位规章制度的行为是否具有严重性的审查与认定权力。在司法实践中，对劳动者违反用人单位规章制度的行为是否严重的审查与认定权力，属于法院和劳动人事争议仲裁委员会。但是，法院和劳动人事争议仲裁委员会对严重性的审查与认定，通常会依据用人单位规章制度

---

① 《中华人民共和国劳动合同法》第七十八条："工会依法维护劳动者的合法权益，对用人单位履行劳动合同、集体合同的情况进行监督。用人单位违反劳动法律、法规和劳动合同、集体合同的，工会有权提出意见或者要求纠正；劳动者申请仲裁、提起诉讼的，工会依法给予支持和帮助。"

中对严重性的解释。这样就会导致对劳动者违反用人单位规章制度的行为是否是严重性的审查与认定权力，形式上属于法院和劳动人事争议仲裁委员会，实质上属于用人单位。用人单位在这个方面的解雇权无法得到有效限制，劳动者权益容易受到侵害。

（3）审查和认定标准探究

由前文可知，在司法实践中，对劳动者违反用人单位规章制度的行为是否是严重性的审查与认定权力，形式上属于法院和劳动人事争议仲裁委员会。这是因为审查和认定标准不明确，法院和劳动人事争议仲裁委员会一般会采用用人单位对严重性的解释。本书认为，这种行为是错误的。审查和认定标准不能是用人单位制定的，否则将导致司法不公正。在实质审查的要求下，对严重性的审查和认定标准应当包含下列因素：劳动者主观过错程度、用人单位客观损失程度、劳动者岗位性质。劳动者主观过错较大，例如，故意违反用人单位规章制度，目的是破坏生产、造成损害。这种情形，可以被认定为"严重性"。一般认为，劳动者过失性犯错，不应被认定为"严重性"。用人单位客观损失程度较大，例如，造成了生产停滞、经济损失较大的情形，可以被认定为"严重性"。需要注意的是，用人单位客观损失，既包括直接损失也包括间接损失，既包括经济损失也包括名誉损失。劳动者岗位性质方面，在高度危险或者责任重大的工作岗位上，劳动者需要承担更多的注意义务，即便是过失性的犯错，也可能被认定为"严重性"。当然，在司法实践中，审查与认定严重性，需要将劳动者主观过错程度、用人单位客观损失程度、劳动者岗位性质等方面结合起来综合考虑。

（4）规章制度产生和公示程序探究

用人单位可以自行制定本单位的规章制度，但是，规章制度的内容必须符合法律规定，同时规章制度的产生和公示程序也必须符合法律规定。程序的合法性，在一定程度上可以避免内容的违法性。《中华人民共和国劳动合同法》第四条①规定了用人单位规章制度的产生和公示程序，但是需要进一步完善。

首先，只有涉及劳动者切身利益的规章制度，才需要经过全体职工或者职工代表大会讨论，平等协商。那么，这就意味着一些无关劳动者切身利益的规章制度，不需要经过民主程序。规章制度本身的性质就是约束和鼓励劳动者，如果脱离了劳动者，规章制度就失去了存在的意义。再加上对于"涉及劳动者切身利益"的表述并不十分明确，所以该条款容易造成用人单位在制定规章制度的时候，忽略劳动者的知情权和参与权。其次，用人单位与劳动者平等协商确定规章制度。如果不能平等协商，或者协商不能达成一致意见，那么应该采取什么后续措施，法律规范尚未对此做出规定。在司法实践中，正是因为缺乏这方面的规定，容易造成劳动者只有参与权，没有决定权。所谓的平等协商流于形式，用人单位容易忽视劳动者的意见。最后，虽然法律规定了用人单位需要将规章制度公示或告知劳动者，但是没有详细规定公示期和公示手段。这样会导致部分劳动者无法知道规章制度的内容，忽略了劳动者的知情权。这些问题容易导致用人单位在制定规章制度的时候，无法充分保护劳动者的权利。

---

① 《中华人民共和国劳动合同法》第四条："用人单位应当依法建立和完善劳动规章制度，保障劳动者享有劳动权利、履行劳动义务。用人单位在制定、修改或者决定有关劳动报酬、工作时间、休息休假、劳动安全卫生、保险福利、职工培训、劳动纪律以及劳动定额管理等直接涉及劳动者切身利益的规章制度或者重大事项时，应当经职工代表大会或者全体职工讨论，提出方案和意见，与工会或者职工代表平等协商确定。在规章制度和重大事项决定实施过程中，工会或者职工认为不适当的，有权向用人单位提出，通过协商予以修改完善。用人单位应当将直接涉及劳动者切身利益的规章制度和重大事项决定公示，或者告知劳动者。"

3.被依法追究刑事责任的思量

（1）与宪法关系的探究

中国的宪法是国家的根本大法，具有最高的法律效力。中国从 1954 年的第一部宪法至今，经历了四部宪法，现行宪法是 1982 年宪法，截至目前，1982年宪法经过了 1988 年、1993 年、1999 年、2004 年、2018 年 5 次修改。每一部宪法、每一次修宪，都将劳动权作为公民的基本权利之一。不同的是，前四部宪法将劳动作为公民的权利，1982 年宪法将劳动作为公民的权利和义务。从权利的角度，劳动是公民通过工作获得经济收入的权利。劳动权利保障了公民的生存权利和人格尊严。从义务的角度，劳动是国家和社会运行的基本保障，是维护社会稳定的重要手段。值得注意的是，在中国宪法中存在"人民"和"公民"的概念。人民的概念与敌人的概念是相对应的。人民是指，全体社会主义劳动者、社会主义事业的建设者、拥护社会主义的爱国者、拥护祖国统一和致力于中华民族伟大复兴的爱国者。敌人是指，破坏社会主义事业建设的人、反对中国共产党和中国特色社会主义的人、反对祖国统一和中华民族伟大复兴的人，包括严重的刑事犯罪分子。人民的概念主要出现在中国宪法的序言和第一章总纲之中。例如，《中华人民共和国宪法》第二条①规定了国家的一切权力属于人民。公民的概念主要出现在中国宪法的第二章权利义务之中。例如，《中华人民共和国宪法》第四十二条②规定了公民有劳动的权利和义务。如果中国

---

①《中华人民共和国宪法》第二条："中华人民共和国的一切权力属于人民。人民行使国家权力的机关是全国人民代表大会和地方各级人民代表大会。人民依照法律规定，通过各种途径和形式，管理国家事务，管理经济和文化事业，管理社会事务。"

②《中华人民共和国宪法》第四十二条："中华人民共和国公民有劳动的权利和义务。国家通过各种途径，创造劳动就业条件，加强劳动保护，改善劳动条件，并在发展生产的基

宪法规定的是"人民有劳动的权利和义务"，也就意味着，严重的刑事犯罪分子没有劳动权。那么，中国劳动法规定的用人单位解雇被依法追究刑事责任的劳动者，就是与宪法相符合的。但是，中国宪法规定的是"公民有劳动的权利和义务"，公民的概念包括严重的刑事犯罪分子，也就意味着，严重的刑事犯罪分子有劳动权。那么，中国劳动法规定的用人单位解雇被依法追究刑事责任的劳动者，就是与宪法不符合的，违背宪法精神的。退一步讲，被判处死刑、无期徒刑、有期徒刑、拘役的罪犯，因为死亡或者被收监，无法履行劳动合同，用人单位可以依法解雇他们。但是被判处管制、罚金、免除刑事处罚的罪犯，是有可能、有条件继续履行劳动合同的，如果用人单位将他们一律解雇，是有悖于公平的。

（2）与刑法关系的探究

判断一个人是否犯罪，需要考虑多种因素。

首先，犯罪的主观因素。《中华人民共和国刑法》第十四条[①]规定了故意犯罪应当负刑事责任。故意犯罪可以分为：直接故意犯罪和间接故意犯罪。直接故意犯罪是指，行为人明知自己的行为会发生危害社会的结果，并且希望这种结果发生的犯罪。间接故意犯罪是指，行为人明知自己的行为可能发生危害社

础上，提高劳动报酬和福利待遇。劳动是一切有劳动能力的公民的光荣职责。国有企业和城乡集体经济组织的劳动者都应当以国家主人翁的态度对待自己的劳动。国家提倡社会主义劳动竞赛，奖励劳动模范和先进工作者。国家提倡公民从事义务劳动。国家对就业前的公民进行必要的劳动就业训练。"

① 《中华人民共和国刑法》第十四条："明知自己的行为会发生危害社会的结果，并且希望或者放任这种结果发生，因而构成犯罪的，是故意犯罪。故意犯罪，应当负刑事责任。"

会的结果，并且放任这种结果发生的犯罪。同一种罪名的犯罪，直接故意比间接故意主观恶性更大，判处的刑罚更重。中国劳动法对于用人单位解雇被追究刑事责任的劳动者，没有把直接故意与间接故意进行区分，而是一概而论。《中华人民共和国刑法》第十五条①规定了过失犯罪，在法律有规定的时候，才负刑事责任。过失犯罪是指，行为人应当预见自己的行为可能发生危害社会的结果，由于疏忽大意或者轻信自己能够避免，导致结果发生。过失犯罪可以分为：疏忽大意的过失犯罪和过于自信的过失犯罪。疏忽大意的过失犯罪是指，行为人本来可以预见危害结果，但是由于疏忽大意没有预见到危害结果，导致结果发生的犯罪。过度自信的过失犯罪是指，行为人已经预见到了危害结果，但是自己相信能够避免，导致结果发生的犯罪。中国劳动法对于用人单位解雇被追究刑事责任的劳动者，没有把故意犯罪和过失犯罪进行区分，而是一概而论。

其次，犯罪的特殊因素。《中华人民共和国刑法》第二十条②和二十一条③

---

① 《中华人民共和国刑法》第十五条："应当预见自己的行为可能发生危害社会的结果，因为疏忽大意而没有预见，或者已经预见而轻信能够避免，以致发生这种结果的，是过失犯罪。过失犯罪，法律有规定的才负刑事责任。"

② 《中华人民共和国刑法》第二十条："为了使国家、公共利益、本人或者他人的人身、财产和其他权利免受正在进行的不法侵害，而采取的制止不法侵害的行为，对不法侵害人造成损害的，属于正当防卫，不负刑事责任。正当防卫明显超过必要限度造成重大损害的，应当负刑事责任，但是应当减轻或者免除处罚。对正在进行行凶、杀人、抢劫、强奸、绑架以及其他严重危及人身安全的暴力犯罪，采取防卫行为，造成不法侵害人伤亡的，不属于防卫过当，不负刑事责任。"

③ 《中华人民共和国刑法》第二十一条："为了使国家、公共利益、本人或者他人的

规定了正当防卫和紧急避险。正当防卫是指，对正在进行不法侵害行为的人采取的制止不法侵害的行为，这种行为对不法侵害人造成了损害。紧急避险是指，采取不得已的避险行为，为了保护国家、公共利益、本人或者他人的人身、财产和其他权利，造成损害的行为。正当防卫和紧急避险不负刑事责任，即便超过了必要限度，也会减轻或者免除处罚。超过必要限度的正当防卫和紧急避险，其目的是维护合法权益，主观恶性比较小。中国劳动法对于用人单位解雇被追究刑事责任的劳动者，没有把超过必要限度的正当防卫和紧急避险的犯罪与一般犯罪进行区分。

最后，犯罪的性质因素。《中华人民共和国刑法》第六十一条①规定了犯罪的性质因素。其虽然没有详细说明犯罪的性质因素，但是为中国劳动法提供了参考。中国劳动法对于用人单位解雇被追究刑事责任的劳动者，没有考虑犯罪性质与工作关系的问题。

（3）与社会稳定关系的探究

失业现象是社会的一个重大问题，对于普通劳动者而言，被用人单位解雇是一个严重的事件。被追究刑事责任的罪犯在心理上更加容易自卑，这种自卑心理会影响到他们的世界观和人生观，导致他们消极面对社会和生活。刑法对罪犯进行刑罚制裁，已经是公平正义的体现，罪犯已经付出了心理上和身体上的代价。社会对被追究刑事责任的罪犯，应该有包容的心态，不能因为他们之

人身、财产和其他权利免受正在发生的危险，不得已采取的紧急避险行为，造成损害的，不负刑事责任。紧急避险超过必要限度造成不应有的损害的，应当负刑事责任，但是应当减轻或者免除处罚。第一款中关于避免本人危险的规定，不适用于职务上、业务上负有特定责任的人。"

① 《中华人民共和国刑法》第六十一条："对于犯罪分子决定刑罚的时候，应当根据犯罪的事实、犯罪的性质、情节和对于社会的危害程度，依照本法的有关规定判处。"

前的犯罪行为就否定他们的一切。然而，中国劳动法上规定的被依法追究刑事责任的解雇制度，不区分犯罪主观因素、特殊因素、性质因素，对所有被追究刑事责任的劳动者，用人单位都可以行使解雇权。被追究刑事责任的罪犯失去了原来的工作，不仅失去了经济来源，更失去了生活信心。目前中国劳动法在这方面的规定，不利于罪犯的改造。

社会的稳定是社会发展的前提，一个社会动荡的国家，是无法快速发展的，人民生活水平也无法提高，甚至公民的合法权益也无法得到保障。社会稳定是全社会每一个社会成员共同努力的结果。被追究刑事责任的罪犯是社会成员的一部分，他们的状况影响着社会稳定。如果被追究刑事责任的罪犯受到了社会歧视，没有工作，难以生存和发展，那么很容易仇视社会、报复社会。用人单位将被追究刑事责任的劳动者一律解雇，不利于社会的稳定和发展，存在一定的社会安全隐患。

4.不能胜任工作的思量

（1）认定主体探究

中国劳动法对于劳动者"不能胜任工作"的认定主体，尚未作出明文规定。一些学者认为，劳动法规定对于不能胜任工作的劳动者，用人单位可以行使解雇权，就意味着用人单位是认定主体。本书认为，中国现行劳动法及相关法律法规都没有明确规定不能胜任工作的认定主体，因而把解雇权的主体和不能胜任工作的认定主体混为一谈，是错误的。虽然没有法律的明文规定，但是在司法实践中，法院和劳动人事争议仲裁委员会认为，用人单位是不能胜任工作的"初级"认定主体，法院和劳动人事争议仲裁委员会是不能胜任工作的"终极"认定主体。也就是说，对于劳动者不能胜任工作的认定，用人单位具有初步的认定权，如果劳动者对因为不能胜任工作而被解雇没有异议，那么，用人单位的认定就是有效的。如果劳动者对因为不能胜任工作而被解雇有异议，并向法院或者劳动人事争议仲裁委员会提起诉讼或者仲裁，那么，法院和劳动人事争议仲裁委员会可以对不能胜任工作这一事情进行审核、认定，且审核、认定的结果具有最高效力。本书认为，在没有诉讼和仲裁的情况下，用人单位是不能胜任工作的认定主体，严格意义上，法院和劳动人事争议仲裁委员会不是不能胜任工作的认定主体，而是裁决、判决主体。这样，在司法实践中，用人单位就成为唯一的认定主体。这使认定主体具有局限性，也会带来一些问题。仅仅依靠用人单位来认定劳动者是否能胜任工作，容易导致用人单位滥用权力，进而导致解雇权无法得到有效限制，劳动者权利不易保障。

（2）认定标准探究

《关于〈中华人民共和国劳动法〉若干条文的说明》第二十六条第二项①，对不能胜任工作的认定标准做了规定。虽然法律对不能胜任工作的认定标准做了规定，但是这样的法律规定依然存在模糊不清、不好判断的问题。在司法实践中，各个用人单位的生产经营不同，即使同一个用人单位，劳动者的工作岗位也不同，这就导致全国不可能采取一样的详细认定标准。即使是同一个用人单位，针对不同工作岗位，也不可能采取一样的详细认定标准。认定标准不能模糊不清，必须详细具体。所以，需要各个用人单位制定自己的一套完备的考核评价标准，对劳动者工作胜任情况进行认定。当然，用人单位制定的详细的考核评价标准，必须是合理合法的。考核评价标准合法化，是指用人单位的考核评价标准在内容和程序上，都应当是符合法律规定的。考核评价标准合理化，是指用人单位的考核评价标准在时间和依据上，都是合理的。例如，考核评价的时间不宜过短。如果劳动者最近几天的工作表现不好，用人单位就认定其不能胜任工作，显然是不合理的。一些用人单位没有考核评价标准，另外一些用

---

① 参见第 54 页脚注③。

人单位虽然有考核评价标准，但是存在着诸多问题。例如，考核评价体系没有明确目标，考核评价标准过于宏观、不能量化等。这些问题都造成了考核评价标准的模糊性。

需要注意的是，在司法实践中，一些用人单位使用"末位淘汰制度"来作为不能胜任工作的认定标准，这种做法是错误的。末位淘汰制度是指用人单位在一段时间内，对全体劳动者进行考核并将考核结果进行排名，在考核结果排名中处于末位的劳动者即被解雇的人事管理制度。不可否认，末位淘汰制度在市场经济的时代，有一些积极作用。例如，激励劳动者、加强劳动者竞争意识和危机意识、促进用人单位生产效率的提高。但是，它的消极作用远远大于积极作用。例如，劳动者之间的恶性竞争、用人单位内部不团结、劳动者权利受到侵害等。因此，末位淘汰制度缺乏合理性。中国劳动法规定，在劳动者不能胜任工作的时候，用人单位不能直接将劳动者解雇，而是实施救济措施，尽可能避免劳动者被解雇。但是末位淘汰制度是将考核结果排名末位的劳动者直接解雇。在中国劳动法中，没有关于末位淘汰制度的法律基础，而且末位淘汰制度与劳动法的立法精神是相悖的。因此，末位淘汰制度缺乏合法性。

（3）后续措施探究

《中华人民共和国劳动合同法》第四十条[1]规定，对于不能胜任工作的劳动者，用人单位不能直接解雇，而是要对劳动者进行培训或者调岗，如果劳动者在培训和调岗之后，仍然不能胜任工作，用人单位才可以解雇劳动者。由此可见，培训和调岗是劳动者被认定为不能胜任工作时的后续措施，也是解雇的前置程序。对不能胜任工作的劳动者进行培训，目的是提高劳动者的劳动技能，以使其适应原来工作岗位的要求。对不能胜任工作的劳动者进行调岗，目的是

---

[1] 参见第 15 页脚注③。

使劳动者适应新的工作岗位,避免因为无法胜任原来的工作,而造成工作损失。这样的法律制度,对保障劳动者的劳动权利是很有意义的。但是,在司法实践中,用人单位对劳动者的培训和调岗的安排,表现得很随意。用人单位对于不能胜任工作的劳动者,培训时间较短,培训质量较低,无法使劳动者提高劳动技能,导致劳动者回到原来工作岗位之后,再一次被认定为不能胜任工作,进而被解雇。用人单位对于不能胜任工作的劳动者,进行调岗,也存在很多问题。一些小规模用人单位,由于没有太多工作岗位,因此无法进行调岗。还有一些用人单位调岗后的岗位,劳动者的工资福利与原来的工作岗位差距巨大。例如,将管理岗位的劳动者调岗到一线生产岗位。甚至,用人单位为了迫使劳动者辞职,故意将劳动者调岗到劳动者无法接受的岗位,如将技术人员调岗到清洁工的岗位。

5.客观情况发生重大变化的思量

(1)司法认定标准探究

《关于〈中华人民共和国劳动法〉若干条文的说明》第二十六条第三项[①],对"客观情况发生重大变化"进行了解释。在司法实践中,对于客观情况发生重大变化,不同法院认定的标准差别很大。这主要表现在三个方面:市场衰退、经营困难、第三方合作。本书以 2016 年中国各地法院的经典裁决、判决[②]为例

---

① 参见第 57 页脚注①。

② (2016)苏 02 民终 4566 号一审;(2016)沪 01 民终 10974 号一审;(2016)苏 01 民终 5538 号一审;(2016)吉 01 民终 2740 号一审;(2016)粤 01 民终 17682 号一审;(2016)京 03 民终 12322 号二审;(2016)苏 05 民终 5885 号二审;(2016)津 02 民终 4669 号一审;(2016)苏 05 民终 8333 号一审;(2016)京 03 民终 13254 号一审二审;(2016)辽 02 民终 5567 号一审;(2016)辽 01 民终 12592 号一审。

（2016 年的判例容易收集，且具有代表性），进行归类研究。

　　第一，市场衰退能否认定为客观情况发生重大变化。一些法院对此持肯定态度。这些法院认为应该尊重用人单位经营自主权，市场衰退是用人单位客观情况发生重大变化，可以行使解雇权。①这些法院中的广东省广州市中级人民法院认为，客观情况发生重大变化不仅包括不可抗力，还包括用人单位根据市场大环境被迫进行内部组织和人员调整，导致的劳动合同无法履行的情形。这是用人单位经营自主权的体现。②这些法院中的吉林省长春市中级人民法院认为，市场衰退属于不可预见的商业风险，用人单位根据不可预见的风险，被迫作出解雇劳动者的行为，没有主观恶意，是经营自主权的体现。③另外一些法院对此持否定态度。这些法院认为，从保护劳动者权利的角度，应该对客观情况发生重大变化持谨慎、严格的态度，不能随意扩大它的范围。④这些法院中的江苏省无锡市中级人民法院认为，不可抗力和不可预见是两个不同性质的事件，不能等同。市场衰退或者市场繁荣，都是经济发展规律导致的，虽然用人单位不能准确预见每一次经济衰退或者繁荣，但是用人单位应该随时为此做好准备。经济衰退不属于不可抗力，不属于客观情况发生重大变化。⑤这些法院中的上海市第一中级人民法院认为，经营收入大幅度衰退，属于用人单位自身

---

　　①　（2016）粤 01 民终 17682 号一审；（2016）吉 01 民终 2740 号二审；（2016）京 03 民终 12322 号二审。

　　②　（2016）粤 01 民终 17682 号一审。

　　③　（2016）吉 01 民终 2740 号二审。

　　④　（2016）苏 02 民终 4566 号一审；（2016）沪 01 民终 10974 号一审；（2016）苏 01 民终 5538 号一审；（2016）沪 01 民终 10974 号二审。

　　⑤　（2016）苏 02 民终 4566 号一审。

问题，经营收入大幅度衰退，并不意味着必须立刻裁减员工，更不意味着劳动合同无法履行。用人单位的盈利和亏损是时刻都在发生变化的，某一次的经营收入大幅度衰退，不属于不可抗力，不属于客观情况发生重大变化。[①]

第二，经营困难能否认定为客观情况发生重大变化。一些法院对此持肯定态度。这些法院认为，只要会计师事务所出具的审计报告能够证明用人单位经营困难，或者其他证据能够证明用人单位经营困难，那么就属于客观情况发生重大变化，用人单位可以行使解雇权。[②]这些法院中的辽宁省大连市中级人民法院认为，劳动争议双方当事人提交的材料证明了用人单位经营困难，而且劳动者知道经营困难的情况，属于客观情况发生重大变化。[③]另外一些法院对此持否定态度。这些法院认为，经营困难不属于客观情况，或者说经营困难虽然属于客观情况，但是不属于重大变化。[④]这些法院中的江苏省苏州市中级人民法院认为，经营困难是用人单位需要经历的正常过程，是可以预见的商业风险，没有达到劳动合同无法履行的程度，不属于法律规定的客观情况。[⑤]这些法院中的北京市第三中级人民法院认为，经营困难不一定导致劳动者岗位撤销，虽然是客观情况，但是用人单位可以应对，可以作出经营管理上的调整，因而不属于重大变化。[⑥]

---

① （2016）沪 01 民终 10974 号一审。

② （2016）辽 02 民终 5567 号一审；（2016）辽 01 民终 12592 号一审。

③ （2016）辽 02 民终 5567 号一审。

④ （2016）苏 05 民终 5885 号二审；（2016）津 02 民终 4669 号一审；（2016）苏 05 民终 8333 号一审；（2016）京 03 民终 13254 号一审二审。

⑤ （2016）苏 05 民终 8333 号一审。

⑥ （2016）京 03 民终 13254 号一审二审。

第三，第三方合作能否认定为客观情况发生重大变化。一些法院对此持肯定态度。这些法院认为，如果第三方合作发生变化是突然的，没有给用人单位充分的准备时间，那么这种变化就属于客观情况发生重大变化。①这些法院中的北京市第一中级人民法院认为，第三方合作的变化，如果突然发生，用人单位可能无法应对，甚至无法继续生产经营，属于客观情况发生重大变化。②这些法院中的上海市第一中级人民法院认为，例如劳务派遣劳动合同，如果指定了用工单位，用工单位如果突然解除了与劳务派遣公司的合同，劳动者就失去了劳动的岗位，这就是客观情况发生重大变化。③另外一些法院对此持否定态度。这些法院认为，用人单位与第三方合作，能够确定合作的内容和期限，能够预见合作的风险，第三方合作突然发生变化，不属于客观情况发生重大变化。④这些法院中的江苏省南通市中级人民法院认为，第三方合作突然发生变化，用人单位可以通过主观调整应对问题，用人单位失去合作伙伴，并不代表失去经营权，并不一定会导致无法经营的情形，所以不属于客观情况发生重大变化。⑤

（2）协商变更制度探究

《中华人民共和国劳动合同法》第四十条第三项⑥，规定了由于客观情况发生重大变化而导致解雇的协商制度。该法律规定在客观情况发生重大变化而

---

① （2017）苏 04 民终 40 号一审；（2016）京 01 民终 7153 号一审二审；（2016）沪 01 民终 13937 号二审。

② （2016）京 01 民终 7153 号一审二审。

③ （2016）沪 01 民终 13937 号二审。

④ （2016）苏 06 民终 3585 号一审二审；（2016）京 03 民终 12201 号一审；（2016）京 03 民终 10790 号一审二审；（2016）川 20 民终 1177 号一审。

⑤ （2016）苏 06 民终 3585 号一审二审。

⑥ 参见第 15 页脚注③。

导致劳动合同无法履行的时候，用人单位和劳动者通过协商一致，可以变更劳动合同，而就履行新的劳动合同不能协商一致时，可以行使解雇权。但是，对于协商结果的合理合法性、协商程序的具体内容，法律没有作出详细规定。

第一，在协商结果方面。协商不一致，结果就是解雇劳动者，这一点没有太多异议。协商一致，变更劳动合同，对这一点存在很多异议。变更劳动合同，变更的是哪些内容，如何对变更的内容进行合理合法审查，法律没有明确规定。在司法实践中，变更劳动合同意味着调岗。如果不能达成调岗协议，劳动者就会被解雇，在这样的条件下，劳动者和用人单位的地位是严重不平等的，很容易出现不合理现象。

第二，在协商程序方面。协商程序是法定程序，法律并没有对用人单位没有经过协商程序，直接解雇劳动者所应负的责任做出规定。此外，协商结果是书面形式还是口头形式，《中华人民共和国劳动合同法》第三十五条①，规定了变更劳动合同需要书面形式。但是，《最高人民法院关于审理劳动争议案件适用法律问题的解释（一）》第四十三条②，又规定口头变更劳动合同在一定条件下也有效。

---

① 《中华人民共和国劳动合同法》第三十五条："用人单位与劳动者协商一致，可以变更劳动合同约定的内容。变更劳动合同，应当采用书面形式。变更后的劳动合同文本由用人单位和劳动者各执一份。"

② 《最高人民法院关于审理劳动争议案件适用法律问题的解释（一）》第四十三条："用人单位与劳动者协商一致变更劳动合同，虽未采用书面形式，但已经实际履行了口头变更的劳动合同超过一个月，变更后的劳动合同内容不违反法律、行政法规且不违背公序良俗，当事人以未采用书面形式为由主张劳动合同变更无效的，人民法院不予支持。"

（二）合法解雇经济补偿金方面的思量

1.经济补偿金的计算基数探究

《中华人民共和国劳动合同法》没有对经济补偿金的计算方法做出规定，与之配套的《履行和解除劳动合同的经济补偿办法》第六、七、八条[①]和《中华人民共和国劳动合同法》第四十七条[②]规定了经济补偿金的计算方法，计算的基数都是月工资数额。《劳动合同法实施条例》第二十七条[③]对月工资做了解释。月工资是指，劳动者每个月的计时工资或者计件工资，以及奖金、津贴和

---

① 《履行和解除劳动合同的经济补偿办法》第六条："劳动者患病或者非因工负伤，经劳动鉴定委员会确认不能从事原工作、也不能从事用人单位另行安排的工作而解除劳动合同的，用人单位应按其在本单位的工作年限，每满一年发给相当于一个月工资的经济补偿金，同时还应发给不低于六个月工资的医疗补助费。患重病和绝症的还应增加医疗补助费，患重病的增加部分不低于医疗补助费的百分之五十，患绝症的增加部分不低于医疗补助费的百分之百。"第七条："劳动者不能胜任工作，经过培训或者调整工作岗位仍不能胜任工作，由用人单位解除劳动合同的，用人单位应按其在本单位工作的年限，工作时间每满一年，发给相当于一个月工资的经济补偿金，最多不超过十二个月。"第八条："劳动合同订立时所依据的客观情况发生重大变化，致使原劳动合同无法履行，经当事人协商不能就变更劳动合同达成协议，由用人单位解除劳动合同的，用人单位按劳动者在本单位工作的年限，工作时间每满一年发给相当于一个月工资的经济补偿金。"

② 参见第 63 页脚注②。

③ 《劳动合同法实施条例》第二十七条："劳动合同法第四十七条规定的经济补偿的月工资按照劳动者应得工资计算，包括计时工资或者计件工资以及奖金、津贴和补贴等货币性收入。劳动者在劳动合同解除或者终止前 12 个月的平均工资低于当地最低工资标准的，按照当地最低工资标准计算。劳动者工作不满 12 个月的，按照实际工作的月数计算平均工资。"

补贴等货币性收入。但是，劳动者每年的实际收入并不是 12 个月的月工资总和。年终奖、每月奖金是劳动者年收入的重要组成部分。对于年终奖和每月奖金的性质，中国国家统计局颁布的《关于〈工资总额组成的规定〉若干具体范围的解释》第一条①，认为年终奖和每月奖金属于劳动者的劳动报酬。但是，无论是在经济补偿制度之中，还是在司法实践之中，年终奖和每月奖金都没有被纳入经济补偿金的计算基数之中。加班工资在经济补偿制度之中，不属于计算基数。但是中国的学者谢雯琦认为，加班工资应当属于经济补偿金的计算基数。此外，还有劳动者的各种津贴、补贴，也没有在经济补偿的计算基数中体现。

2.工作年限的计算方法探究

从用人单位的角度看，劳动者工作年限越长，为用人单位做出的贡献越大，与用人单位的感情越深，以工作年限作为补偿标准，用人单位更容易接受，也赞同对工作年限长的劳动者进行更多补偿。从劳动者的角度看，排除有特殊技能劳动者之外的一般劳动者，工作年限越长，越不愿意离开现在的工作岗位，因为劳动者一旦被解雇，重新就业的难度大，生活压力相应增大。以工作年限作为补偿标准，对于工作年限长的劳动者而言，更多的补偿金可以帮助他们渡过难关。《中华人民共和国劳动合同法》第四十七条②规定了经济补偿金的工作年限计算方法。这里的问题是，工作年限以半年为起算点，无法区别具体月

---

① 《关于〈工资总额组成的规定〉若干具体范围的解释》第一条："工资总额的计算原则应以直接支付给职工的全部劳动报酬为根据。各单位支付给职工的劳动报酬以及其他根据有关规定支付的工资，不论是计入成本的还是不计入成本的，不论是按国家规定列入计征奖金税项目的还是未列入计征奖金税项目的，不论是以货币形式支付的还是以实物形式支付的，均应列入工资总额的计算范围。"

② 参见第 63 页脚注②。

份数量。例如，工作年限为 1 个月的劳动者和 5 个月的劳动者得到的经济补偿金没有差距，而工作年限 5 个月的劳动者与 6 个月的劳动者得到的经济补偿金差别巨大。

3.高收入者的特殊补偿方法探究

《中华人民共和国劳动合同法》第四十七条[①]对于高收入者有特殊的规定。一般劳动者的月工资数额以本人实际月工资数额计算。如果劳动者本人实际月工资数额高于当地上一年度职工月平均工资的 3 倍，该劳动者就是高收入者。对于高收入者的经济补偿金，法律进行了两种限制。第一种限制是，月工资数额不是以高收入者的实际月工资计算，而是按照当地上一年度职工月平均工资的 3 倍计算。第二种限制是，计算的工作年限最多不能超过 12 年，如果实际工作年限超过了 12 年，按照 12 年计算。虽然法律对高收入者的经济补偿金作了限制，但是高收入者依然可以获得比一般劳动者更多的经济补偿。从用人单位的角度，给高收入者更多的经济补偿，会加重用人单位的负担。从一般劳动者的角度，给高收入者更多的经济补偿，是一种不公平现象。从立法目的的角度，劳动法的立法目的是平衡用人单位与劳动者的利益，保护处于弱势地位的劳动者的权利。高收入者相比一般劳动者，已经不是弱势群体。因此，对高收入者的特殊补偿方法不合理。

4.小规模用人单位的困难探究

中国经济补偿制度适用于所有劳动法意义上的用人单位。因此，一些小规模用人单位与大规模用人单位在经济补偿金支付方面是一样的。在经济高速发展的时期，经济补偿金对用人单位不会造成太大负担，原因有两个。一方面，在经济高速发展的时期，用人单位生产扩大，解雇劳动者的事件会大幅减少。

---

① 参见第 63 页脚注②。

另一方面，在经济高速发展的时期，用人单位盈利较多，即便需要支付经济补偿金，也不会太困难。但是，在经济发展缓慢的时期，甚至经济发展停滞和倒退的时期，经济补偿金的问题就会凸显，原因有两个。一方面，大规模用人单位抗风险能力较强，小规模用人单位抗风险能力较弱，在经济衰退时期，小规模用人单位的优点是"船小好调头"，可以及时改变经营方向，但这样一来，就需要解雇大量劳动者。另一方面，小规模用人单位拥有的财富比较少，在经济衰退时期，没有太多的金钱支付经济补偿金。中国经济补偿制度没有考虑小规模用人单位的困难，使得违反该制度的现象增多。本书认为，国家有关部门需要考虑小规模用人单位的因素，制定更加切实可行的经济补偿制度，以发挥制度的最大作用。

5.劳动者的年龄因素探究

中国经济补偿制度以劳动者工作年限为标准，但是，工作年限与劳动者年龄是两个不同的概念。一般而言，工作年限越长，劳动者年龄越大。但是，补偿金制度规定的工作年限是指，劳动者在行使解雇权的用人单位的工作年限，不包括之前在其他用人单位的工作年限。这样会导致一些年龄较大的劳动者可能工作年限很短，获得的经济补偿金也会很少。在当今时代，年老的劳动者被解雇后，找到新的工作岗位要比年轻劳动者困难。因为，年老的劳动者在精力和体能方面处于绝对劣势。而且，年老的劳动者承担着更重的家庭责任，一旦被解雇，容易使整个家庭陷入绝境，如果经济补偿金很少，会使得年老的劳动者陷入绝望，不利于家庭的和谐和社会的稳定。年老的劳动者在劳动者中是弱势群体，劳动立法应当对他们采取倾斜保护措施，以达到全面保障劳动者权利的目的。

第二节　中国不当解雇救济制度的
规定和思量

一、中国不当解雇救济制度的规定

（一）不当解雇的概念

1982 年 6 月 2 日，国际劳工组织通过了《雇主主动终止雇佣公约》。该公约第四条[①]规定了基于劳动者工作能力或者行为、基于用人单位运营的要求，用人单位才可以行使解雇权，否则劳动者不得被解雇。如果用人单位违反了《雇主主动终止雇佣公约》的规定，解雇了劳动者，就是不当解雇。该公约第十条[②]规定了发生不当解雇的时候，劳动者可以要求恢复工作，如果恢复工作的要求无法满足，劳动者有权要求获得适当赔偿金或者救济金。中国劳动法中没有"不当解雇"的定义。学术界一般认为，不当解雇是指用人单位违反法律规定或者合同约定解雇劳动者的行为。在中国，不当解雇与非法解雇只是文字上的不同表述，实质上是一样的。因此，本书研究的不当解雇就是非法解雇。与合法解

---

① 《雇主主动终止雇佣公约》第四条："除非与雇员工作能力或行为相关或基于企业、机构或事业运作的要求，雇员不得被解雇。"

② 《雇主主动终止雇佣公约》第十条："如果该公约第八条提到的机构发现终止雇佣是没有道理的，如果他们没有得到授权或没有找到根据国家法律和惯例的切实可行性去宣布终止无效的命令或恢复工人的建议，他们应有权要求适当赔偿或被认为是适当的其他救济金。"

雇相比，不当解雇具有三个特征。其一，违法或者违约特性。不当解雇违反了法律规定的解雇情形或者解雇程序，用人单位没有按照双方签订的劳动合同让劳动者在合同期限内继续工作，而是提前单方解除了劳动合同。其二，侵权特性。不当解雇侵害了劳动者的就业权，使劳动者失去了工作岗位，失去了经济来源。其三，赔偿特性。合法解雇，劳动者一般会获得用人单位支付的补偿金。不当解雇，劳动者一般会获得赔偿金。一般情况下，赔偿金数额比补偿金数额多。

（二）不当解雇的原因

在中国，不当解雇的原因是多样的，既有国家和社会的原因，也有用人单位和劳动者的原因。主要有四个方面。

其一，在社会方面，中国社会人口众多，而且劳动技能水平较低的人数较多。中国是世界上人口最多的国家，也是劳动者最多的国家。在农业社会，人口众多和失业没有必然联系。因为在农业社会，人们的主要工作就是耕种农作物，中国拥有较大的国土面积和耕地面积，再加上农业生产效率较低，人口众多不会引起失业率上升。1949 年中华人民共和国成立之后，尤其是 1978 年改革开放之后，中国逐渐融入世界市场经济体系，科技的进步节约了大量劳动力，而中国人口众多，人们的就业压力就会增大。与此同时，劳动者技能水平偏低，容易导致用人单位不重视劳动者的利益。

其二，国家法律方面。中国在改革开放之前，实行的是计划经济，没有关于不当解雇方面的法律法规。改革开放后，中国劳动法方面的法律法规逐步形成，但是，从立法的角度，关于不当解雇的法律法规还存在一些缺陷。法律法规存在缺陷，导致无法有效限制用人单位解雇权的行使，使得用人单位不当解雇的违法成本较低，所以不当解雇现象时有发生。

其三，用人单位内部制度不完善。中国的一些用人单位，尤其是小规模用人单位，没有完善的内部规章制度，人事部门工作人员的工作能力不足，用人单位在行使解雇权的时候，很容易将原本合法的解雇变成不当解雇，增加不当解雇引发的劳动争议。

其四，劳动者的法治观念和权利意识不够。中华人民共和国成立后，我国的法治社会建设逐步推进，人民的法治观念逐渐形成。改革开放以后，人们的法治观念进一步增强。但是在用人单位不当解雇劳动者的时候，一些劳动者依然缺乏法治观念和权利意识，选择静默地离开用人单位，这样助长了用人单位不当解雇的行为。

（三）不当解雇的类型

1.以劳动者人数为划分标准的分类

（1）对单个劳动者的不当解雇

对单个劳动者的不当解雇，主要原因是用人单位和单个劳动者之间产生了矛盾。这种矛盾既有可能是用人单位造成的，也有可能是劳动者造成的。在劳动者没有过错的情况下，如果用人单位对劳动者存在歧视，容易导致对特定劳动者的不当解雇。这种歧视是基于可变因素的。劳动者的一些可变因素使得劳动者变得越来越不被用人单位认可，从而导致单个劳动者的不当解雇。例如，年龄、外貌。劳动者的年龄越来越大，体力、精力逐渐下降，用人单位容易对这样的单个劳动者进行不当解雇。固定因素，也就是不变因素，一般不会导致单个劳动者的不当解雇。例如，劳动者的性别是固定的。如果用人单位对劳动者持有性别歧视，一般在招聘的时候就拒绝劳动者了，不会发生不当解雇的现象。在劳动者有过错的情况下，用人单位也可能对单个劳动者进行不当解雇。例如，劳动者没有完成本月的工作任务，用人单位以劳动者不能胜任工作为理由解雇劳动者，这就是对单个劳动者的不当解雇。

（2）对众多劳动者的不当解雇

用人单位一次性大量不当解雇劳动者，既有可能是用人单位的客观原因造成的，也有可能是用人单位的主观原因造成的。当用人单位面临经济困难、产业升级等客观原因的时候，需要大量裁员，以达到节约人力资源、减少工资支付的目的，这往往不符合经济裁员的条件，或者虽然符合经济裁员的条件，但是不符合经济裁员的程序，这是典型的对众多劳动者的不当解雇。用人单位主观原因也可能造成对众多劳动者的不当解雇。例如，众多劳动者集体向用人单位提出涨工资的要求，甚至以集体罢工为要挟，迫使用人单位答应劳动者的条件。在这种情况下，用人单位和劳动者的矛盾升级，用人单位对参与请愿、示威、罢工的众多劳动者，全部或大部分解雇，这也属于对众多劳动者的不当解雇。相比对单个劳动者的不当解雇，对众多劳动者的不当解雇危害更大，更容易造成群体性不良事件，甚至引起社会动荡。

2.以违反事项为划分标准的分类

（1）违反解雇事由的不当解雇

法律法规规定了解雇事由，用人单位违反了解雇事由，实质上就是违法行为，就是不当解雇。国际劳工组织制定的《雇主主动终止雇佣公约》第四条[①]规定的解雇事由有两种。其一是劳动者的工作能力不能满足用人单位要求。其二是用人单位的客观情况。这些规定是世界各国，尤其是民主法治国家在劳动立法过程中的重要参考。因此，违反解雇事由被很多国家视为不当解雇。

（2）违反禁止事项的不当解雇

很多国家认为，劳动者是弱势群体，劳动立法为了更好地保护劳动者的合

---

① 参见第 89 页脚注①。

法权益，因而明确了解雇的禁止事项。这对于劳动者来说是非常有利的。一方面，仅仅依靠法律规定的解雇事由来判断解雇是否为不当解雇，存在着法律漏洞，使得一些用人单位利用法律漏洞，侵害劳动者的劳动权利。另一方面，对于用人单位容易侵害劳动者劳动权利的行为，尤其是与妇女、孕妇等特殊群体有关的解雇，法律需要明确解雇的禁止事项，来重点保护特殊劳动者。

（3）违反法定程序的不当解雇

法律程序保障着法律内容的有效实施。法律程序通过强制性，对当事人进行权利义务的平衡，使他们能够充分享有权利，并积极履行义务。解雇程序是法律约束用人单位行使解雇权的重要手段。在劳动者无法避免被解雇的情况下，法律规定的解雇程序是维护劳动者尊严的手段，它保障着劳动者有尊严地离开工作岗位。同时，法律规定的解雇程序也是劳动者再就业的重要保障。履行法定解雇程序，可以给劳动者充分的时间寻找新的工作，这对稳定社会就业率起到了积极作用。

《中华人民共和国劳动法》第二十五条①和《中华人民共和国劳动合同法》第三十九条②以列举的方式规定了用人单位即时解除劳动合同的适用情形。《中华人民共和国劳动法》第二十六条③和《中华人民共和国劳动合同法》第四十条④以列举的方式规定了用人单位预告解除劳动合同的适用情形和程序。用人单位违反这些法律法规，就是不当解雇。《中华人民共和国劳动法》第二十九

---

① 参见第 14 页脚注①。

② 参见第 15 页脚注①。

③ 参见第 15 页脚注②。

④ 参见第 15 页脚注③。

条①和《中华人民共和国劳动合同法》第四十二条②以列举的方式规定了用人单位不得解雇的情形。用人单位的行为符合这些情形，就是不当解雇。《中华人民共和国劳动合同法》第四十八条③规定了不当解雇的救济方式有两种：用人单位继续履行劳动合同、用人单位向劳动者支付赔偿金。

二、中国不当解雇救济制度的思量

（一）"实体违法解雇"与"程序违法解雇"救济制度探究

实体违法解雇是指，违反解雇事由或者违反禁止事项的不当解雇。程序违法解雇是指，违反法律规定的解雇程序的不当解雇。

首先，实体违法解雇和程序违法解雇不同，主要表现在以下两点。其一，在用人单位的主观上，实体违法解雇比程序违法解雇主观恶意更大。实体违法解雇是用人单位违反了法律规定的解雇事由或者禁止事项，这就意味着劳动者不存在过错。所有的错误来源于用人单位。程序违法解雇是用人单位在解雇劳动者的过程中，违反了法定程序，这就意味着出现了合法解雇的法定事由，劳动者具有过错或者客观情况导致劳动者无法继续工作。错误可能来源于用人单位，也可能来源于劳动者。其二，对劳动者的心理影响上，实体违法解雇比程

---

① 参见第 17 页脚注①。

② 参见第 17 页脚注②。

③ 《中华人民共和国劳动合同法》第四十八条："用人单位违反本法规定解除或者终止劳动合同，劳动者要求继续履行劳动合同的，用人单位应当继续履行；劳动者不要求继续履行劳动合同或者劳动合同已经不能继续履行的，用人单位应当依照本法第八十七条规定支付赔偿金。"

序违法解雇对劳动者产生的不良影响较大。无论哪一种解雇，都会导致劳动者失去工作和经济来源。程序违法解雇对劳动者产生的心理影响较小。这是因为，事实上已经出现了劳动者被解雇的事由或客观事实，解雇不可避免。用人单位改正了程序违法行为，最终还是会解雇劳动者，劳动者对此会有一定的心理预期。实体违法解雇对劳动者产生的心理影响较大。这是因为，事实上没有出现劳动者被解雇的事由或客观事实，解雇可以避免，劳动者对此没有一定的心理预期。所以，实体违法解雇比程序违法解雇对劳动者产生的不良影响较大。其次，实体违法解雇中的违反解雇事由和违反禁止事项，也是不同的。法律规定的禁止事项具有强调意义，用人单位违反这些禁止事项，对社会具有更大的危害性。

（二）"继续履行劳动合同"救济制度探究

1.继续履行劳动合同判断标准探究

对于不当解雇的救济方式而言，继续履行劳动合同是一种选择方式，这种选择方式的前提是，劳动合同能够继续履行。在什么情况下，劳动合同不能够继续履行或者能够继续履行，中国目前的法律没有明确规定判断标准。中国学者周国良认为，劳动合同不能够继续履行的情况，既包括客观情况，也包括主观情况。客观情况是指不可抗力或者其他导致劳动合同无法履行的非人为情况。主观情况是指用人单位进行机构调整导致劳动者原来的工作岗位消失的情况。本书认为，这种学术观点具有一定的合理性。但是，把用人单位进行机构调整而导致劳动者原来的工作岗位消失的情况归为主观情况，是不合理的。虽然，进行机构调整是在用人单位主观指导下进行的，但是，导致劳动者原来的工作岗位消失的情况则是客观情况。因此，本书认为导致劳动合同不能够继续履行的情况，都是客观情况。中国的学者程立武认为，实体违法解雇，劳动者不存在过错，应当以继续履行劳动合同为主要救济方式；程序违法解雇，劳动者存在过错，无法继续工作，应当以经济赔偿金为主要救济方式。这种观点以不当解雇的类型，来判断能否继续履行劳动合同，也有一定合理性。

2.继续履行劳动合同执行探究

劳动合同与民法上的一般合同相比，存在很大的特殊性。这种特殊性表现在生存权利、人身属性、合同形式、仲裁程序等方面。这些特殊性，造成了继续履行劳动合同执行的困难。首先，一般合同主要是经济上的权利义务，劳动合同不仅是经济上的权利义务，还涉及劳动者人权、基本生存权和用人单位经营管理权。如果继续履行劳动合同，若执行不好，会导致劳动者的生存和用人单位的经营管理出现问题。其次，劳动合同相比一般合同具有很强的人身属性，劳动者与用人单位存在工作关系上的信任。如果用人单位拒绝执行继续履行劳动合同的判决，法院会对用人单位采取强制执行措施。那么会导致用人单位与劳动者关系紧张，即便劳动者回到了原来的工作岗位，也会与用人单位产生新的问题。再次，法律规定劳动合同必须采用书面形式。但是在司法实践中，存在一些没有书面合同的劳动关系，这会使得继续履行劳动合同的内容难以确定，即便法院强制执行，劳动者与用人单位对强制执行的内容，也会存在很大争议。最后，劳动争议案件在中国必须经过劳动人事争议仲裁委员会的仲裁，这是法院诉讼的前置程序。这样就导致程序复杂、时间漫长，当执行继续履行劳动合同程序的时候，已经过去很长时间了，此时用人单位的机构调整已经完成，劳动者原来的工作岗位已经消失，继续履行劳动合同就会出现困难。

（三）"支付赔偿金"救济制度探究

《中华人民共和国劳动合同法》第八十七条①规定，用人单位不当解雇劳动者，应当向劳动者支付经济补偿金2倍数额的经济赔偿金。也就是劳动者工作年限每满1年，支付给劳动者相当于2个月工资的经济赔偿金。经济补偿金是用人单位合法解雇劳动者的时候，支付给劳动者的金钱。经济赔偿金是用人单位不当解雇劳动者的时候，支付给劳动者的金钱。两者的性质完全不一样。经济补偿金是根据劳动者的工作年限进行的补偿，是对劳动者在用人单位所作贡献的一种肯定。经济赔偿金是，尚未到达劳动合同约定的期限，劳动者被不当解雇，用人单位根据剩余劳动合同期限的工资损失和其他损失进行的赔偿。所以，经济补偿金与经济赔偿金在性质上是不同的，两者没有必然联系，但中国目前的法律却将两者用2倍数量联系起来。《中华人民共和国民法典》第五百七十七条②规定了违约赔偿责任，即当事人未按照约定履行合同的，应当承担赔偿损失等违约责任。用人单位在劳动合同期限未满之前，不当解雇劳动者，是一种违约行为，经济赔偿应该是以劳动者可能造成的损失为计算标准。虽然经济赔偿金是经济补偿金的2倍，数额上超过经济补偿，但是也不能将2倍的经济补偿视为劳动者被不当解雇遭受的损失。从违约角度，经济赔偿金制度存在悖论。在劳动合同期限固定的情况下，用人单位越早解雇劳动者，劳动合同未履行部分越多，违约越严重，但是，不当解雇的经济赔偿金越少。这意味着

---

① 《中华人民共和国劳动合同法》第八十七条："用人单位违反本法规定解除或者终止劳动合同的，应当依照本法第四十七条规定的经济补偿标准的二倍向劳动者支付赔偿金。"

② 《中华人民共和国民法典》第五百七十七条："当事人一方不履行合同义务或者履行合同义务不符合约定的，应当承担继续履行、采取补救措施或者赔偿损失等违约责任。"

违约越严重，赔偿金越少，这是一种悖论。此外，相当于 2 倍经济补偿的经济赔偿金，对用人单位约束力不强。一方面，经济赔偿金无法反映劳动者的损失，在个别情况下赔偿金很少，会放纵用人单位不当解雇的行为。另一方面，用人单位会使用一些手段，迫使劳动者辞职，避免支付经济赔偿金。

（四）不当解雇期间的工资支付探究

中国劳动法对于不当解雇期间的工资支付没有规定。在司法实践中，用人单位不当解雇劳动者，劳动者可以向劳动人事争议仲裁委员会提出仲裁申请，如果当事人对仲裁结果不认同，再向法院提起诉讼，在这一段时间，因为两方面原因，劳动者无法从事原来的工作。第一方面的原因是，用人单位已经作出解雇劳动者的决定，无论劳动者是否认可，解雇的决定在用人单位已经实施生效，劳动者的岗位已经消失或者被其他劳动者占据，劳动者无法继续工作。第二方面的原因是，劳动者对用人单位解雇的决定不认可，采取仲裁和诉讼的方式维护自己的合法权益，需要大量时间和精力，不可能继续原来的工作。在司法实践中，根据劳动争议案件的最终判决结果，对待不当解雇期间的工资问题，有两种不同的解决办法。其一，判决继续履行劳动合同的时候，劳动者回到用人单位继续工作，一般而言，用人单位会支付给劳动者不当解雇期间的工资。其二，判决支付经济赔偿金的时候，劳动者不再回到用人单位继续工作，一般而言，用人单位不支付给劳动者不当解雇期间的工资。本书认为，司法实践中的做法是不合理的。继续履行劳动合同与支付经济赔偿金是法律规定的劳动者面临不当解雇时可以选择的不同救济方式，与不当解雇期间的工资支付没有关系。需要注意的是，中国一些地方的法院和劳动人事争议仲裁委员会有不同的判决方式，例如，北京市法院和劳动人事争议仲裁委员会认为，程序性不当解雇，不当解雇期间的工资按照劳动者正常工资计算；实体性不当解雇，按照当地最低工资计算。上海市法院和劳动人事争议仲裁委员会认为，不当解雇期间的工资统一按照劳动者前 12 个月的平均月工资计算。

第三节 中国经济裁员制度的 规定和思量

一、中国经济裁员制度的规定

（一）经济裁员的概念

经济裁员是用人单位大规模解雇劳动者的一种行为，其是用人单位面临生产经营的严重困难，甚至面临破产的风险，用人单位为了缓解面临这些困难的压力，采取的一种解雇行为。经济裁员具有"被迫性"和"主动性"双重性质。经济裁员的被迫性体现在用人单位因为面临严重困难，所以不得不采取的一种行为。从长远发展的角度看，用人单位希望自我规模不断壮大，劳动者人数也随之不断增多。大规模裁员是用人单位不希望发生的情形，所以经济裁员具有被迫性。经济裁员的主动性体现在用人单位虽然面临严重困难，但是还有办法解决困难，用人单位可以自我调整生产规模和方向，节约生产经营成本，继续发展。劳动者辞职，使用人单位人员被动减少。与劳动者辞职不同，经济裁员是用人单位主动实施的一种行为，所以经济裁员具有主动性。

经济裁员具有"保障性"和"侵害性"双重性质。经济裁员的保障性体现在对用人单位的保障。用人单位面临严重困难的时候，如果不进行经济裁员，很有可能会导致破产。经济裁员能够帮助用人单位渡过难关，保障用人单位的生存和发展。经济裁员的侵害性体现在对劳动者的侵害。劳动者被解雇，会失去经济来源，生活质量也会下降。大量的劳动者被解雇，容易引起社会动荡。经济裁员制度应该着眼于处理好保障性和侵害性之间的矛盾，找到用人单位和劳动者双方利益的平衡点。

在计划经济时代，劳动者的就业由国家统一安排，用人单位的生产经营也由国家统一安排，所以没有经济裁员的概念。1978年中国改革开放以后，市场经济逐步代替了计划经济，经济裁员现象开始出现。《中华人民共和国劳动法》第二十七条①和《中华人民共和国劳动合同法》第四十一条②规定了经济裁员制度。在学术界，中国的王全兴认为，经济裁员是用人单位为了改善生产经营状况，一次性大规模解雇劳动者的行为，这种解雇属于预告解雇，裁员的原因是用人单位经济出现了问题，所以称为经济性裁员。中国的郑尚元认为，世界各国对经济裁员概念的解释是存在差异的，中国学术界对经济裁员概念没有一个权威性的解释，虽然法律规定了经济裁员制度，但是形成统一的概念还需要时间。从企业的角度看，经济裁员是法律认可的一种行为，是用人单位合法行使解雇权的一种表现。

---

① 参见第18页脚注①。

② 参见第18页脚注②。

（二）中国经济裁员制度的条件

1.实体条件

（1）破产重整

《中华人民共和国劳动合同法》第四十一条第一部分（款）第一项[①]规定，用人单位在依法进行破产重整的时候，可以进行经济裁员。2006 年 8 月 27 日，第十届全国人民代表大会常务委员会第二十三次会议表决通过了《中华人民共和国企业破产法》，并于 2007 年 6 月 1 日起实施。时隔不到 1 年，2008 年 1 月 1 日《中华人民共和国劳动合同法》实施，其中关于破产重整导致经济裁员制度，是在充分考虑《中华人民共和国企业破产法》相关内容之后制定的。破产重整是仅次于破产解散的严重危机。如果用人单位破产解散了，其法人也就随之消失，此时不存在经济裁员的问题，而是劳动者全部失业。破产重整是用人单位面临破产危机，依法采取的对债权人的重整，目的是用人单位继续存在下去，此时采取经济裁员，虽然使一部分劳动者失去了工作，但是保留了其他劳动者的工作岗位。

（2）生产经营严重困难

《中华人民共和国劳动合同法》第四十一条第一部分（款）第二项[②]规定，用人单位在生产经营发生严重困难的时候，可以进行经济裁员。生产经营严重困难是仅次于破产重整的严重危机。用人单位发生生产经营严重困难，必须采取一些措施减少运营成本。大量解雇劳动者是减少运营成本的一种快速有效的方式。此时，用人单位如果不大量解雇劳动者，很有可能会有破产的危险，导

---

① 参见第 18 页脚注②。

② 同上。

致更多劳动者失业。所以，生产经营发生严重困难的时候，用人单位可以进行经济裁员。

（3）转产、重大技术革新或者经营方式调整

《中华人民共和国劳动合同法》第四十一条第一部分（款）第三项[①]规定，用人单位在转产、重大技术革新或者经营方式调整的时候，可以进行经济裁员。需要注意的是，在这种情况下，不能直接进行经济裁员，需要先与劳动者变更劳动合同，在变更劳动合同之后仍然需要裁员的时候，才可以进行经济裁员。这是因为，转产、重大技术革新或者经营方式调整并不意味着用人单位面临严重危机，也有可能是用人单位在没有严重危机的情况下，为了更好、更快地发展而进行的调整。这种调整可以通过劳动者工作岗位的变化得以实现。如果通过改变劳动者的工作岗位，也就是变更劳动合同，用人单位可以顺利完成转产、重大技术革新或者经营方式调整，那么就不需要经济裁员。

（4）客观经济情况发生重大变化

《中华人民共和国劳动合同法》第四十一条第一部分（款）第四项[②]规定，用人单位在客观经济情况发生重大变化的时候，可以进行经济裁员。需要注意的是，客观经济情况是用人单位与劳动者订立劳动合同时所依据的情况。也就是说，劳动者之所以能够与用人单位签订劳动合同，是因为当时的某种客观经济情况。如果这种客观经济情况发生重大变化，或者不复存在，那么劳动者就失去了工作的前提条件，工作就无法继续进行。在这种情况下，用人单位可以进行经济裁员。

---

① 参见第 18 页脚注②。

② 同上。

2.程序条件

中国劳动部为了指导用人单位依法行使经济裁员的权利，于 1994 年 11 月 14 日颁布了《企业经济性裁减人员规定》，作为《中华人民共和国劳动法》配套法律法规，于 1995 年 1 月 1 日实施。之后的《中华人民共和国劳动合同法》在经济裁员程序方面，也没有更详细的规定。因此，本书参照《企业经济性裁减人员规定》，对中国经济裁员程序展开探究。

（1）说明程序

《企业经济性裁减人员规定》第四条第一项[①]规定，用人单位需要进行经济裁员的，必须提前 30 日向全体职工或者工会说明情况，以保障劳动者的知情权。需要注意的是，情况说明不能是口头说明，而应当是书面材料。这样的程序设置，目的有两个。其一，口头说明情况，证据不予保留，用人单位容易忽略该程序，或是将该程序流于形式。只有让用人单位进行书面的说明，才能更好地督促用人单位履行该程序。其二，导致经济裁员的法定事由比较复杂，用人单位需要将经济裁员的事由制作成纸质材料，供劳动者或工会查阅，能使劳动者获知更详细的信息，保障劳动者的知情权。

（2）提出程序

《企业经济性裁减人员规定》第四条第二项[②]规定，用人单位在向全体职工或者工会说明情况之后，要提出具体的裁员方案。裁员方案必须包括三部分内容：具体被解雇的劳动者名单、时间和步骤、经济补偿办法。需要注意的是，

---

① 《企业经济性裁减人员规定》第四条第一项："提前三十日向工会或者全体职工说明情况，并提供有关生产经营状况的资料。"

② 《企业经济性裁减人员规定》第四条第二项："提出裁减人员方案，内容包括被裁减人员名单，裁减时间及实施步骤，符合法律、法规规定和集体合同约定的被裁减人员经济补偿办法。"

尽早公布被解雇劳动者的名单，既有优点，也有缺点。优点是保障了劳动者的知情权。缺点是容易使未被解雇的劳动者倒戈到用人单位一方，漠视被解雇劳动者的权益，甚至造成在后面的程序中，对被解雇者产生敌意，无法站在被解雇者角度行使权利。但是，这对于经济裁员的整体推进而言，优点大于缺点。如果经济裁员方案通过后，再确定被解雇劳动者的名单，会导致新的问题。

（3）协商程序

《企业经济性裁减人员规定》第四条第三项①规定，全体劳动者或工会可以对裁员方案提出意见，用人单位根据意见修改和完善裁员方案。该程序赋予了全体劳动者或工会提出建议的权利，有力地保障了劳动者的合法权益。需要注意的是，提出建议的权利并不等同于决定权。用人单位对于建议，并不是必须全部接受，而是可以根据实际情况选择性接受，然后修改和完善裁员方案。

（4）报告程序

《企业经济性裁减人员规定》第四条第四项②规定，用人单位应当将协商的结果向当地劳动行政部门报告，劳动行政部门可以向用人单位提出意见，用人单位应当听取意见。这是经济裁员最后一个程序，也是行政把关的程序。需要注意的是，劳动行政部门具有提出建议的权利，而且用人单位对建议必须听取。但是，劳动行政部门的建议权不是决定权，只是比全体劳动者或工会建议权效力更高的建议权。

---

① 《企业经济性裁减人员规定》第四条第三项："将裁减人员方案征求工会或者全体职工的意见，并对方案进行修改和完善。"

② 《企业经济性裁减人员规定》第四条第四项："向当地劳动行政部门报告裁减人员方案以及工会或者全体职工的意见，并听取劳动行政部门的意见。"

3.限制条件

（1）人数限制

《中华人民共和国劳动合同法》第四十一条第一部分（款）①规定，需要裁减人员 20 人以上或者裁减不足 20 人但占企业职工总数 10%以上的，用人单位需要提前 30 日向工会或者全体职工说明情况，听取工会或者职工的意见后，裁减人员方案经向劳动行政部门报告，可以裁减人员。如果经济裁员的人数不足 20 人，且未超过用人单位劳动者总数的 10%，属于一般性解雇，不属于经济裁员。经济裁员是用人单位大规模一次性解雇劳动者的行为，除考虑劳动者个体利益之外，还要考虑社会利益，所以解雇人数不足，不适用经济裁员制度。

（2）优先留用限制

《中华人民共和国劳动合同法》第四十一条第二部分（款）②规定了经济裁员时，需要优先留用的人员。这些人员包括三类。第一类是与用人单位签订较长期限劳动合同的劳动者。第二类是与用人单位签订无固定期限劳动合同的劳动者。第三类是家庭中只有一名就业人员，且家庭中有老人和儿童的劳动者。第一类人员和第二类人员优先留用，是因为这些劳动者与用人单位有更多的预期利益。第三类人员优先留用，是因为这些劳动者家庭负担较重，出于人道主义考虑，应当留用，这也是劳动法是社会法的体现。

（3）不得裁员限制

《企业经济性裁减人员规定》第五条③规定了经济裁员时不能裁减的人员。

---

① 参见第 18 页脚注②。

② 同上。

③ 《企业经济性裁减人员规定》第五条规定，"用人单位不得裁减下列人员：（一）患职业病或者因工负伤并被确认丧失或者部分丧失劳动能力的；（二）患病或者负伤，在规定

这些人员可分为三类。第一类是因公负伤或者患有职业病的劳动者。这些劳动者丧失了劳动能力,或者丧失了部分劳动能力。不得裁减这些劳动者,是因为他们丧失劳动能力是在为用人单位工作时造成的。第二类是正在医疗期内的劳动者。这些劳动者患病或者负伤,与用人单位没有关系。但是他们正在接受治疗,需要花费大量金钱,所以也不能裁减。第三类是在怀孕期间、生完孩子1年内的女性劳动者。妇女和儿童是社会弱势群体,需要特殊保护。从国家生育政策的角度,我国也需要对这些劳动者进行特殊保护,所以不能裁减。

(4)优先录用制度

《企业经济性裁减人员规定》第七条①规定,用人单位从经济裁员之日起,6个月内有招聘需求的,应当优先从本单位裁减的人员中录用,并且将该情况详细报告给当地劳动行政部门。用人单位进行经济裁员是因为面临严重危机,而用人单位开始进行新的招聘活动,意味着严重危机已经度过。经济裁员中的劳动者并没有过错,只是因为当时用人单位面临危机,当危机解除后,劳动者就有返回原来工作岗位的可能。而且,这些劳动者与用人单位形成过劳动关系,对原来的工作岗位更加熟悉,更能快速适应工作。

的医疗期内的;(三)女职工在孕期、产期、哺乳期内的;(四)法律、行政法规规定的其他情形"。

① 《企业经济性裁减人员规定》第七条:"用人单位从裁减人员之日起,六个月内需要新招人员的,必须优先从本单位裁减的人员中录用,并向当地劳动行政部门报告录用人员的数量、时间、条件以及优先录用人员的情况。"

二、中国经济裁员制度的思量

（一）裁员条件的思量

1.裁员人数探究

经济裁员是一次性大规模解雇劳动者的行为，所以裁员人数需要达到一定数量，才能适用经济裁员制度。中国经济裁员制度对于裁员人数采用了总数和比例相结合的计算方法。在总数上，一次性裁员 20 人以上，属于经济裁员。在比例上，裁员不足 20 人，但是裁员人数占用人单位劳动者人数的 10%以上，也属于经济裁员。由于没有充分考虑用人单位的规模，所以这样的裁员人数规定存在诸多不合理之处。从超大规模的用人单位的角度看，20 人的数量是非常少的。例如，2020 年 10 月，美国迪士尼公司宣布裁员 28 000 人，美国壳牌公司同时也宣布将用 1 年左右的时间，裁员 7 000—9 000 人。这种大规模的公司一次性裁员 20 人，也许就是一次普通的裁员行为，没有任何经济裁员的事由。如果这样的解雇适用经济裁员制度，则与经济裁员制度的概念不符，也会增加用人单位的负担。从微小规模用人单位的角度看，裁员人数占劳动者人数的 10%以上的情况很容易发生。例如，不足 10 人的微小用人单位，解雇 1 名劳动者就符合裁员人数占劳动者人数的 10%以上的情况。解雇这 1 名劳动者，即便具有经济裁员的事由，也不符合经济裁员制度的立法目的。经济裁员制度的立法目的是保护众多劳动者的权益，不是保护单个劳动者的权益。

2.裁员时间探究

虽然中国的王全兴认为，经济裁员是一次大规模解雇劳动者的行为。但是，中国目前经济裁员制度并没有明确规定是一次性解雇还是一段时间内解雇。这样就容易使用人单位利用法律漏洞，侵害劳动者权益。对用人单位而言，相比一般性解雇，经济裁员的负担较重。用人单位可以将本来经济裁员的众多劳动者分批次解雇，反复多次进行，一样可以完成经济裁员的目的。例如，一个拥有 200 人的用人单位，计划经济裁员 34 人，如果一次性解雇 34 人，属于经济裁员，适用经济裁员制度。但是用人单位第一次解雇 17 人，总数量没有超过 20 人，17 人约占总人数 200 人的 8.5%，也没有超过 10% 的比例，此时不属于经济裁员，属于一般性解雇。然而经过短暂的几天，用人单位再次解雇 17 人，总数量没有超过 20 人，17 人约占总人数 183 人的 9.29%，也没有超过 10% 的比例，此时也不属于经济裁员，属于一般性解雇。这样被解雇的 34 名劳动者就无法按照经济裁员制度保障自己的权益。

3.裁员事由探究

裁员事由就是经济裁员的适用情形。中国经济裁员制度规定了四种裁员事由：其一是依照企业破产法规定进行重整的；其二是生产经营发生严重困难的；其三是企业转产、重大技术革新或者经营方式调整，经变更劳动合同后，仍需裁减人员的；其四是其他因劳动合同订立时所依据的客观经济情况发生重大变化，致使劳动合同无法履行的。这四种裁员事由，第一种由《中华人民共和国企业破产法》进行了详细的规定，具有很强的操作性。其他三种都存在很多表述不明的地方。对于生产经营发生严重困难，没有统一的判断标准。《企业经济性裁减人员规定》第二条①规定，生产经营严重困难的标准由各个地方政府确定。这样会导致地方政府干预司法，干预用人单位自主经营。对于企业转产、重大技术革新或者经营方式调整的具体认定标准，中国目前没有法律规

---

① 《企业经济性裁减人员规定》第二条："用人单位濒临破产，被人民法院宣告进入法定整顿期间或生产经营发生严重困难，达到当地政府规定的严重困难企业标准，确需裁减人员的，可以裁员。"

范对此进行详细解释。其他因劳动合同订立时所依据的客观经济情况发生重大变化，作为一种兜底性条款，其内涵更加模糊，无法操作。对于用人单位合并或者分立，经济裁员制度没有将其作为裁员事由。在司法实践中，有些用人单位合并或者分立的时候，会出现内部结构调整、经营模式转变等重大问题，也会解雇大量劳动者，如果不将用人单位合并或者分立作为经济裁员事由，容易侵害劳动者权益。

（二）裁员程序的思量

1.被裁减劳动者的知情权探究

《企业经济性裁减人员规定》第四条第一项[①]规定了劳动者对经济裁员的知情权。用人单位需要提前 30 日向工会或者全体职工说明经济裁员情况，意味着被裁减劳动者可能无法及时获知相关情况。如果用人单位向全体劳动者说明情况，那么被裁减劳动者在全体劳动者之中，必然会及时获知相关情况。但是，在这种司法实践中，更多的用人单位选择向工会说明情况。而且法律法规没有规定工会在获知情况之后，必须通知被裁减劳动者。这样，被裁减劳动者就无法获知相关情况。即便是工会在获知经济裁员情况之后，通知了被裁减劳动者，在时间上，可能也耽误了很久，被裁减劳动者并不能及时获知情况。其实，在用人单位的所有劳动者中，最需要及时获知经济裁员情况的人就是被裁减劳动者，他们需要提前做思想和行为上的准备。此外，经济裁员制度没有规定说明情况的具体内容，只是简单规定了用人单位需要提供生产经营状况的材料，这样容易使说明情况的程序流于形式。

---

① 参见第 103 页脚注①。

2.协商机制探究

《企业经济性裁减人员规定》第四条第二项[①]、第三项[②]规定了用人单位和劳动者关于经济裁员的协商机制。协商机制按时间分为四个阶段。第一阶段由用人单位制定裁员方案，裁员方案必须包括被裁减劳动者名单、裁员时间和步骤、经济补偿办法。第二阶段由用人单位将裁员方案向全体劳动者或者工会发布。第三阶段由全体劳动者或者工会对方案提出意见。第四阶段由用人单位对方案进行修改和完善。其中的漏洞在第三阶段和第四阶段。劳动者或者工会可以提出意见，但是法律法规没有规定用人单位必须采纳，如果用人单位对意见不予采纳，劳动者或者工会也没有对应的措施。用人单位最终修改和完善经济裁员方案，完全是由其自身决定的，不一定会将劳动者或工会的意见反映出来。这样就变成了由用人单位一方单独制定和修改经济裁员协商机制，劳动者或者工会参与的效果并不明显。

3.劳动行政部门的监管探究

《企业经济性裁减人员规定》第四条第四项[③]规定了劳动行政部门的监管程序。监管程序按照时间分为两个阶段。第一阶段由用人单位将裁员方案和劳动者或者工会意见，报告给当地劳动行政部门。第二阶段由劳动行政部门提出意见，用人单位听取这些意见。中国学者从玉玲认为，在第一阶段存在两个漏洞，其一是没有明确报告裁员方案的具体内容。其二是没有明确报告的时间。本书认为第一阶段不存在明显漏洞。对于从玉玲认为的没有明确报告裁员方案

---

① 参见第 103 页脚注②。

② 参见第 104 页脚注①。

③ 参见第 104 页脚注②。

具体内容的问题，《企业经济性裁减人员规定》第四条第二项[①]已经明确了报告裁员方案的内容。对于从玉玲认为的没有明确报告时间的问题，本书认为没有必要设置报告时间。因为用人单位进行经济裁员的前提是必须经过报告程序，如果没有经过报告程序，经济裁员则无法进行。所以，不用设置报告时间来催促用人单位履行程序，用人单位为了尽快完成经济裁员，势必会积极主动地履行程序，至少在时间上是不会主动耽搁的。本书认为，劳动行政部门的监管漏洞主要集中在第二阶段。在这个阶段，劳动行政部门只有听取用人单位报告的权力。"听取"是一个被动的词汇，也就意味着劳动行政部门没有主动质疑的权力。如果劳动行政部门认为用人单位的某些方案或者某些步骤存在侵害劳动者权益的现象，劳动行政部门也不能质疑，更不能纠正用人单位的错误。这样劳动行政部门的监管就变成了备案。

（三）优先条款的思量

1.优先留用的思量

（1）优先留用规定探究

中国经济裁员制度明确规定了三类优先留用的劳动者。分别是：与用人单位签订较长期限劳动合同的劳动者、与用人单位签订无固定期限劳动合同的劳动者、家庭中只有一名就业人员且家庭中有老人和儿童的劳动者。对于第一类优先留用的情况，"较长期限"是多长期限？汉语中的比较词语，都是相对的。"时间长"和"时间短"是相对的词语，没有绝对的时间长和短。相对劳动合同试用期，3年的劳动合同期限就算较长期限了。相对无固定期限劳动合同，3年的劳动合同期限就算较短期限了。因此，对于第一类优先留用的情况，较

---

① 参见第103页脚注②。

长期限是没有明确规定的。而对于第三类优先留用的情况，如何查明情况，如何举证，法律规范应当明确规定。此外，如果三类优先留用的劳动者同时存在，那么他们之间是否有优先顺序？如果没有优先顺序，那么在留用名额有限的情况下，怎样留用？法律规范应当明确规定这些内容。

（2）优先留用效果探究

优先留用条款的立法目的是对特殊劳动者予以关怀和照顾，并不是考虑他们对用人单位的重要性。如果劳动者对用人单位很重要，那么不需要优先留用条款，用人单位也不会裁减这些重要的劳动者，因为他们会给用人单位带来较大的利益或者避免较大的损失。所以，优先留用的劳动者，应当对用人单位和社会心存感激。但是在司法实践中，一些优先留用的劳动者不但没有对用人单位和社会心存感激，反而认为用人单位的经济裁员意味着生产经营不佳，企业发展无望，继续在用人单位工作随时都有被解雇的风险，所以开始寻找新的用人单位。也有一些优先留用的劳动者认为被裁员名单是由用人单位各级领导的主观喜好决定的，所以不再将精力放在工作中，而是专注于与各级领导搞好人际关系。这样就使得优先留用制度无法发挥出良好的效果。此外，如果优先留用的劳动者中有工作态度很差、业务能力很弱的，那么对用人单位将来的发展也是一种负担。

2.优先录用的思量

《企业经济性裁减人员规定》第七条[1]规定了优先录用被裁减劳动者的制度。《中华人民共和国劳动合同法》第四十一条第三部分（款）[2]规定了同等条件的优先录用制度，即在经济裁员 6 个月内，用人单位重新招聘劳动者，被裁

---

① 参见第 106 页脚注①。

② 参见第 18 页脚注②。

减劳动者如果与其他劳动者具备同等条件，应当被优先录用。但是，对于同等条件的规定尚不明确。在司法实践中，用人单位如果不想招聘被裁减劳动者，会努力寻找他们的劣势，以表明他们和其他劳动者不具备同等条件，将他们淘汰。在寻找被裁减劳动者的劣势的时候，用人单位可以从年龄、工作经历等多方面入手，甚至寻找一些与工作无关的劣势，以淘汰被裁减劳动者。此外，优先录用制度缺乏配套的通知程序。用人单位向社会发布招聘公告，如果被裁减劳动者没有及时看到招聘公告，就错失了应聘的机会，更不会出现优先录用的可能。

第四节　中国推定解雇制度的规定和思量

一、中国推定解雇制度的规定

（一）推定解雇的概念

推定解雇是指，用人单位主动实施了一定的行为，造成了劳动者工作条件恶化或者工资待遇下降，破坏了劳动者对用人单位的信任，迫使劳动者主动提出辞职，从而使劳动关系终止的行为。推定解雇中用人单位的主观意图可以分为两类。第一类是，用人单位并没有解雇劳动者的意图，只是想降低劳动者的劳动条件或工资待遇，深层原因是用人单位想节约人力资源和生产经营的成本。第二类是，用人单位具有解雇劳动者的意图，降低劳动者的劳动条件或工资待遇只不过是一种手段，目的就是迫使劳动者辞职。对用人单位的两类主观意图进行比较，第二类的主观恶意更大，会造成用人单位与劳动者之间无法协调的矛盾。如果用人单位的主观意图就是迫使劳动者辞职，那么，对于用人单位降低劳动者的劳动条件或工资待遇的行为，即使劳动者选择顺从和容忍，用人单位也会寻找其他借口，使用其他手段，迫使劳动者离开用人单位。研究推定解雇中用人单位的主观意图的意义在于，在劳动争议的仲裁和诉讼中，判断继续履行劳动合同有没有可行性。当然，用人单位一般不会直接表露自己的真实意图，但是劳动者能通过用人单位的一系列客观行为来判断它的主观意图。用人单位降低劳动者的劳动条件或工资待遇的行为是违反法律规定或者合同约定的，因此，推定解雇本质上是不当解雇，在这种情况下，劳动者应当拥有不当解雇救济权。

推定解雇制度的价值体现在两个方面。其一，维护劳动关系。劳动关系产生的依据是用人单位与劳动者签订的劳动合同。推定解雇是用人单位对劳动合同内容的单方面变更，是对劳动关系的破坏。推定解雇制度可以约束用人单位的不当行为，维护劳动关系。劳动关系的稳定是社会稳定的重要组成部分，推定解雇制度对稳定劳动关系的价值，就是对社会稳定的价值。同时，从法理学角度来看，法的价值之一是秩序。维护社会稳定是秩序的体现，也是法的价值的体现。所以，推定解雇制度的价值与法的价值是一致的。其二，保障劳动者的权益。在实践中，劳动者和用人单位是一种不平等的关系，所以劳动法的立法目的之一是平衡这种不平等的状态。推定解雇制度体现了保护弱势群体的立法目的。同时从法理学角度来看，法的价值之一是公平正义。保障劳动者权益，是社会公平正义的体现，也是法的价值的体现。所以，推定解雇制度的价值与法的价值是一致的。

（二）推定解雇的特征

1.本质与现象的差异性

推定解雇的本质是不当解雇，用人单位具有主观恶意，并实施了违反法律规定或违反劳动合同约定的行为。推定解雇的现象是劳动者辞职。解雇和辞职是两个不同的概念。对于具体的某一个用人单位和具体的某一个劳动者而言，解雇和辞职是不能同时存在的。要么是用人单位行使解雇权，单方解除劳动合同，即解雇。要么是劳动者行使辞职权，单方解除劳动合同，即辞职。如果用人单位和劳动者同时希望解除劳动合同，那么，既不是解雇，也不是辞职，而是双方协商一致，共同解除劳动合同。用人单位和劳动者协商一致解除劳动合同的过程中，既没有行使解雇权，也没有行使辞职权，而是行使解除权。只有在推定解雇之中，解雇和辞职两个概念才会同时出现。因此，本质与现象的差异性是推定解雇的特征之一。

2.认定条件的严苛性

解雇与辞职适用的法律规定是不同的。一般而言，解雇的时候，用人单位负担较重，劳动者获得的权益较多。相反，辞职的时候，用人单位负担较轻，劳动者获得的权益较少。劳动法立法的目的之一是保护劳动者权益。但是，用人单位的利益也不能被完全忽视。所以，必须对推定解雇制定严格的认定制度，规定严苛的认定条件。严苛的认定条件表现在三个方面。其一，改变工作条件或者降低工资待遇，必须是用人单位单方作出的行为，不能是用人单位和劳动者双方协商的行为。需要注意的是，如果用人单位单方改变工作条件或者降低工资待遇，劳动者对此进行了认可，而后劳动者又以此为理由辞职，如何判断？学术界目前没有这方面的研究。本书认为应当分为两种情况区别判断。第一种情况，劳动者对于用人单位单方改变工作条件或者降低工资待遇，进行了认可，而后立刻反悔，并以此为理由辞职，就是推定解雇。第二种情况，劳动者对于用人单位单方改变工作条件或者降低工资待遇，进行了认可，并在改变工作条件或者降低工资待遇的情况下，继续工作了一段时间之后，又以此为理由辞职，那么就是一般辞职。其二，用人单位改变的是主要工作条件，而不是无关紧要的工作条件。其三，工作条件改变后，不是单个劳动者无法接受，而是达到大多数劳动者都无法接受的程度。

3.法律责任的特殊性

推定解雇本质与现象的差异性，导致了推定解雇的法律责任具有特殊性。推定解雇在现象上是劳动者辞职行为，但是其法律责任不同于劳动者辞职。一般而言，推定解雇的法律责任比劳动者辞职的法律责任严重。推定解雇本质上是不当解雇，但是其法律责任不同于不当解雇。在立法层面，不当解雇的法律责任比推定解雇更加严重。在司法层面，推定解雇比不当解雇的认定更加困难。因此，推定解雇具有特殊的法律责任。

（三）推定解雇与相关概念的比较

1.推定解雇与合法解雇的比较

本书第二章对解雇的概念、类型、功能等做了详细的介绍，此处不再重复，只针对推定解雇与合法解雇的差异性进行阐述。首先，推定解雇与合法解雇在适用情形上存在不同。合法解雇包括即时解雇和预告解雇。《中华人民共和国劳动法》第二十五条[①]和《中华人民共和国劳动合同法》第三十九条[②]以列举的方式规定了用人单位即时解除劳动合同的适用情形。《中华人民共和国劳动法》

---

① 参见第 14 页脚注①。

② 参见第 15 页脚注①。

第二十六条[①]和《中华人民共和国劳动合同法》第四十条[②]以列举的方式规定了用人单位预告解除劳动合同的适用情形。这些情形主要有：在试用期间被证明不符合录用条件的情形、严重违反用人单位规章制度的情形、被依法追究刑事责任的情形、客观情况发生重大变化的情形等。推定解雇的情形主要是：用人单位降低了劳动者的工作条件或工资待遇，劳动者被迫辞职的情形。由此可见，合法解雇比推定解雇在适用情形上规定得更多、更详细。其次，推定解雇与合法解雇在法律责任上存在不同。合法解雇的法律责任主要是用人单位向劳动者支付经济补偿金。推定解雇在现象上是劳动者辞职，用人单位应当支付劳动者经济补偿金。推定解雇在本质上是不当解雇，用人单位不仅要向劳动者支付经济补偿金，还需要承担更多的责任。

2.推定解雇与不当解雇的比较

虽然推定解雇在本质上是不当解雇，但是，推定解雇和不当解雇存在一些不同。首先，推定解雇与不当解雇在适用情形上存在不同。不当解雇的适用情形主要分为三类：其一是违反解雇事由；其二是违反禁止事项；其三是违反法定程序。这三类情形包含了众多详细的内容。相比不当解雇，推定解雇的适用情形更加简单明了。其次，推定解雇与不当解雇在法律责任上存在不同。这个问题，本书在前文进行了阐述，此处不再重复。

3.推定解雇与辞职的比较

辞职是与解雇相对应的概念。中国学者董保华认为，辞职分为广义辞职和狭义辞职。董保华认为，广义辞职既包括劳动者单方解除劳动合同，也包括劳动合同期限届满后劳动者不再续签合同；狭义辞职既包括劳动者主动辞职，也包括劳动者被动辞职。本书认同狭义辞职概念，即劳动者单方解除劳动合同，

---

① 参见第 15 页脚注②。

② 参见第 15 页脚注③。

包括在用人单位存在过错行为的时候，劳动者被迫辞职，即推定解雇。主动辞职和推定解雇存在巨大的差异。首先，在适用情形上，主动辞职是劳动者的自由行为，劳动者主动辞职的原因纷繁复杂、各式各样，既有劳动者自身的原因，也有劳动者家庭的原因，还有社会原因等。法律无法规定劳动者辞职的具体适用情形。相比之下，推定解雇的适用情形就比较简单明了。其次，在法律责任上，一般情况下，劳动者主动辞职，用人单位是不用承担法律责任的。推定解雇，用人单位应当承担一定的法律责任。

（四）中国推定解雇的立法

1.推定解雇的法律雏形

《中华人民共和国劳动法》奠定了中国推定解雇的法律基础。其中，第三十二条①规定了劳动者随时辞职的三种适用情形。第一种情形是劳动者在试用期内。该情形中用人单位没有过错，属于狭义的辞职。第二种情形是用人单位强迫劳动者进行劳动，并运用施加暴力、威胁、非法限制人身自由的方式。该情形中用人单位具有过错。第三种情形是用人单位违反劳动合同约定，降低劳动者的工作条件或者工资待遇。该情形中用人单位具有过错。虽然中国没有明确的推定解雇制度，但是，第二种和第三种情形被中国学术界认为是推定解雇的情形。《中华人民共和国劳动法》第九十一条②规定了第三种情形的法律责

---

① 参见第 19 页脚注①。

② 《中华人民共和国劳动法》第九十一条规定，"用人单位有下列侵害劳动者合法权益情形之一的，由劳动行政部门责令支付劳动者的工资报酬、经济补偿，并可以责令支付赔偿金：（一）克扣或者无故拖欠劳动者工资的；（二）拒不支付劳动者延长工作时间工资报酬的；（三）低于当地最低工资标准支付劳动者工资的；（四）解除劳动合同后，未依照本

任，即用人单位需要向劳动者支付工资报酬、经济补偿、赔偿金。《中华人民共和国劳动法》第九十六条①规定了第二种情形的法律责任，即由公安机关对用人单位的责任人员进行治安处罚，处罚的种类有警告、罚款、15 日以下的治安拘留。如果第三种情形严重，构成犯罪，用人单位的责任人就需要承担刑事责任。第三种情形的规定是有漏洞的，法律只规定了用人单位责任人的行政和刑事责任，却没有规定用人单位的民事责任和劳动法意义上的责任。

2.推定解雇的地方立法

因为自 1995 年 1 月 1 日起开始施行的《中华人民共和国劳动法》只是中国推定解雇的法律雏形，其中存在一些不足，所以在其实施之后，中国一些地方开始尝试对推定解雇进行地方立法。1995 年 4 月 7 日，广东省人民政府颁布了《广东省劳动合同管理规定》，并于当年的 5 月 1 日起实施。该规定第二十三条②将劳动者辞职的适用情形进行了扩大，其中对降低工作条件和工资待

法规定给予劳动者经济补偿的"。

① 《中华人民共和国劳动法》第九十六条规定，"用人单位有下列行为之一，由公安机关对责任人员处以十五日以下拘留、罚款或者警告；构成犯罪的，对责任人员依法追究刑事责任：（一）以暴力、威胁或者非法限制人身自由的手段强迫劳动的；（二）侮辱、体罚、殴打、非法搜查和拘禁劳动者的"。

② 《广东省劳动合同管理规定》第二十三条规定，"属于下列情况之一的，劳动者可以解除劳动合同：（一）在试用期内的。（二）经国家有关部门确认，用人单位劳动安全卫生条件恶劣，严重危害劳动者身体健康的。（三）用人单位不履行劳动合同约定条款，或者违反法律、法规和规章，侵害劳动者合法权益的。（四）用人单位不按劳动合同规定支付劳动报酬，克扣或无故拖欠工资的。（五）经用人单位同意，自费考入中等专业以上学校学习的。（六）符合国家和我省有关规定，转移工作单位的。（七）劳动者出国自费留学，出境定居的。（八）法律、法规和规章规定劳动者可以解除劳动合同的"。

遇进行了更为详细的说明。例如，用人单位劳动安全卫生条件恶劣，严重危害劳动者身体健康的情形。但是对于推定解雇的法律责任，该规定没有新的进展。1998 年 4 月 3 日，黑龙江省人民政府颁布了《黑龙江省劳动合同管理规定》，并于当年的 5 月 1 日起实施。该规定第三十条第三、四、五项①是关于推定解雇的适用情形。需要注意的是，该规定第三十条第二项②认为，因客观原因导致的工作岗位条件变化，劳动者有权辞职。本书认为，该项规定不属于推定解雇的适用情形。因为推定解雇必须是用人单位有过错，客观原因导致的工作岗位条件变化不是用人单位过错。而且，在客观原因导致工作条件降低的情况下，赋予劳动者辞职权是没有意义的。因为劳动者辞职的原因有很多，法律没有必要列举。该规定第三十四条③中的第三项规定了推定解雇的经济补偿制度。

---

① 《黑龙江省劳动合同管理规定》第三十条第三项："用人单位以暴力、威胁或者非法限制人身自由的手段强迫劳动的。"第四项："用人单位未按照劳动合同约定支付劳动报酬或者提供劳动条件的。"第五项："法律、法规、规章规定的其他情形。"

② 《黑龙江省劳动合同管理规定》第三十条第二项："劳动合同订立时所依据的生产（工作）条件等客观情况发生重大变化，致使劳动合同无法履行，经双方当事人协商不能就变更劳动合同达成协议的。"

③ 《黑龙江省劳动合同管理规定》第三十四条规定，"有下列情形之一的，用人单位应当依据劳动者在本单位的工作年限，每满 1 年发给相当于 1 个月工资的经济补偿金：（一）劳动合同订立时所依据的生产（工作）条件等客观情况发生重大变化，致使劳动合同无法履行，经双方当事人协商不能就变更劳动合同达成协议，由用人单位解除劳动合同的；（二）用人单位濒临破产进行法定整顿期间或者生产经营发生严重困难，确需裁减人员，经劳动行政部门批准，由用人单位解除劳动合同的，同时发给相当于 6 个月工资的裁减人员补偿金；（三）符合本规定第三十条第（二）（三）（四）（五）项情形之一的"。

中国各地的立法对于推定解雇制度的进步是有积极意义的，但是因为有地域的局限性，所以，需要全国性的法律来发展推定解雇制度。

3.推定解雇的法律发展

《中华人民共和国劳动合同法》进一步完善了中国推定解雇制度。其主要贡献是规定了劳动者辞职的情形，这些情形都可以认定为推定解雇的适用情形。该法律条文以列举的方式规定了用人单位降低劳动条件和工资待遇的情形，并将违反劳动合同约定的情形和违反法律规定的情形统一起来。这是对推定解雇的法律扩展，具有积极意义。

二、中国推定解雇制度的思量

（一）与辞职制度的关系探究

目前中国学术界普遍认为，中国的推定解雇制度主要体现在《中华人民共和国劳动合同法》第三十八条①。然而该法律条文的立法初衷是规定劳动者即时辞职的制度，该法律条文与劳动者预告辞职制度，共同构成了劳动者单方解除劳动合同制度。该法律条文将降低劳动条件的情形分为两种情况。其一是未按照劳动合同的约定提供劳动保护条件。该规定对于从事危险作业的劳动者具有重要意义。其二是未按照劳动合同的约定提供工作岗位的劳动条件。该规定对于全部劳动者都是有意义的。此外，该法律条文将降低劳动者工资待遇的情形进行了扩展，将劳动者的社会保险费用纳入工资待遇之中。这些适用情形都是用人单位的主观过错导致的。由此可见，劳动者辞职制度与推定解雇制度是

---

① 参见第 19 页脚注②。

混在一起的。在司法实践中，劳资争议仲裁委员会或者法院对推定解雇制度和辞职制度的区分也不是非常清晰，这就导致了用人单位应承担法律责任的不同，以及法律规范对劳动者保护程度的不同。

（二）适用情形探究

中国推定解雇制度规定的适用情形包含的内容太少，造成这种漏洞的原因是只采用列举式的立法表述方式。采用列举式的表述方式，优点是列举事项重点突出，易于直接表达立法者的目的。中国推定解雇制度中的适用情形采用的就是列举式表述方式。例如，"未按照劳动合同约定提供劳动保护或者劳动条件"和"未及时足额支付劳动报酬"的表述，重点突出，与推定解雇的概念相一致。列举式的表述方式的缺点是，一旦列举不全面，就会导致法律漏洞。例如，中国推定解雇制度中的适用情形，没有列举劳动者受到性骚扰等不法侵害的时候，用人单位采取漠视态度，甚至包庇行为，导致劳动者被迫辞职的情况。这样就导致在司法实践中，一旦出现这种情况，劳动者被迫辞职，会被视为一般性的辞职，而不会被视为推定解雇。本书认为，劳动者受到性骚扰等不法侵害的时候，用人单位采取漠视态度，甚至包庇行为，这种情形应该属于劳动条件的恶化，应当属于推定解雇的情形。但是，从字面表述来看，很难使人们将这种情况直接等同于工作条件降低。此外，采用列举式的表述方式还应该尽量做到准确表述。如果列举的事项中存在模糊不清的词语，那么就无法准确表达立法者的立法目的，重要事项就无法突出，列举式的优点就会丧失。

（三）认定标准探究

中国推定解雇制度对推定解雇的认定仅仅依靠适用情形来判断，这种做法过于简单。本书在这里的意思不是说不能依靠适用情形来判断，而是相比合法解雇、违法解雇、经济裁员，推定解雇更加复杂，除了依靠适用情形之外，还需要依靠其他多种因素进行判断。本书认为，应当从主观、行为、结果的方面进行判断。首先，主观是指用人单位的主观意图。推定解雇必须是基于用人单位过错，而且这种过错是用人单位主观故意实施的。在刑法学理论中，犯罪必须具备主观过错，这是犯罪的始发点。在推定解雇制度中，也必须考量用人单位的主观意图，如果用人单位没有主观过错，而是客观原因导致了劳动条件或工资待遇的降低，那么，这就不是推定解雇。其次，行为是指用人单位降低劳动者工作条件或工资待遇的行为，在这里也可以等同于推定解雇的适用情形。最后，结果是劳动者辞职。这种辞职从劳动者的行为上看，是劳动者主动实施的行为；从劳动者的深层意愿上看，是劳动者被迫实施的行为。因而，也可以说是表面的主动、内心的被动。需要注意的是，主观、行为、结果三者之间必须是存在联系的。如果仅仅存在主观、行为、结果，但是三者之间是孤立存在的，那么就不是推定解雇。例如，用人单位有解雇劳动者的意图，但是用人单位没有实施一定行为，而是客观原因导致劳动者工作条件或工资待遇降低，劳动者被迫辞职，这就不是推定解雇。再例如，用人单位具有主观意图，也实施了一定行为，但是劳动者辞职与用人单位没有关系，那么也不是推定解雇。如果劳动者本人由于家庭或个人生活原因主动辞职，恰好遇到了用人单位降低工作条件或工资待遇的事件，劳动者以此事件为借口提出辞职，这种情况还需要具体分析。

（四）法律责任探究

《中华人民共和国劳动法》第九十一条[1]规定了降低工资待遇的法律责任，

---

[1] 参见第 118 页脚注②。

即用人单位需要向劳动者支付工资报酬、经济补偿、赔偿金。此处的赔偿金不是必然存在的，而是劳动行政部门根据情况，可以责令用人单位支付的赔偿金。这也就意味着劳动行政部门也可以不责令用人单位支付赔偿金。《中华人民共和国劳动合同法》第四十六条第一项①规定了推定解雇的法律责任，即用人单位需要向劳动者支付经济补偿金。由此可见，中国推定解雇制度在规定法律责任时，只是参照劳动者辞职的法律责任，要求用人单位向劳动者支付经济补偿金。推定解雇制度本质上是不当解雇，应当参照不当解雇的法律责任来进行规定。此外，《中华人民共和国劳动法》第九十六条②对于用人单位强迫、威胁劳动者和侮辱劳动者的行为，规定了用人单位责任人需承担行政责任或刑事责任，但是这些规定对劳动者没有直接的、经济上的益处。即便用人单位责任人承担了行政责任或刑事责任，仅仅是对劳动者精神上的抚慰，不能用精神抚慰代替经济赔偿，也不能用行政责任或刑事责任代替民事赔偿责任。

① 参见第 11 页脚注①。

② 参见第 119 页脚注①。

第四章 国外解雇制度的
介绍和启示

第一节 国外合法解雇制度的
介绍和启示

一、韩国

（一）解雇的相关法律规范

《劳动基准法》是韩国关于解雇的重要法律，其中第二条规定了用人单位、劳动者、劳动合同、劳动时间、工资等概念。该法律条文的意义有两点。其一，明确了相关法律术语，避免了因为概念模糊而导致的法律适用差异。其二，将诸多法律术语的解释集中在某一条法律条文之中，便于法律的修改，如劳动时间和劳动者概念都集中在第二条。《劳动基准法》第二十三条第一项规定，用人单位解雇劳动者，如果没有正当理由就是不当解雇。也就意味着，用人单位解雇劳动者需要正当的理由。具有正当理由的解雇，就是本书所说的"合法解雇"。此外，《男女就业平等法》《劳动委员会、工会及劳动关系调整法》对解雇相关的各种保护和救济制度作出了规定，以保障劳动者就业为目的对用人单位的解雇自由施加了限制。韩国的合法解雇主要表现为惩戒解雇。

（二）惩戒解雇

1.劳动者自身的事由

（1）工作业绩不合格或者工作态度不良

工作业绩的高低或者工作态度的优劣，要根据社会合理性观念、不同行业的行规进行判断，而且要以劳动合同、用人单位规章制度作为判断标准。韩国的行政机关认为，对工作业绩或者工作态度的评价标准，如果是客观的、合理的，那么依据该标准对劳动者行使解雇权，就是合法解雇。对于工作业绩不合格或者工作态度不良的劳动者，根据劳动合同的约定，可以要求他们完成一定的教育培训或者取得某些资格证书，在没有特别约定的时候，教育培训费用由劳动者支付。如果劳动者没有正当理由而拒绝接受教育培训，或者教育培训成绩不合格，或者无法取得必需的资格证书，那么用人单位可以解雇劳动者。如果在劳动合同中约定了劳动者从事的具体工作岗位，而且劳动者在这个岗位上不存在工作业绩不合格或者工作态度不良的现象，那么用人单位就不能单方变更劳动者的工作岗位。如果劳动者不服从用人单位单方变更工作岗位的命令，不是工作态度不良，也不是违反用人单位的规章制度，那么用人单位不能行使解雇权。如果用人单位对工作态度不良的劳动者下达"待命分配令"，劳动者不服从命令，进行旷工，举行或参与损害用人单位名誉的示威游行，那么用人单位可以行使解雇权。

（2）身体障碍

《劳动基准法》第七十八条规定，劳动者在工作的时候受伤或者生病，用人单位应当让劳动者进行必要的疗养，或者承担必要的疗养费用。《劳动基准法》第二十三条第二项规定，劳动者在工作的时候受伤或者生病，导致不能工作而进行疗养期间，用人单位不能行使解雇权。在劳动者疗养结束后，用人单位可以将劳动者调岗至劳动强度相对较低的工作岗位，不能解雇。

2.劳动者行为的事由

（1）学历或经历上的造假

学历或经历上的造假，是惩戒解雇的理由。在签订劳动合同的时候，劳动者的这种行为，违反了信义原则。在劳动合同实施的时候，劳动者继续欺骗着用人单位，而且产生了违反用人单位秩序的结果。韩国的行政解释是，并不是一切的学历或经历上的造假行为，都是合法解雇的理由。只有造假行为使原本不能被录用的劳动者成功被用人单位录用，才能成为合法解雇的理由。此外，劳动者在应聘的时候，冒充姓名、谎报年龄等行为，因为是入职前的行为，所以不能使用就业规则进行惩戒处分。但是，劳动者在应聘的时候，冒充姓名、谎报年龄等行为，如果导致用人单位利益受损，那么该行为可以成为合法解雇的理由。

（2）违反就业规则

劳动者违反就业规则的时候，用人单位可以行使解雇权。需要注意的是，正当合法的集会、游行、示威，是全体公民的权利，也是劳动者的权利。劳动者参加正当合法的集会、游行、示威，没有影响用人单位的工作秩序，就可以被判定为没有违反就业规则，用人单位不能将这些作为解雇劳动者的理由。但是，这并不意味着劳动者参加一切集会、游行、示威都不能成为合法解雇的理由。韩国大法院判决，即使未经许可的集会是在午饭时间举行的，但是影响到了用人单位管理权的行使，就属于违反就业规则，可以成为合法解雇的理由。

（3）犯罪行为

劳动者因为犯罪而被解雇的情形有四种。其一，除了非常轻微的情况，在用人单位进行的犯罪行为，例如盗窃、贪污、伤害等。其二，虽然是轻微事件，但是用人单位采取了事前防御、警告措施，劳动者不顾用人单位的措施，依然在用人单位以内进行 2 次以上的犯罪行为，例如盗窃、贪污、伤害等。其三，劳动者在用人单位以外，进行上述犯罪行为，导致用人单位的名誉或者信用遭受严重损害，或者对交易关系产生不良影响。其四，无论是在用人单位以内，还是在用人单位以外，煽动、策划非法集会，扰乱社会秩序，触犯刑法的，根据劳动协议，用人单位可以行使解雇权。

二、美国

（一）自由解雇制度

美国是英美法系的代表性国家，是具有判例法传统的国家。美国的解雇制度是以自由解雇为基础，自由解雇的例外为补充。自由解雇制度是指，在没有特别法律规定和劳动合同约定的情况下，当用人单位具备正当理由的时候，可以解雇劳动者。在用人单位不具备任何理由的时候，也可以解雇劳动者，甚至当解雇劳动者的行为属于不道德行为的时候，用人单位也不必为此感到内疚。自由解雇制度最早是在 1877 年，由美国学者霍勒斯·伍德（Horace G. Wood）在所著的《主与仆》一书中提出的。该书认为，一般的解雇或者不定期的解雇，属于自由解雇的范畴。自由解雇制度的出现是由当时美国的社会情况所决定的。1776 年 7 月 4 日，美国独立领袖在费城召开了大陆会议，通过了由托马斯·杰斐逊（Thomas Jefferson）起草的《独立宣言》，该宣言的发表标志着美国的独立。《独立宣言》第 2 部分规定了遵照"自然权利学说"和"主权在民"的思想，标志着美国采用资产阶级政治思想，实行资本主义制度。与之对应的经济制度就是资本主义自由的市场经济。这是自由解雇制度的政治起源和经济起源。但是，在这个时期，美国资本主义自由的市场经济存在一个严重的问题，那就是北方各州实行的是资本主义制度的自由市场经济，南方各州实行的是奴隶制的种植园经济。两种经济模式产生了严重的冲突，导致南方各州和北方各州矛盾冲突升级。1860 年 11 月 6 日，代表北方各州利益的亚伯拉罕·林肯（Abraham Lincoln）当选为美国第 16 任总统。1861 年 4 月 12 日，美国南北战争爆发。1865 年 4 月 9 日，亚伯拉罕·林肯领导的联邦政府打败了杰弗逊·汉密尔顿·戴维斯（Jefferson Hamilton Davis）领导的联盟政府，南北战争结束，奴隶制被废除，资本主义自由市场经济在整个美国实行。在南北战争结束 12 年后，也就是全美国实行资本主义自由市场经济 12 年之后，霍勒斯·伍德提出了自由解雇制度的概念。由此可见，美国的自由解雇制度，其经济背景是资本主义自由市场经济。随后，自由解雇制度为美国带来了自由的劳动力市场，促进了美国市场经济的发展。但是，自由解雇制度存在严重的弊端。自由解雇制度下，用人单位解雇劳动者无须任何理由，无须任何程序，无须任何经济补偿金，这导致劳动者的权益无法保障，加大了用人单位与劳动者之间的不平等。美国学者劳伦斯·布雷兹（Lawrence Blades）认为，自由解雇制度对于劳动者非常不公平，助长了用人单位滥用解雇权。因此，美国开始利用自由解雇例外制度，弥补自由解雇制度的缺点。

（二）自由解雇例外制度

自由解雇例外制度主要体现在判例法、制定法、集体协议之中。制定法中的自由解雇例外制度，在本书中属于美国不当解雇制度的研究范畴，在本章第二节有详细的论述，此处只讨论判例法中的自由解雇例外制度、集体协议中的自由解雇例外制度。

1.判例法中的自由解雇例外制度

判例法中的自由解雇例外制度主要有两个。其一，违反公共政策的例外制度。用人单位让劳动者从事的活动违反了公共政策，劳动者拒不执行，用人单位以此为由进行解雇，该解雇无效。美国判例法中，"彼得曼诉国际卡车司机兄弟会"是典型的判例。该案件中，用人单位要求劳动者在另一起案件中作伪证，劳动者拒绝作伪证，用人单位以此为由解雇劳动者。法院认为作伪证是犯罪行为，用人单位以此为由解雇劳动者，违反了公共政策，该解雇是无效的。在此之后，美国越来越多的法院认为，违反公共政策包括实施违法行为、不履行公共义务、不执行法定权利。其二，默示契约的例外制度。用人单位与劳动者订立劳动合同，虽然没有约定解雇的限制条款，但是默示承认解雇的限制条款，用人单位的解雇受此限制。法院认为，用人单位与劳动者在解雇限制上达成了一致意见，虽然没有形成书面条款，但是能够以双方的行为断定默示契约的存在，就能够产生约束力。

2.集体协议中的自由解雇例外制度

虽然美国采用的是自由解雇制度，但是根据契约自由原则，用人单位可以和劳动者在协议中约定解雇的限制条款，以此限制用人单位的解雇权，保障劳动者权益。在美国，一些用人单位与劳动者进行集体谈判，并签订集体协议。集体协议中包含了合法解雇的事由规定，也包含了禁止解雇的事项规定。在司法实践中，用人单位不愿意有较多的约束，所以利用集体协议限制用人单位的解雇权，其效果不是非常理想。有的美国学者认为，自由解雇例外制度只不过是强化了自由解雇的合法性。

三、英国

（一）判例法对合法解雇的规定

判例法按照合法解雇的事由分类，可以分为依照合同事由进行的合法解雇、依照合同以外的事由进行的合法解雇。用人单位可以与劳动者在劳动合同中约定解雇的事由，当解雇事由出现时，用人单位可以以此为由行使解雇权。除劳动合同约定的解雇事由外，劳动者存在严重过错，如消极怠工、不服从管理、罢工等，用人单位也可以行使解雇权。判例法按照合法解雇的程序分类，可以分为预告解雇和不经预告的解雇。一般情况下，用人单位解雇劳动者，需要给予一定期限的预告期。如果劳动者拒绝用人单位合理合法的工作命令，严重违反工作制度，不履行劳动合同，那么用人单位可以不经预告行使解雇权。判例法对劳动者就业权的保护，主要体现在用人单位在解雇劳动者的时候是否按照劳动合同给予了预告期。英国的劳动合同通常会约定解雇预告期，如果没有约定解雇预告期，或者约定的解雇预告期低于法定标准，那么就适用法定标准。法定标准是：工作年限高于 4 星期，低于 2 年的，预告期为 1 星期；工作年限高于 2 年的，每增加 1 年，预告期增加 1 星期。由此可见，判例法完全承认用人单位的解雇自由，只要用人单位不违反合同约定，就能行使解雇权。而合同约定又是用人单位和劳动者协商的结果，这样会导致无法有效保障劳动者的权益。

（二）成文法对合法解雇的规定

英国关于解雇的成文法主要有：1992 年颁布的《工会和劳动关系法》, 1996 年颁布的《雇佣权利法》, 2010 年颁布的《平等法》。这些成文法主要规定了不当解雇的内容。关于英国的不当解雇制度，在本章第二节有详细论述，此处只论述合法解雇的内容。合法解雇的理由包括三个方面。其一，劳动者个人原因。劳动者个人工作能力不足，无法胜任现有工作，用人单位可以行使解雇权。劳动者丧失从事该工作的资格，也可以解雇。劳动者品行不端正，也属于解雇事由。其二，用人单位经济上的原因。这里是指经济裁员。本章第三节，有详细论述。其三，其他合理的和充足的理由。这是一项兜底性法律条款。在司法实践中，该项兜底性法律条款通常解释为劳动者的不当行为。成文法没有将劳动者的不当行为作为合法解雇的事由。但是，法院认为劳动者的不当行为可以构成解雇事由，所以可以将劳动者不当行为解释为成文法中的"其他合理和充足的理由"。

对于劳动者不当行为的具体内容，在司法实践中，由英国法院进行解释。打架斗殴、侮辱诽谤、玩忽职守、盗窃、酗酒、吸毒、不忠诚、不道德、穿衣服不得体、不讲卫生等，都有可能被视为劳动者的不当行为。劳动者不服从用人单位下达的合理合法的命令，会被直接视为劳动者的不当行为。劳动者的不当行为需要达到一定程度，用人单位才可以行使解雇权。程度的判断依据主要是：后果的严重程度、行为次数。其一，后果的严重程度。劳动者的不当行为必须给用人单位造成严重的损失。例如，劳动者酗酒之后工作出错，造成用人单位的经济损失。当然，后果的严重程度也包括名誉损失，如劳动者酗酒之后，虽然没有出现工作错误，但是酒后失态，对用人单位造成了极为不利的影响，导致用人单位名誉受损。其二，行为次数。劳动者的不当行为虽然没有造成严重后果，但是重复多次地发生。例如，辱骂他人虽然不会对用人单位造成严重后果，但是如果经常辱骂他人，就会造成用人单位人际关系的紧张，也是对用人单位的损害。劳动者的不当行为符合次数要求或者后果要求时，用人单位可以行使解雇权。

四、德国

（一）正常解雇制度

1.解雇事由

德国的《解雇保护法》第一条规定了不合理解雇的情形。从该条文中可以得知合法解雇的内容。第一条第（一）项规定了适用合法解雇情形的人员。在同一个用人单位连续工作 6 个月以上的劳动者，如果被解雇的时候，没有合法解雇的事由，那么这种解雇就是无效的。这也就意味着工作年限不足 6 个月的劳动者，不适用合法解雇制度。第一条第（二）项前半部分规定了合法解雇的三种事由。其一，劳动者个人的原因。主要是指劳动者的身体原因。如果劳动者受伤、重病无法继续工作，那么用人单位可以行使解雇权。对于劳动者长期患病导致的解雇，德国法院在长期的司法实践中总结出三步检查模式。第一步需要检查的是，劳动者目前持续在患病状态，在可预见的时间内无法恢复劳动能力。第二步需要检查的是，劳动者患病无法工作，可能导致用人单位遭受损失。第三步需要检查的是，用人单位通过其他措施，无法避免这种损失，或者能够避免这种损失，但需要付出比解雇更大的代价。其二，劳动者行为原因。劳动者存在过错行为。例如，劳动者泄露商业秘密、严重违反用人单位规章制度等。其三，用人单位经营原因。这就是本书所说的经济裁员。对于德国的经济裁员制度，本章第三节有详细论述，此处不再重复。

2.预告期间

德国的《民法典》第六百二十二条第（一）项规定了预告解雇的前提。所有劳动者的法定最低通知期限为 4 周，以日历月的第 15 日或月末为通知终止日期。第六百二十二条第（二）项规定了，解雇的预告期限与工作年限的对应关系。工作年限达到 2 年，不足 5 年的，预告期为一个日历月末的前 1 个月；工作年限达到 5 年，不足 8 年的，预告期为一个日历月末的前 2 个月；工作年限达到 8 年，不足 10 年的，预告期为一个日历月末的前 3 个月；工作年限达到 10 年，不足 12 年的，预告期为一个日历月末的前 4 个月；工作年限达到 12 年，不足 15 年的，预告期为一个日历月末的前 5 个月；工作年限达到 15 年，不足 20 年的，预告期为一个日历月末的前 6 个月；工作年限达到 20 年以上的，预告期为一个日历月末的前 7 个月。这里的工作年限，不包括劳动者 25 岁之前的工作年限。第六百二十二条第（三）项规定，在约定的最长为 6 个月的试用期内，可以以 2 个月的期限对劳动关系发出预告解约通知。第六百二十二条第（四）项规定，用人单位与劳动者通过集体协议，可以作出不符合第六百二十二条第（三）项的约定。第六百二十二条第（五）项规定，在特殊情况下，用人单位与劳动者通过个别协议，可以作出不符合第六百二十二条第（一）项的约定。这些特殊情况有两种。其一，劳动者是被临时雇佣，雇佣期不超过 3 个月。其二，一般情况下用人单位雇佣劳动者不超过 20 人，通知期限不少于 4 个星期。第六百二十二条第（六）项规定了劳动者辞职的情况，在个别协议中约定的预告期限，不得超过用人单位解雇时的预告期限。

3.听证程序

德国《企业组织法》第一百零二条第（一）项规定，用人单位解雇劳动者，必须经过企业委员会的听证程序，没有经过听证程序的解雇是无效的。第一条第（一）项规定了企业委员会的组成办法。雇佣劳动者人数在 5 人以上的企业，应当组建企业委员会。具体要求是，劳动者人数是指正常雇佣的人数，不包括临时雇用的人数。正常雇佣劳动者中，有 3 名以上人员具有被选举权。企业委员会的听证程序分为三个阶段。第一阶段，报告。用人单位将解雇事项报告给企业委员会，包括解雇人员的名单、解雇事由，并提交相关材料。第二阶段，审查与听证。企业委员会审查解雇事由的合法性与合理性，并对用人单位质疑，用人单位进行解答。第三阶段，裁决。企业委员会根据听证的内容，作出裁决。该裁决虽然没有法律意义上的约束力，但是会对用人单位起到提示与威慑的作用。如果用人单位无视裁决结果，那么在将来的诉讼中，会处于不利的地位。

（二）非正常解雇制度

非正常解雇制度是指，因为存在重大事由，所以解雇没有预告期，用人单位发出解雇通知，解雇行为即刻生效。德国的《民法典》第六百二十六条规定了非正常解雇的事由和程序。非正常解雇的事由是存在重大事实。法律没有对重大事实作出具体解释，只是认为，重大事实导致了劳动合同无法继续履行，用人单位经过利益权衡后，解雇劳动者，不需要预告期。所以，在司法实践中，法院可以根据具体案件的情况，对重大事实作出判断。本书认为，此处的重大事实与经济裁员事由没有任何关系。因为经济裁员有预告期，非正常解雇没有预告期，这意味着重大事实对个别劳动者和用人单位有更严重、更迫切的性质。非正常解雇的程序是，用人单位需要在重大事实发生两星期内，行使解雇权。法律之所以规定非正常解雇没有预告期，是因为重大事实的迫切性质，没有更多时间进行解雇预告。如果用人单位在所谓的重大事实发生两星期内，没有行使解雇权，那就意味着所谓的重大事实缺乏迫切性，就不能进行非正常解雇。

五、日本

（一）合法解雇的事由

日本《劳动合同法》第十六条规定，用人单位解雇劳动者应当具备"客观合理的事由"，如果解雇事由违背了社会一般观念，那么就是滥用解雇权，解雇行为无效。第十七条规定，在劳动合同期限内，用人单位不得随意解雇劳动者，只有发生了"不得已的事由"，才可以行使解雇权。由此可见，客观合理的事由、不得已的事由是合法解雇的事由。具体可以分为三种情况：其一，劳动者个人原因。其二，劳动者不当行为。其三，用人单位经营困难。其中的第三种情况属于经济裁员的事由，本章第三节有详细论述，此处重点讨论前两种情况。

1.劳动者个人原因

（1）工作能力

劳动者与用人单位签订了劳动合同，有义务完成约定的工作任务，如果因为个人工作能力低下，不能胜任约定的工作岗位，从法理上讲，也是一种不能履行合同的行为。但是如何判断劳动者是否胜任工作、工作能力是否低下，法律没有明确规定。这就要求用人单位建立完善的人事考核评价制度，只有在劳动者完全不能履行劳动合同的时候，才能被认定为工作能力低下、不能胜任工作。即便如此，用人单位也不能直接解雇劳动者，必须对劳动者进行教育培训、岗位调整。如果劳动者不接受教育培训、不服从岗位调整，那么用人单位才可以行使解雇权。如果劳动者经过教育培训，仍然不能胜任工作，或者经过岗位调整，也不能胜任新岗位，那么用人单位可以行使解雇权。

（2）身体状况

日本《劳动基准法》第十九条规定，劳动者因为业务受伤或者患病，在疗养期间和随后的 30 日之内，用人单位不得行使解雇权。法律没有就非因公负伤或患病的情况，对用人单位进行约束。这就意味着，在劳动者非因公负伤或患病时，用人单位可以行使解雇权。但是在司法实践中，大多数用人单位在劳动合同中或是在规章制度中，规定当劳动者非因公负伤或患病时，在疗养期间，用人单位不能行使解雇权。即便一些用人单位在劳动合同或规章制度中没有此类的规定，出于人道主义，很少有用人单位解雇在疗养中的劳动者。应当注意的是，劳动者轻微受伤或患病，对工作没有影响的，无论在其疗养期间，还是在其疗养之后，都不能因此将其解雇。只有在劳动者负伤或患病，经过疗养之后，仍不能从事原来工作的，用人单位才可以行使解雇权。

2.劳动者不当行为

（1）妨碍工作

劳动者在用人单位中，妨碍了他人的正常工作，导致用人单位受到严重损失。这属于劳动者不当行为，用人单位可以行使解雇权。例如，在日本大阪的一个机械厂里，一名劳动者故意删除了机械厂办公电脑中的零件加工程序，导致该机械厂无法正常生产，造成重大损失。该机械厂可以对该劳动者行使解雇权。妨碍他人工作，具有非常恶劣的主观故意，这是合法解雇的正当事由。

（2）不服从命令

劳动者在工作的时候，不是单独的个体，需要融入集体之中开展工作，这种融入不仅是人群的融入，也是工作场地、工作环境的融入，更是企业文化的融入。因此，劳动者需要服从用人单位的命令。当然，用人单位发出的命令，必须是合理合法的、与工作有关的、为了更好地完成生产任务的命令，既包括日常的工作指令，也包括参加会议、接受培训、出差考察的命令。劳动者如果不服从用人单位的命令，不仅会对生产经营造成影响，更会对生产秩序造成破坏。在这种情况下，用人单位可以行使解雇权。

（3）其他不当行为

其他不当行为，包括严重违反规章制度、犯罪行为、欺诈行为等。例如，在用人单位组织非法活动，触犯刑法，构成犯罪的，无论是否对用人单位造成损失，用人单位都可以行使解雇权。例如，劳动者在应聘时提供伪造的技术资格证书或虚假的工作经历，在入职工作后被发现的，用人单位可以行使解雇权。

（二）合法解雇的程序

1.集体交涉程序

日本《劳动工会法》第六条规定，工会拥有交涉权。对于用人单位的解雇行为，工会代表或工会委托人有权为工会或工会成员与用人单位或其团体进行谈判。日本的工会发展得比较成熟，劳动者大多数都参加了工会。工会能够在劳动者被解雇事件中，代表劳动者与用人单位进行交涉，以维护劳动者合法权益。同时，在劳动者与用人单位的集体协议中，也会约定解雇的交涉程序，对解雇权进行限制。

2.辩解程序

日本《劳动合同法》第四条规定，用人单位应当促进劳动者对劳动合同内容的深入理解。用人单位解雇劳动者，是对劳动合同的终止，应当促进劳动者对此的理解。要促进劳动者对解雇的理解，必须给予劳动者辩解的机会，否则劳动者无法理解用人单位的行为。在司法实践中，法院对劳动者的辩解程序越来越重视，如果该程序没有实施，那么用人单位将要承担不利的后果。

3.解雇证明书发放程序

日本《劳动基准法》第二十二条规定了解雇证明书发放程序。用人单位解雇劳动者，如果劳动者请求发放解雇证明书，那么用人单位必须及时向劳动者交付。如果用人单位接到劳动者要求发放解雇证明书的请求之后，劳动者因为其他原因而辞职，那么解雇证明书就不需要交付。解雇证明书的内容，应当按照劳动者的申请事项如实填写。例如，劳动者没有申请填写的事项，用人单位不能在解雇证明书上填写。用人单位不得事先与第三方沟通，以妨碍劳动者再就业为目的，泄露劳动者的个人信息。用人单位不得在解雇证明书上标记秘密符号，以妨碍劳动者再就业。

六、启示

韩国的合法解雇制度有着比较详细的规定，尤其是对一些概念的解释，避免了理解上的歧义和司法实践上的混乱。美国长期以来主张自由解雇制度，近年来虽然有了很多例外限制，但是自由解雇制度依然是主体。英国作为英美法系的典型国家，虽然成文法对合法解雇的规定不多，但是依靠大量的判例弥补了成文法的不足。德国作为大陆法系的典型国家，对合法解雇的规定非常详细，不仅拥有《解雇保护法》这样的专门法律，还有《民法典》等多部法律共同构成了比较完善的合法解雇制度。日本对合法解雇事由的规定，在类型上是丰富的，但是解释得不够详细。对合法解雇程序的规定，无论在类型上，还是详细程度上，都具有很强的操作性。

有学者认为，劳动合同本质上是一种双方的契约，双方应当遵循契约自由。好比买卖合同，劳动者将自己的劳动力作为商品出卖给用人单位，用人单位购买劳动力商品，支付相应费用。契约自由反对强制买卖，如果用人单位不想继续购买劳动力商品，劳动者就不能强制出卖劳动力商品。事实上，解雇制度是一种平衡用人单位和劳动者双方利益，甚至更加注重保护劳动者权益的制度。

解雇制度不仅属于私法的范畴，也属于社会法的范畴。所以，本书认为只有通过更加详细的立法，明确合法解雇的事由和程序，才能限制用人单位的解雇权，保障劳动者的合法权益。

第二节 国外不当解雇救济
制度的介绍和启示

一、韩国

（一）劳动立法的过程

《大韩民国宪法》于 1948 年 7 月 17 日颁布生效。其中第二章"公民权利和义务"中规定了劳动者具有"劳动三权"，分别是团结、集体协商和集体行动自由，同时还规定了劳动者享有利益均分权。根据宪法精神，当时的社会部劳动局开始进行劳动立法。1950 年 6 月 25 日，朝鲜战争爆发。此后的一段时期，战争成为韩国政府的头等大事，复杂的战争局面导致劳动立法被迫停滞。1953 年 7 月 27 日《朝鲜停战协定》标志着朝鲜战争的结束。同年，国会通过了《劳动标准法》《工会法》《劳动委员会法》《劳动争议调整法》。这些法律的颁布标志着劳动法体系的宏观框架基本建立起来。1961 年 5 月 16 日，朴正熙发动了军事政变，废除了 1960 年修改的宪法，于 1962 年 12 月 26 日颁布了《第三共和国宪法》，该宪法删除了劳动者的利益均分权，重新规定了国家对促进劳动者就业的义务。同时制定了《工伤补偿保险法》《职业稳定法》等，实现了"为产业化培养技能人才"和"为国家经济开发监管劳资关系"的目标。1980 年 10 月 27 日颁布了《第五共和国宪法》，在个别劳动关系的层面上，为增加就业和保障工资作出了努力。在集体层面上，加强了国家介入劳动关系的立法，加强了对劳动争议的控制。1991 年，该国加入国际劳工组织的大环境，导致政策基调的变化。20 世纪 90 年代初期，劳资关系改革委员会经过讨论，于 1997 年全面修改了《劳资关系法》。1998 年金融危机之后，《劳动关系法》开始注重加强劳动灵活性和保护弱势群体，平衡劳资双方利益。此后，制定了《关于保护派遣劳动者等的法律》和《关于保护限期及短时间劳动者的法律》，劳动立法进一步完善。

（二）关于不当解雇的法律法规

1.实体法律法规

《劳动基准法》第二十三条第一项规定，用人单位解雇劳动者，必须具有正当理由。如果没有正当理由，就是不当解雇。正当理由是指，劳动者有一定责任，导致社会观念上不能维持劳动合同，或者不得已的经营上的需要。但是，《劳动基准法》第十一条第二项规定雇佣 4 人以下的用人单位，在解雇劳动者的时候，可以不适用本法。用人单位可以根据《民法》第六百六十条第一项的规定，随时通知员工劳动合同的解除，而不管理由如何。

2.程序法律法规

合法解雇的情况下，《劳动基准法》没有规定解雇的事前程序。因此，需要按照用人单位的相关规定进行解雇程序的操作。如果就业规则和集体协议都没有关于解雇程序的规定，那么用人单位就不会被解雇程序所约束，只要解雇理由是正当的，就可以不经过一定的程序，行使用人单位的解雇权。但是，这并不意味着用人单位可以不经过任何程序行使解雇权。用人单位至少需要书面通知劳动者两个事项：解雇的原因（解雇的正当事由）和解雇的时间（劳动者离开用人单位的时间）。这是为了保障劳动者的知情权。

3.禁止解雇事项

《劳动基准法》第二十三条第二项，规定了两种禁止解雇事项。其一，劳动者因公受伤或患病，在疗养期间和之后的 30 天，用人单位不能行使解雇权。其二，妇女在分娩前后的假期期间，以及之后的 30 天，用人单位不能行使解雇权。《男女就业平等法》第十九条第三项规定，妇女在育儿期间，用人单位不能行使解雇权。《男女就业平等法》第八条和《劳动基准法》第二十四条第二项规定，禁止解雇的性别歧视。《劳动基准法》第一百零四条规定，劳动者向劳动部部长或劳动部监督官举报，用人单位不能以此为由解雇劳动者。《工会法》第八十一条第一、二、五项规定，用人单位不能以工会活动为由，解雇劳动者。如果用人单位违反了这些禁止解雇事项，其解雇就是不当解雇。

（三）不当解雇救济

1.法院的救济

劳动者向法院申请，确认解雇无效，可以申请用人单位保留劳动者的工作岗位，或者支付劳动者金钱。在这种情况下，关于解雇理由和解雇程序的合法性，用人单位承担举证责任。对于劳动者向法院提起诉讼的时间，法律没有做出规定。但是，如果劳动者在被解雇之后，没有立刻提起诉讼，而是经过了较长时间才提起诉讼，则是违反信义原则和禁止反言原则的，是不被允许的。因为劳动者在被解雇之后，在合理的时间内没有提起诉讼，就视为劳动者对解雇的认可，不能再反悔，不能再提起诉讼。劳动者向法院提起主张解雇无效的诉讼，以及向劳动委员会提起不当解雇救济申请，这两者是可以选择的。但是，在法院判决之后，劳动者不能再请求行政救济。

2.劳动委员会的救济

《劳动基准法》第二十八条第一项规定，劳动者在面对用人单位不当解雇的时候，可以向劳动委员会申请救济。《劳动基准法》第二十八条第二项规定，劳动者在被用人单位不当解雇之日起，3个月内可向劳动委员会提出申请；劳动者超过3个月没有提出救济申请，应视为劳动者对用人单位解雇的认可，不能再次提出救济申请。提出救济申请的主体只能是劳动者，工会不能作为申请主体。工会为了维护劳动者合法权益，可以为劳动者提供申请方面的帮助，但是不能代替劳动者成为申请主体。《劳动基准法》第二十九条第一项和第三十条第一、三项规定，劳动委员会在收到劳动者提出的救济申请之后，应当立刻展开必要的调查，审问劳动者和用人单位，根据审问的结果，作出救济命令或者驳回申请的决定。救济命令有两种方式：其一，原职复职命令，即劳动者在用人单位原工作岗位上继续工作；其二，用人单位支付给劳动者金钱的补偿。这两种救济方式不能并存。《劳动基准法》第三十一条第一、二项规定，地方劳动委员会作出裁决之后，当事人如果不服，可以在收到裁决结果之日起10日内向中央劳动委员会申请再审。中央劳动委员会作出裁决之后，当事人如果不服，可以在收到裁决结果之日起15日内提起诉讼。

二、美国

（一）不当解雇的情形

1.歧视性解雇

美国的歧视性解雇是指，用人单位基于劳动者的性别、年龄、种族、宗教信仰、出生地域、性倾向、婚姻状况、生育状况等原因，解雇劳动者。美国在很多方面存在歧视现象，这些歧视导致了劳动者的就业歧视，也导致了歧视性解雇的发生。因为在美国，歧视是一个庞大、繁杂的社会问题，所以本书仅以种族歧视为例，进行如下社会历史分析。

美国是一个种族构成比较复杂的国家。在美国建国之初，黑人、亚裔、印第安人等都没有获得与白种人平等的社会地位和政治地位。1776 年 7 月 4 日，美国独立领袖在费城召开了大陆会议，通过了由托马斯·杰斐逊起草的《独立宣言》，规定了"人人生而平等，造物主赋予了他们若干不可剥夺的权利，其中包括生命权、自由权和追求幸福的权利"。但是，此时的"人"仅仅指白种人，黑人、印第安人并没有平等的权利，美国南部诸州甚至将黑人视为奴隶。1861 年 4 月 12 日，美国南北战争爆发。1865 年 4 月 9 日，亚伯拉罕·林肯领导的联邦政府打败了杰弗逊·汉密尔顿·戴维斯领导的联盟政府，南北战争结束，废除了奴隶制，并承认黑人享有平等的政治地位。但是，黑人并没有获得平等的社会地位，社会上对黑人的歧视普遍存在。黑人在劳动就业上，经常受到歧视。一直到 20 世纪 60 年代，马丁·路德·金（Martin Luther King, Jr）领导美国民权运动，极大地推进了黑人社会地位的平等化。1882 年 5 月 6 日，美国国会针对共和党参议员约翰·米勒（John F. Miller）提交的议案，经过激烈辩论后，最终通过了《关于执行有关华人条约诸规定的法律》，也就是 1882 年美国《排华法案》。这是美国对华人歧视的一个典型案例。直到 1943 年 12 月 17 日，美国国会通过了《麦诺森法案》，也就是《排华法案废除案》，才废除了《排华法案》。2012 年 6 月 18 日，美国众议院全票表决通过，美国正式以立法形式就《排华法案》道歉。1942 年 2 月 19 日，美国总统富兰克林·德拉诺·罗斯福（Franklin D. Roosevelt）签署了第 9 066 号行政命令，因为在第二次世界大战中日本是敌对国，所以将可疑的日裔当作敌人，拘禁在拘留营之中。战争结束后，该法令废除。

为了消除歧视现象，也为了对歧视性解雇进行规制，美国颁布了一系列相关法律。1964 年 7 月 2 日，美国实施了《民权法案》，其中第七章，对歧视性解雇进行了较为详细的规定。例如，第七章第七百零一条第（b）项规定，劳动者劳动就业平等，不应该因为肤色、种族、性别、民族或宗教而受到歧视，联邦总统应当为该政策积极行使总统权力。第七章第七百零三条第（a）项规定，劳动者因为肤色、种族、性别、民族或宗教而被解雇，属于非法解雇。随后，美国颁布了《雇佣年龄歧视法》《残疾人康复法案》《反怀孕歧视法》《美国残疾人保护法》《反基因信息歧视法》等，不断完善反对歧视性解雇的法律制度。

2.报复性解雇

美国的报复性解雇是指，劳动者实施了公共政策鼓励的活动，包括劳动者对用人单位的举报、诉讼，用人单位因此解雇劳动者，以达到对劳动者打击报复的目的。最早对报复性解雇进行规定的法律是 1935 年的《国家劳工关系法》，其中的第八章第一百五十八条第七项规定，用人单位不得威胁报复、利益诱惑劳动者表达某种观点，否则就是不公平劳动行为。1938 年，美国实施了《公平劳动标准法》，也规定用人单位不能为了报复劳动者而行使解雇权。除此之外，还有《民权法案》《职业安全卫生法》《受雇者退休收入保障法》等法律也规定，劳动者实施了公共政策鼓励的活动，用人单位不能威胁报复，也不能以此为由解雇劳动者。

（二）不当解雇救济制度

1.歧视性解雇

美国《民权法案》第七章第七百零五条第（a）项规定，设立平等就业委员会，对歧视性解雇的劳动者进行保护。这是对歧视性解雇的行政救济。平等就业委员会的委员由参议院提名，经过总统任命后就职。委员共 5 人，其中同一党派的委员不能超过 3 人。第一届委员的任期各不相同。其中，第 1 名委员的任期是 1 年，第 2 名委员的任期是 2 年，第 3 名委员的任期是 3 年，第 4 名委员的任期是 4 年，第 5 名委员的任期是 5 年。从此以后，继任的委员任期都是 5 年。这样就能保证每年更换 1 名委员，不断更替。平等就业委员会可以在美国各地设立办事处，并雇佣人员为其工作。平等就业委员可以对歧视性解雇进行调查与调解。第七章第七百零五条还规定，对于歧视性解雇的案件，如果需要诉讼的，由平等就业委员会转交律政司，并介入受损害一方提出的民事诉讼，或者就律政司提起的民事诉讼向律政司提供意见、咨询及协助。这是歧视性解雇的司法救济。在司法救济中，法院起到了主要作用，平等就业委员只起到了协助作用。法院对歧视性解雇裁判结果主要是：劳动者继续工作，用人单位支付赔偿金。

2.报复性解雇

美国《国家劳工关系法》第三章第一百五十三条第（a）项规定，设立美国全国劳工关系委员会，对报复性解雇的劳动者进行保护。美国全国劳工关系委员会的委员由参议院提名，经过总统任命后就职。委员共 5 人，第一届任期不同，之后的委员任期都为 5 年，目的是保证 5 名委员不会在同一年换届。此外，美国全国劳工关系委员会设置总法律顾问 1 人，由参议院提名，经过总统任命后就职，任期 4 年。美国全国劳工关系委员会可以在美国各地设置办事处，雇佣人员为其工作。5 名委员对美国全国劳工关系委员会雇佣的人员，进行工作指导及监督。总法律顾问对美国全国劳工关系委员会雇佣的所有律师，进行工作指导及监督。该法律第五章第一百五十五条规定了美国全国劳工关系委员会的调查权。如果通过调查与调解，仍然不能解决问题，可以进行诉讼，这就是歧视性解雇的司法救济。此时，法院起到了重要作用，美国全国劳工关系委员会发挥了协助作用。法院对报复性解雇裁判结果主要是：劳动者继续工作，用人单位支付赔偿金。

三、英国

（一）不当解雇的情形

英国《雇佣权利法》第九十八条规定了不当解雇的四种情形。其一，劳动者能够胜任工作，但用人单位以劳动者不能胜任工作为由进行解雇。其二，劳动者没有行为过错，但用人单位以劳动者行为过错为由进行解雇。其三，用人单位违反经济裁员制度进行解雇。其四，劳动者没有违反法定义务，但用人单位以劳动者违反法定义务为由进行解雇。此外，英国还有不公平解雇制度。英国作为英美法系的典型国家，判例法是其法律渊源。不公平解雇制度分散在不同的判例法之中。例如：妇女在怀孕和哺乳期，用人单位将其解雇；劳动者参加工会活动，用人单位将其解雇；劳动者拒绝加入工会，用人单位将其解雇；劳动者向用人单位主张权利，用人单位将其解雇。在英国，多数的不当解雇是因为用人单位违反了解雇程序。例如，劳动合同中约定了解雇预告期，但是用人单位没有给予劳动者预告期，直接将其解雇。在司法实践中，法院在审理不当解雇案件时，将注意力集中在了解雇程序的审查，只要用人单位履行了解雇程序，法院很容易判定解雇有效，至于解雇的事由是否合法，法院很少关注。

（二）不当解雇的救济

英国作为英美法系的典型国家，在众多判例法之中，对于不当解雇的救济方式主要是用人单位向劳动者支付赔偿金。法院一般不会判决劳动者和用人单位继续履行劳动合同，因为这与英美法系中的意思自治原则不相符。在法院判决用人单位支付赔偿金的时候，会重点审查三个方面。其一，解雇程序的履行问题。如果解雇程序履行了一部分，那么支付的赔偿金数额相对会少一些。如果解雇程序完全没有履行，那么支付的赔偿金数额相对会多一些。例如，劳动合同约定，工作 1 年的劳动者，解雇预告期为 2 星期。若用人单位实际给予的预告期为 10 天，则这样的不当解雇相比实际给予预告期为 0 天的不当解雇，赔偿金要少很多。其二，劳动者因为被不当解雇，导致的直接损失。这种损失仅限于劳动合同违约的直接损失，不包括劳动者的预期利益。其三，劳动者在解雇预告期内的收入。但是，本书认为，劳动者解雇预告期的收入不属于赔偿金，因为劳动者在预告期内仍然工作，这部分收入属于劳动者应得的劳动报酬，不是赔偿金。与不当解雇不同，不公平解雇的救济方式不但有赔偿金，还有继续履行劳动合同。不当解雇可能是劳动者存在过错，用人单位只是程序不当。而不公平解雇中的劳动者没有任何过错，这就为继续履行劳动合同提供了可能。

四、德国

（一）不当解雇的情形

德国的《解雇保护法》第一条第（二）项规定了不当解雇的情形。解雇劳动者的事由被限制在：劳动者本人原因、劳动者行为原因、用人单位迫切业务原因。除此之外，就是不当解雇。同时规定了"在私法环境下"三种不当解雇的情形。其一，根据《企业组织法》第九十五条的规定，用人单位解雇劳动者，如果没有经过企业委员会的批准，那么该解雇就是不当解雇。其二，根据《企业组织法》第一百零二条第（一）项的规定，用人单位应当将解雇事由向企业委员会通报，未经企业委员会的聆讯，该解雇就是不当解雇。其三，根据《企业组织法》第一百零二条第（三）项的规定，用人单位解雇劳动者的时候，没有充分考虑到社会方面的因素，该解雇就是不当解雇。如果被解雇的劳动者有能力在用人单位相同岗位上、不同岗位上、不同地点继续工作，就证明该劳动者不应该被解雇，该解雇就是不当解雇。如果劳动者不能胜任工作，经过培训教育之后，可以继续胜任工作，就不能解雇该劳动者，否则就是不当解雇。如果用人单位的解雇行为违反了关于解雇劳动者甄选的政策，该解雇就是不当解雇。例如，女性劳动者在怀孕期间和哺乳期间被解雇，因公负伤正在疗养的劳动者被解雇等。

（二）不当解雇的救济

1.企业委员会的救济

依据《企业组织法》建立的企业委员会，针对不当解雇进行救济。《解雇保护法》第三条规定了企业委员会的终止请求权。如果劳动者认为用人单位的解雇属于不当解雇，则可以在解雇 1 星期之内向企业委员会提出异议申请。企业委员会对异议申请进行调查，如果认为用人单位属于不当解雇，则必须以书面形式向劳动者和用人单位提出取消解雇的意见，并努力与用人单位进行协商，使用人单位收回解雇的决定，从而保证劳动者继续工作，保障劳动者的劳动权益。

2.劳动法庭的救济

《解雇保护法》第三条规定了对于不当解雇，劳动法庭的救济方式。劳动者对解雇产生异议，企业委员会的救济是最初的、最直接的救济方式，但是这不是必经程序。劳动者认为解雇是不合理的，或者由于其他原因在法律上是无效的，可以不经过企业委员会的救济，直接向劳动法庭提出诉讼请求。提出诉讼请求的期限，是在劳动者收到书面解雇通知书之后的 2 个星期内。需要注意的是，企业委员会的救济期限与提出诉讼请求的期限，两者之间的衔接问题。法律规定劳动者认为解雇不公平，可以在解雇后 1 星期之内向企业委员会提出异议申请。

在司法实践中，企业委员会对劳动者异议申请的调查、与用人单位进行协商的时间会长达 1 至 2 个星期，很容易超过向法院起诉的 2 个星期的期限。因此，需要分为两种情况分别进行处理。其一，如果劳动者对于用人单位解雇产生异议，没有向企业委员会提出异议申请，而是直接向劳动法庭提出诉讼，那么提出诉讼的期限是劳动者收到书面解雇通知书的 2 个星期内。其二，如果劳动者对于用人单位解雇产生异议，向企业委员会提出异议申请，则有三种情况。第一种情况是，企业委员会认为用人单位的解雇是合法解雇，那么从劳动者收到企业委员会的通知之日起，开始计算诉讼期限。第二种情况是，企业委员会认为用人单位的解雇是不当解雇，建议用人单位撤销解雇决定，用人单位没有采纳企业委员会的建议，那么从企业委员会向劳动者宣布结果之日起，开始计算诉讼期限。第三种情况是，企业委员会认为用人单位的解雇是不当解雇，建议用人单位撤销解雇决定，用人单位采纳了企业委员会的建议，撤销了解雇决定，那么就没有诉讼的必要了，提出诉讼的期限也就失去了意义。对于劳动法庭的救济结果，如果劳动法庭认为用人单位的解雇是不当解雇，则有两种判决方式。其一，判决双方继续履行劳动合同。其二，判决用人单位向劳动者支付赔偿金。在司法实践中，劳动法庭作出"用人单位向劳动者支付赔偿金"的判决更为常见。

五、日本

（一）不当解雇的情形

日本《劳动基准法》第十九条规定了解雇限制条款。劳动者因公负伤在疗养期内和疗养结束后，被用人单位解雇，该解雇是不当解雇。女性劳动者在生育假期和假期之后的 30 日内，被用人单位解雇，该解雇是不当解雇。《劳动基准法》第二十条规定了解雇预告期。用人单位解雇劳动者，必须至少提前 30 日通知劳动者。如果用人单位想省略 30 日的预告期，让劳动者立即离开，那么可以支付劳动者 30 日的平均工资。如果用人单位既不选择 30 日的预告期，也不选择支付 30 日的平均工资，还将劳动者立即解雇，该解雇就是不当解雇。《劳动工会法》第七条第一项规定了禁止解雇情形。劳动者成为工会会员、参加工会活动，是劳动者的正当权利。用人单位如果以此为由解雇劳动者，该解雇就是不当解雇。劳动者享有退出工会的权利，也可以不参加工会活动。用人单位如果以此为由解雇劳动者，该解雇也是不当解雇。《关于育儿休息、护理休业等育儿或家庭护理的劳动者福利的法律》第十六条规定了女性劳动者为了看护儿童，应该享有的假期。第十条规定，用人单位不能因为女性劳动者享有特殊的育儿假期，对她们进行歧视，如果以此为由解雇女性劳动者，就是不当解雇。

（二）不当解雇的救济

日本的不当解雇的救济分为三种：地方工会救济、中央工会救济、法院救济。《劳动工会法》第十九条规定了地方工会的设置办法。工会委员主要是两类人员。第一类人员是用人单位的劳动者，称为"劳动者委员"。第二类人员是公益人员，称为"公益委员"。地方工会分为都工会（如东京都工会）、道工会（如北海道工会）、府工会（如大阪府工会）、县工会（如冲绳县工会）。《劳动工会法》第十九条第二项规定了中央工会的设置办法。在厚生劳动大臣管辖下，设置中央工会。中央工会的任务是维护劳动者团结，实现劳动关系的公正调整。劳动者认为用人单位的解雇是不当解雇，首先向地方工会提出异议申请。地方工会对劳动者的申请进行调查，并听取劳动者和用人单位的解释，而后进行审议并作出裁决。劳动者对地方工会裁决不服的，有两种请求方式。其一，劳动者向中央工会提出申诉。如果对中央工会的裁决依然不服，可以向法院提起诉讼。其二，劳动者直接向法院提起诉讼。无论是地方工会、中央工会，还是法院，对不当解雇的裁决结果有两种：使用人单位与劳动者维持劳动关系，使用人单位向劳动者支付赔偿金。

六、启示

（一）解雇情形的启示

在解雇情形方面，韩国、美国、英国、德国、日本的共同特点是：都将违反合法解雇情形的解雇视为不当解雇，也就是将合法解雇情形的否定形式视为不当解雇的情形。除这个相同之处外，五个国家还有很多不同之处。韩国和日本在禁止解雇情形方面的规定比较相似，两个国家都认为"因公负伤""妇女在怀孕期间和哺育期间"是禁止解雇的情形，如果违反了禁止解雇情形进行解雇，就是不当解雇。美国因为本国特殊的历史原因和现实社会原因，非常重视歧视性解雇，为规制歧视性解雇而制定了一些法律法规。美国还很重视报复性解雇，认为报复性解雇也是一种不当解雇，这是因为美国比较重视对劳动者检举权以及其他合法权利的保障。英国在不当解雇方面，非常重视违反程序的不当解雇，这一点在判例法之中有很明显的表现。德国认为违反合法解雇情形、违反解雇程序，都是不当解雇，都应该受到重视，从而制定了多部法律来规制不当解雇。

（二）救济方式的启示

在救济方式上，韩国、美国、英国、德国、日本的共同特点是：除了法律救济（法院救济），还有一些行政救济（委员会、工会救济）。不同的是各国行政救济（委员会、工会救济）的具体机构名称不一样。例如，韩国称其为劳动委员会，美国称其为平等委员会和劳工委员会，德国称其为企业委员会，日本称其为地方工会和中央工会。这些行政救济（委员会、工会救济）的具体机构产生和运行的方式也有所不同。在救济结果方面，韩国、美国、英国、德国、日本的共同特点是：复职（继续履行劳动合同）和用人单位向劳动者支付金钱（赔偿金）。

第三节　国外经济裁员制度的
介绍和启示

一、韩国

（一）经营解雇的概念

在韩国，经济裁员被称为经营解雇。韩国的《劳动基准法》没有关于经营解雇的定义。对于经营解雇的概念，有人认为，经营解雇是以企业生存为前提，在一定要求下解雇部分劳动者。也有人认为，经营解雇是经营者为了扭转经营不振的局面，进行机构调整而进行的解雇。还有人认为，用人单位因为经营困难，无法维持与劳动者的劳动关系，所以根据经济发展、产业结构调整、技术革新的要求，减少劳动者数量的解雇。法院则认为，经营解雇是用人单位根据经营的迫切需要，为了减少从业人员的数量，而在一定要求下解雇劳动者。

（二）经营解雇法制化

1996 年 12 月 31 日，法律第 5 245 号修订了《劳动基准法》，规定了经营解雇的理由、程序和优先重新聘用等事项。附则中规定该法于 1997 年 3 月 1

日开始实施。但是由于新的法律导致解雇变得容易，发生了全国规模的罢工，所以国会废除了旧法律。1997 年 3 月 13 日，法律第 5 309 号修订了《劳动基准法》，对经营解雇的理由进行了调整，设定了 2 年的缓冲期。1997 年韩国发生了国际货币基金组织事件，经济受到巨大打击，大量企业倒闭，未倒闭的企业广泛进行结构调整。1998 年 2 月 6 日，第一届劳资政委员会通过了《克服经济危机和再次飞跃的劳资政共同宣言》，在该宣言中删除了对经营解雇的 2 年延期条款，并达成协议，认为用人单位为了防止经营恶化，在转让企业和收购、合并企业的时候，可以进行经营解雇。而后，1998 年 2 月 20 日，法律第 5 510 号修订了《劳动基准法》，本次修改法律是受到第一届劳资政委员会的直接影响，采纳了上述协议内容，对经营解雇的理由、优先重新聘用的条款进行了修改，取消了经营解雇 2 年的缓冲期。2007 年 1 月 26 日，法律第 8 293 号修订了《劳动基准法》，将用人单位通知劳动者代表的时间从 "60 天前" 改为 "50 天前"。2007 年 4 月 11 日，法律第 8 372 号修订了《劳动基准法》，进行了法律条文顺序的调整。一些学者认为，经营解雇法制化是具有积极意义的，但是也存在一些问题，例如导致逃避法律进行经营解雇的现象增多。这是因为法律对经营解雇有了严格的约束，导致用人单位无法利用经营解雇的方式解雇劳动者，进而使得用人单位采取逃避法律的方式解雇劳动者。但是，关于未能履行协议义务、逃避法律的经营解雇的效力，学术界一般认为是无效的。所以，经营解雇法制化是法律的进步，也是历史的进步。

（三）经营解雇的事由要件

1.紧迫的经营需要

《劳动基准法》第二十四条第一项，规定了经营解雇的理由之一是紧迫的经营需要。关于如何理解紧迫的经营需要，学术界有 "倒闭说" 和 "合理说"。

倒闭说认为紧迫的经营需要就是用人单位面临破产倒闭的危机，只能依靠解雇劳动者来避免破产倒闭。假如用人单位没有解雇劳动者，无论采取其他何种方法，最终都将会破产倒闭。也就是说，解雇劳动者是避免破产倒闭的唯一方法。早期的大法院也是这种观点。倒闭说的优点是可操作性强，因为用人单位是否面临破产倒闭的危机，比较容易判断。倒闭说的缺点是过于单一，适用范围过于狭窄，用人单位的利益容易受损。此后，大法院逐渐认识到倒闭说的缺点，拓展了紧迫的经营需要的内容，认为用人单位具有合理的理由，证明自己具有紧迫的经营需要，就可以实施经营解雇。由此，不仅是破产倒闭，还有技术革新、经济危机、产业结构调整等情况，都属于紧迫的经营需要。

2.尽力避免解雇的义务

《劳动基准法》第二十四条第二项，规定了经营解雇的理由之一是用人单位履行了尽力避免解雇的义务。解雇会对劳动者产生不利影响，如果有其他方法可以避免解雇，那么用人单位必须尝试其他方法，解雇必须作为最后手段发挥作用。由此，大法院认为，经营解雇必须具有正当理由，在一定的条件下，用人单位为了避免解雇，尽了最大努力，采取了一切可能的手段。例如，不再招聘新员工、让部分劳动者暂时休假、改变工作方式等。用人单位在实施了一切可能的手段之后，仍然具有紧迫的经营需要，才可以实施经营解雇。

（四）经营解雇的程序要件

1.选择程序的合理公平

《劳动基准法》第二十四条第二项规定，用人单位选择解雇对象的时候，采取的标准必须合理公平。合理公平是相对的，不是绝对的。世界上没有绝对的公平，只能在一定范围内、一定程度上追求公平。世界上也没有绝对的合理，事物之间具有不同的属性，事物是不断发展变化的，针对不同事物、不同时间，有不同的合理标准。因此，大法院认为，合理公平的解雇标准是不固定的，而且是需要根据经营危机的程度来综合判断的。解雇标准必须合理公平，并不意味着用人单位不能有自己的意见。用人单位在选择解雇对象的时候，可以考虑劳动者的工作贡献和执行力，甚至是劳动者的团队精神。但是，不能在性别上有歧视。

2.协商程序的充分履行

《劳动基准法》第二十四条第三项规定，在经营解雇中，用人单位应与劳动者代表事先协商。在经营解雇法制化之前，协商主体一方是用人单位，另一方没有明确的规定。大法院认为，与用人单位对应的主体可以是劳动者，也可以是工会。如果没有工会，用人单位和劳动者组成协商会议就解雇标准和程序进行协商，也是可以的。在经营解雇法制化之后，明确规定与用人单位对应的主体为劳动者代表。但是对劳动者代表怎样产生、人数多少没有规定。因此，大法院考虑到协商惯例和代表意义，扩大了劳动者代表的范围，工会、青年会、社友会都有可能成为劳动者代表。

二、美国

（一）经济裁员的法律发展

美国长期以来奉行的是自由解雇制度，1935 年美国国会颁布了《国家劳动关系法》，该法虽然不是专门规定经济裁员制度的法律，但是该法律的第八章第一百五十八条第（d）项规定了集体谈判协商制度，这是经济裁员制度的立法雏形。因为该法律对集体谈判协商制度没有进行详细规定，所以导致了早期美国国家劳工关系委员会与联邦最高法院在适用法律时的理解不同。早期美国国家劳工关系委员会对集体谈判协商制度采取的是比较宽松的态度。例如在1961年"纤维板纸生产公司案件"中，国家劳工关系委员会认为，用人单位由于经济原因决定转包、改变经营方式的事项，不需要与工会进行集体协商。用人单位只对于涉及被解雇者利益的裁员事项与工会进行集体协商。与之相反，美国联邦最高法院对集体谈判协商制度采取的是比较狭窄的理解。例如，在1960年"铁路电报公司诉芝加哥的西北铁路公司案件"中，联邦最高法院认为，铁路公司决定整编（关闭）一些车站的事项和由此进行裁员的事项，均应当与工会集体协商。随后，国家劳工关系委员会受到了联邦最高法院的影响，逐步与联邦最高法院在经济裁员制度的理解上保持一致。例如，在1965年"奥扎克拖车公司案件"中，国家劳工关系委员会与联邦最高法院都认为，公司进行转包、关闭其中一个分厂的时候，没有就该事项与工会集体协商，构成了不公平劳动行为，由此导致的裁员是无效的。

经历了第一次世界大战和第二次世界大战，美国的经济高速发展，逐步成为世界超级大国。在经济高速发展的时期，企业很少进行经济裁员，因而由此引发的纠纷不是很严重。美国在20世纪七八十年代爆发了四次经济危机，经济谷底分别发生在：1970年11月、1975年3月、1980年7月、1982年11月。由于经济危机的爆发，经济裁员纠纷增多，美国开始考虑制定专门的法律来规定经济裁员的相关事项。1988年8月4日，美国国会颁布了《工人调整和再培训通知法》，并于1989年2月4日开始实施。该法律在经济裁员制度方面具有里程碑意义。

（二）经济裁员的事由要件

美国《工人调整和再培训通知法》第二千一百零一条第（a）项（2）款规定了经济裁员的事由。"工厂关闭"是经济裁员的事由。工厂关闭是指，永久或临时关闭若干个经营场所，或者永久或临时关闭若干个营运设施，由此导致超过 50 名固定员工，持续 30 天以上没有工作。如果导致失业的员工少于 50 人，但是超过了总员工数量的 33%，也视为大规模裁员。第二千一百零一条第（a）项（8）款规定了"兼职员工"的定义。兼职员工是指平均每星期工作时间不足 20 小时的员工，或者在经济裁员的通知发出之前的 12 个月之中，累计工作时间不足 6 个月的员工。

（三）经济裁员的程序要件

美国《工人调整和再培训通知法》第二千一百零二条第（a）项规定了经济裁员的通知程序。通知程序包括：通知时间、通知形式、通知对象。通知时间是用人单位下令关闭工厂或大规模裁员之前的 60 天，这个时间只可以提前，不可以拖后。通知形式必须以书面形式，一方面为了保留证据，另一方面为了督促用人单位履行程序。通知对象有三类。其一，受到经济裁员影响的员工代表。此处的代表是指，针对此次经济裁员专门选出的员工代表。需要注意的是，此处的代表不必是工会代表，但可以与工会代表相重叠。其二，国家指定的组织。该组织一般是国家失业工人组织。其三，地方政府。此处的地方政府是指，用人单位在经济裁员之前的 1 年，缴纳最高税款的地方政府。地方政府的主要官员代表地方政府接收用人单位的通知。

《工人调整和再培训通知法》第二千一百零四条规定了经济裁员的实施和管理要求。用人单位如果违反了经济裁员制度，那么应当对每一位受害者进行补偿。补偿金额从下列两种方式中选择一种金额最多的方式进行计算：其一，受害者所得的最终固定日工资；其二，受害者最近 3 年的平均日工资。用人单位每违反 1 天，就支付受害者 1 天的补偿金，最长不超过 60 日，且不超过受害者在用人单位工作总天数的一半。如果用人单位在下达关闭工厂或裁员命令之后三个星期内，没有向受害者支付应当支付的金额，那么地方政府可以对用人单位进行罚款，每天的罚款不高于 500 美元。地方法院有权自由裁量罚款的具体数额，自由裁量权行使的依据是，用人单位违法的程度及受害者遭受损害的程度。即便用人单位按照经济裁员制度的规定进行经济裁员，被解雇的劳动者也可以向当地法院提起诉讼，要求用人单位支付拖欠的工资、津贴、退休金等。

三、英国

（一）经济裁员的法律发展

英国作为英美法系的典型国家，经济裁员制度体现在判例法和成文法之中。保守党和工党是英国两大政党，两党通过英国首相的选举轮流执政。两党在对待工会和保障劳动者权利方面有着很大的不同。保守党更注重经济发展的速度和雇主的利益。工党更注重劳动者权利的保障。1964 年 10 月 16 日—1970 年 6 月 19 日，工党领袖詹姆士·哈罗德·威尔逊（James Harold Wilson）就任英国首相。由于工党重视劳工的政策，在 1965 年，英国颁布了《裁员给付法》，这是英国第一部关于经济裁员的成文法。1970 年 6 月 19 日—1974 年 3 月 4 日，保守党领袖爱德华·希思（Edward Heath）就任英国首相。由于保守党重视雇主的政策，在此期间没有颁布关于保护劳动者权益的成文法。1974 年 3 月 4 日—1979 年 5 月 4 日，工党领袖詹姆士·哈罗德·威尔逊（James Harold Wilson）和伦纳德·詹姆斯·卡拉汉（Leonard James Callaghan）相继就任英国首相，由于工党重视劳工的政策，1978 年英国颁布了《就业保护（合并）法》，规定了被裁减劳动者的保障制度。20 世纪 80 年代到 90 年代中期，保守党持续执政,虽然其重视雇主的权利,但是由于劳动者权利意识的提高,英国在 1981 年颁布了《企业转让(就业保护)条例》,1992 年颁布了《统一工会及劳工关系(合并)法》。1996 年,英国国会将 1965 年的《裁员给付法》和 1978 年的《就业保护(合并)法》中的大量法律条文统一合并为《雇佣权利法》。该法律制定了大量的经济裁员制度。

传统的英美法系国家是以判例法为主,以成文法为辅的。在 20 世纪 70 年代之后,英国越来越受到欧洲其他国家的影响,尤其是受到欧洲大陆法系国家的影响。由于欧洲国家之间的互相影响越来越大,联系越来越紧密,进而有了欧盟的产生和发展。虽然 2020 年 12 月 24 日,英国与欧盟达成脱欧贸易协议,标志着英国完成脱欧,但是在 2021 年 2 月 20 日,苏格兰首席部长尼古拉·斯特金(Nicola Sturgeon)高调宣布苏格兰政府大楼依然要悬挂欧盟旗帜,间接表达了苏格兰脱离英国和返回欧盟的意愿。以上这些都是无法避免和无法改变的事实。因此,英国的成文法开始大量出现,经济裁员的成文法成为经济裁员制度的重要形式。

(二)经济裁员的事由要件

英国《雇佣权利法》第一百三十九条第(一)项规定了经济裁员的事由。经济裁员的事由分为两种。其一,用人单位停止或计划停止经营。劳动者从事的工作岗位属于停止或计划停止的经营范围,或者劳动者从事工作的地点属于停止或计划停止的经营地点。在司法实践中,法院对停止经营的认定比较容易,只要求用人单位能够提供停止经营的证据,而不需要提供停止经营的理由。其二,劳动者从事特定种类的工作,而该特定种类的工作由于用人单位经营的需要正在减少或者即将减少。在司法实践中,法院对特定工作的认定也比较容易。法院认为,劳动者的工作是否属于特定工作,不能依靠社会观念进行认定。因为在全社会，"特定"是一个相对的概念，不是一个绝对的概念。某一项工作在全社会领域也许属于特定工作，然而如果在某一行业之中，这个工作就是一般工作。所以，法院认定特定工作最直接有效的方法就是依据劳动合同。如果劳动合同中约定了该工作属于特定工作，那么法院就会认定该工作是特定工作。

（三）经济裁员的程序要件

英国《雇佣权利法》第一百四十一条第（二）项规定，劳动者如果不合理地拒绝用人单位安排的新工作，那么就无法获得经济裁员的遣散费。如果用人单位因为停止一部分经营而导致劳动者失去了工作，那么用人单位应当尽可能地为劳动者安排新的工作，以避免劳动者失业。用人单位给劳动者安排的新工作必须具有合理性，也就是与原来的工作岗位相当，与劳动者的工作能力和身体状况相适应。如果新工作缺乏合理性，那么劳动者可以拒绝新的工作，选择领取遣散费。例如，劳动者原来的工作是软件工程设计，因为用人单位停止了一部分经营，所以把劳动者安排到了警卫工作岗位，劳动者可以拒绝而领取遣散费。此外，法律还规定了通知程序和协商程序。用人单位在 90 天内，裁员 20 人以上，必须提前书面通知被裁减劳动者。裁员人数在 20 人以上、100 人以下的，通知期限为 30 天；裁员人数在 100 人以上的，通知期限为 90 天。在履行通知程序之后，用人单位与劳动者召开协商会议，尽可能缩小裁减数量，尽可能减少对劳动者的不利影响。在履行裁员程序之后，劳动者依然有异议的，可以向法院提起诉讼。

四、德国

（一）经济裁员的法律发展

德国是大陆法系的代表国家，也是法治历史悠久的国家。"法治国"的概念最早是德国哲学家普拉西杜斯（J. W. Placidus）在 1798 年出版的《国家学说》中提出的。1815 年在维也纳会议中，德意志各邦国决定组建德意志同盟，并以立法的形式确定以宪政代替君主专制，德国从此逐步成为民主法治国家。但是德国领导人集权的现象还没有得到有效遏制，从而导致了德国成为第一次世界大战和第二次世界大战的战争发起国。在第二次世界大战之后，德国对阿道夫·希特勒的集权统治进行了深刻的反思，并加强了民主法治建设。为了促进经济的增长，德国仅在 1949 年到 1982 年期间，就制定了 2 000 多部关于经济的法律。与此同时，在经济发展中产生了大量的用人单位与劳动者之间的矛盾，为了缓解这些矛盾，德国在 1969 年 8 月 5 日颁布了《解雇保护法》。该法律第一条第（二）项规定了三种不当解雇的情形：劳动者本人原因、劳动者行为原因、用人单位迫切业务原因。其中由用人单位迫切业务原因导致的大量解雇，就是经济裁员。随后，1972 年 1 月 18 日《企业组织法》生效，其中规定了在经济裁员事件中企业委员会的权利和义务。

（二）经济裁员的事由要件

《解雇保护法》第一条第（五）项规定，用人单位因为经营变更而解雇劳动者，包括为了维持用人单位与企业委员会之间的利益平衡而解雇劳动者，应视为用人单位迫切业务原因导致的解雇，就是经济裁员。《企业组织法》第一百一十一条一至四项规定了经营变更的五种情形。其一，限制和停止全部经营或者主要经营。这种情形是用人单位存在的最严重的情形，达到了破产边缘。其二，转移、转让全部经营或者主要经营。这种情形也许是用人单位面临严重危机，迫不得已的选择，也许是用人单位主动的措施，旨在达成某种目的。其三，其他经营合并与分离。这是对上一种情形规定的补充条款。其四，对经营组织结构、经营目的、经营设备进行根本性的改变。这是为了适用经济发展的趋势进行的重大调整。其五，引进全新的工作方法和生产程序。这是为了提高生产效率进行的重大调整。《解雇保护法》第十七条第（一）项一至三款对经济裁员的人数进行了规定。经济裁员是在一段时间内大量解雇劳动者。其中，"在一段时间内"是指在 30 日之内。这 30 日指的是连续的天数，不是扣除休息日的工作天数。"大量"解雇劳动者的人数，需要按照用人单位雇佣劳动者总人数，分为三种情况区别对待。其一，雇佣固定劳动者（不包括兼职人员和临时人员）20～59 人的，解雇 5 人以上。其二，雇佣固定劳动者（不包括兼职人员和临时人员）60～499 人的，解雇 25 人以上或者 10%以上。其三，雇佣固定劳动者（不包括兼职人员和临时人员）500 人以上的，解雇 30 人以上。不属于以上三种情况的，不适用经济裁员制度。例如，在 30 日内解雇人数不足 5 人的，适用一般解雇制度。

（三）经济裁员的程序要件

《解雇保护法》第十七条第（一）项第一句规定了报告程序，即用人单位应当在经济裁员之前向劳动局进行报告。第十七条第（二）项规定了通知程序，即用人单位在向劳动局报告经济裁员事项的时候，需要以书面形式及时通知劳动委员会。书面记载的内容主要有六项。其一，计划裁员的原因；其二，计划裁员的人数和这些人的职业类别；其三，一般固定员工的人数和职业类别；其四，解雇期限；其五，选择被解雇员工的标准；其六，计算解雇赔偿金（遣散费）的标准。同时，劳动委员会和用人单位应当重点对"避免或限制解雇""减轻经济裁员的不利后果"等事项，进行意见的交流。第十八条规定了中止程序，即用人单位在向劳动局报告之后，在劳动局批准之前，经济裁员处于中止阶段，当劳动局批准之后，经济裁员方案才可以实施。一般情况下，劳动局批准期限是 1 个月。在个案之中，劳动局批准期限最长可达到 2 个月。在劳动局批准之后，经济裁员生效的时间可以追溯到提出报告之日。在劳动局批准后 90 日之内，用人单位没有实施经济裁员方案，那么该方案失效，如需裁员，则要重新报告。第二十条第（一）项规定了决定程序，即劳动局的执行机构或者委员会对于用人单位经济裁员的报告进行审查并作出决定，但是只能对 50 人以下的经济裁员案件作出决定。第二十一条规定了最高决定程序。该程序规定，对于属于联邦交通部或联邦邮电部业务范围内的企业，如果经济裁员在 500 人以上，那么用人单位应当向联邦劳工局总部报告。由联邦劳工局总部设立一个委员会，行使决定权。联邦交通部部长或联邦邮电部部长可以指派 2 名具有商议和投票权的代表参加委员会。

五、日本

（一）整理解雇的法律发展

日本在漫长的历史时期（1185 年—1869 年）处于幕府统治，是典型的人治社会、专制社会。1868 年日本进行明治维新，开始向西方发达国家学习，进行一系列改革。在法律方面，引入了德国的法治国思想，开始了君主立宪制，但是，相比于西方发达国家，日本天皇具有更大的君主权力，所以此时的日本还不是现代意义上的民主法治国家。直到第二次世界大战结束，作为战败国的日本被美军占领，天皇成为形式上的元首，日本才逐步成为现代意义上的民主法治国家。为了加强用人单位和劳动者的关系，日本企业普遍采用终身雇佣制，这对稳定劳动关系和促进企业的发展起到了至关重要的作用。此后，日本经济快速发展。1972 年，日本的 GDP 达到 3 180.31 亿美元，超过了德国的 2 998.02 亿美元，首次成为世界第二经济大国。2010 年，中国的 GDP 达到 6.09 万亿美元，超过了日本的 5.70 万亿美元，日本才退居为世界第三经济大国。日本经济的发展与该国的经济法和劳动法的发展密不可分。日本在向德国学习立法经验之后，逐步成为大陆法系的代表性国家。但是，由于在第二次世界大战之后，美国对日本产生了巨大影响，日本逐渐采纳了一些英美法系的制度，尤其是在经济裁员制度上。日本将经济裁员称为"整理解雇"，在英美法系理念的影响下，日本法院审理判决了大量整理解雇案件，逐渐形成了关于整理解雇判例法的法理，即四要件判断学说。

（二）整理解雇的事由要件

日本法院在判例中形成的整理解雇的四要件判断学说，其中的前三个要件属于事由要件。

其一，经营事由。用人单位面临经营困难的时候，可以进行整理解雇。有的日本法院将经营困难理解为，企业如果不进行整理解雇，就必然导致破产。这种对经营困难的理解目前已经很少见了。由于法官只是法律领域的专家，并不是经济领域的专家。而企业是经济领域的活动主体，在经济领域有较强的话语权。因此，对经营困难的判断，法官往往会采纳企业的判断。本书认为，法官依靠企业来对经营困难作出判断是存在弊端的。虽然企业是市场经营的主体，甚至企业的管理人员是经济领域的专家，但是在劳动争议案件中，企业是当事人，具有利益诉求，首先会站在自己的立场发表观点，很难作出公正的判断。企业不能既是"运动员"，又是"裁判员"。因此，本书认为，不能将企业对经营困难的判断作为法官的判断依据。在司法实践中，日本法官认为经营困难分为两类。第一类是企业被动地进行裁员时面临的困难，主要是指企业被动地面临经营危机，迫不得已进行裁员，以求度过危机。第二类是企业主动地进行裁员时面临的状况。企业没有面临危机，但是为了更好、更快地发展作出战略性调整。例如，调整经营范围、引进新的技术和管理模式，从而导致大量员工无法从事原来的工作，进而裁员。日本法官认为，上述两类经营困难都可以让企业自己作出判断。由此可见，在日本的整理解雇制度中，企业占有很多优势。

其二，尽力避免的义务。企业在确定必须进行整理解雇的时候，需要为避免裁员采取所有措施。例如，对员工进行调岗、安排员工到企业其他驻地工作、将固定劳动期限员工变为临时工等。

其三，合理性事由。当整理解雇必然发生的时候，企业制定的解雇标准应当具备合理性。企业有确定裁员名单的权利，但是这种权利不能滥用，应当受到合理性标准的约束。应当以"工作能力、工作态度、团队精神、工作命令的服从力和执行力"作为确定解雇人员名单的标准。当然，劳动者是否符合标准必须有相关的证据证明，而不能是企业的主观判断。

（三）整理解雇的程序要件

日本法院在判例中形成了整理解雇的四要件判断学说，其中第四个要件属于程序要件。企业在实施整理解雇程序之前，必须履行集体协商义务，这是日本判例法规定的义务，也是基于诚实信用原则而赋予的义务。企业应当向工会或者员工提供整理解雇方案，包括裁员名单、裁员期限、裁员事由、裁员标准等，并就整理解雇方案听取工会或员工的意见。虽然工会和员工对整理解雇方案只有提出意见的权利，没有决定权，但是企业仍然要尽量获得工会和员工的理解和支持。

六、启示

用人单位实行经济裁员，不是用人单位个体性事件，而是具有广泛的社会背景，与国家经济发展趋势和目前经济状况密不可分。因此，本书在研究韩国、美国、英国、德国、日本等五个国家的经济裁员制度时，首先对各国的经济历史和法治历史进行了简要的论述。20 世纪 90 年代，韩国被卷入世界金融危机之中，用人单位与劳动者的矛盾加剧，经营解雇制度侧重于保护用人单位的利益。随着劳动者权利意识的增强和工会活动的发展，经营解雇制度平衡了用人单位与劳动者之间的利益。以自由解雇为基础的美国是判例法国家，长期以来没有关于经济裁员的成文法，在经济裁员中比较重视用人单位的利益，直到1988 年 8 月 4 日，美国国会颁布了《工人调整和再培训通知法》，并于 1989年 2 月 4 日开始实施，劳动者在经济裁员中的权益才得到了更多的保障。英国作为判例法国家，为了更好地协调用人单位和劳动者之间的矛盾，试图通过成文法明确双方的权利和义务。但是长期以来，英国的保守党和工党轮流执政，保守党注重保障用人单位的权益，工党注重保障劳动者的权益，导致经济裁员在成文法上的发展缓慢。直到 20 世纪 80 年代工会的崛起，经济裁员制度才有了很大的进步。德国作为大陆法系代表性国家，虽然没有专门的经济裁员法，但是 1969 年 8 月 5 日颁布了《解雇保护法》，对经济裁员的适用情形和程序做了详细的规定。日本关于整理解雇的四要件学说发展得比较成熟，但是受到英美法系的影响，法官在判断整理解雇事由的时候，随意性比较大。

第四节　国外推定解雇制度的
介绍和启示

本书在研究国外解雇保护制度的时候，选择的是韩国、美国、英国、德国、日本这五个国家。在研究"合法解雇制度""不当解雇救济制度""经济裁员制度"的章节中，均是按照韩国、美国、英国、德国、日本这个顺序进行论述的。然而，本书在研究推定解雇制度的时候发现，推定解雇制度最初只是判例法上的一项制度，对该制度研究得比较成熟的国家主要是英美法系国家，韩国、德国、日本在推定解雇制度方面的研究比较少。因此，本书对国外推定解雇制度的研究，选择了美国、英国、加拿大这三个国家。

一、美国

（一）推定解雇的法律发展

美国的推定解雇制度主要体现在判例法之中。在 1938 年"斯特英服装公司"一案中，推定解雇的概念第一次出现。负责该案件的美国劳动关系委员会认为，用人单位提供不可容忍的工作条件，导致劳动者被迫辞职，就是推定解雇。基于违反契约理论，用人单位违反劳动合同的核心内容，也就是违反了关于劳动者权利义务的基本约定，导致劳动者无法继续工作而辞职，就是推定解雇。1998 年"女警员苏德斯诉宾夕法尼亚州警察局"案件，成为美国推定解雇制度具有里程碑意义的案件。

（二）推定解雇的情形

在"女警员苏德斯诉宾夕法尼亚州警察局"一案中，苏德斯在试用期的时候，就受到了 3 名男性领导的性骚扰。而后，苏德斯先后 2 次向宾夕法尼亚州警察局平等就业委员会求助，但都没有得到救助。1998 年 8 月，一名主管诬陷苏德斯盗窃，虽然后来事实被查清，洗清了苏德斯的冤屈，但是她选择了辞职。该案件历经了地方法院、上诉法院、联邦最高法院三级审理。联邦最高法院认为，推定解雇的情形应分为职务行为和非职务行为。该案中，主管领导对苏德斯存在敌意行为，会影响到她的职务晋升，这属于职务行为的推定解雇情形，用人单位应当承担责任。3 名男性主管对苏德斯的性骚扰属于非职务行为的推定解雇情形，用人单位可以提出积极抗辩。如果用人单位为劳动者提供了保护手段，而劳动者没有利用这些保护手段，那么可以免除用人单位的责任。

（三）推定解雇的救济

由前文可知，"女警员苏德斯诉宾夕法尼亚州警察局"案件历经了地方法院、上诉法院、联邦最高法院的三级审理。由此可见，推定解雇的救济由美国的三级法院实施，上级法院可以否定下级法院的判决。例如，在该案中，地方法院判决宾夕法尼亚州警察局胜诉，上诉法院判决苏德斯胜诉，联邦最高法院撤销了上诉法院的判决，将案件发回重审。需要注意的是，劳动者承担的举证责任包括：用人单位在职务中的敌意行为、劳动者受到的侵害、劳动者辞职与用人单位的侵害存在因果关系。用人单位承担的举证责任包括：没有职务侵害的行为、在非职务侵害中尽到了保护义务。在"女警员苏德斯诉宾夕法尼亚州警察局"一案中，正是由于双方举证责任不明、举证不力，联邦最高法院撤销了上诉法院的判决，将案件发回重审。

二、英国

（一）推定解雇的法律发展

推定解雇制度起源于英国。英国作为英美法系的代表性国家，早期对于解雇保护主要是通过判例法来实现的。英国在 20 世纪 70 年代之前，对待劳动争议主要采取"法律不干预"原则，即用人单位在解雇劳动者的时候，只要履行了通知程序，就是合法解雇，而对解雇的事由关注度不够。如果用人单位没有履行解雇通知程序，那么就构成了非法解雇。推定解雇在当时的环境下是被看作非法解雇的一种类型的。英国在 20 世纪 70 年代之后，加速了对劳动者保护的立法，包括判例法和成文法，增加了对解雇事由的规定，更注重对劳动者权益的保护。这为推定解雇制度的产生奠定了重要基础。在 1995 年的"奥格雷迪诉 FP 财务管理集团服务有限公司"一案中，就业上诉法庭对推定解雇作出了概念解释。法官认为，用人单位的严重违约行为迫使劳动者辞职，就是推定解雇。在 2009 年的"巴克兰德诉伯恩茅斯大学高等教育集团"一案中，法官对于用人单位是否严重违约采取了客观审查标准。法官认为，用人单位解雇劳动者缺乏合理理由，这是对劳动合同的严重违约。同时认为，用人单位实施了破坏信任关系的行为，导致劳动合同无法履行，也是对劳动合同的严重违约。在这种情况下，劳动者可以辞职，并主张用人单位的行为属于推定解雇，从而获得救济。通过 2011 年的"图莱特公司诉 BGC 公司"一案，英国进一步在判例法上确定了推定解雇制度。该案的法官在审理案件的时候，参考了 2009 年"巴克兰德诉伯恩茅斯大学高等教育集团"案件的审判结果。该案法官认为，有证据证明用人单位明确表示放弃并拒绝履行劳动合同，劳动者被迫辞职，应视为推定解雇。由此可见，英国的推定解雇制度在判例法上得到了确认。在成文法上，无论是 1992 年《统一工会及劳工关系（合并）法》，还是 1996 年《雇佣权利法》，都没有明确地给出推定解雇的概念。将推定解雇视为不当解雇，从而主张对劳动者实施救济，还需要法官在判例法中实现。

（二）推定解雇的情形

英国的就业上诉法庭认为，推定解雇的认定需要满足四个条件。其一，用人单位已经作出违反劳动合同的行为，或者虽然尚未作出违反劳动合同的行为，但是明确表示了不再履行劳动合同。这就意味着，用人单位的违约行为已经发生，或者将来必定发生。其二，用人单位违反劳动合同的行为必须是严重违约行为，严重违约行为是指，违反了劳动合同的核心内容。劳动合同的核心内容包括：劳动条件、劳动报酬、劳动任务、劳动期待。劳动条件的降低，达到劳动者无法接受的程度，这种程度是指普通劳动者都无法接受的程度。劳动报酬的降低，包括基本工资、奖金、福利的降低。劳动任务的增加导致劳动者无法按时完成，从而被用人单位认为不能胜任，或借此机会扣发奖金、减少工资。劳动期待的消失，是指无论劳动者怎样努力工作，也无论劳动者做出怎样的贡献，用人单位都对此不予认可，只希望劳动者早日离开用人单位。上述事项的发生，都是用人单位对劳动合同核心内容的违约。其三，劳动者被迫辞职与用人单位严重违约存在因果关系。其四，劳动者被迫辞职应当在合理的期限内。用人单位作出了严重违约行为，劳动者应当在合理的期限内辞职，才可以认定为推定解雇。如果劳动者在合理期限内没有辞职，那么应视为劳动者对用人单位变更劳动合同的默认。超过合理期限再辞职，将不被视为推定解雇，而被视为劳动者一般性辞职。合理期限的具体时间，法院认为一般是 3 个月，但是如果在个别案件中有特殊情况，也可以超过 3 个月。

需要注意的是，推定解雇的举证责任问题。劳动者一般性辞职的原因很多，劳动者无须提供辞职的证据。但是劳动者被迫辞职，构成推定解雇，需要劳动者提供证据证明用人单位存在严重违约行为。虽然用人单位对于自身行为更容易举证，但是在推定解雇案件中，劳动者处于原告的地位，具有举证的责任。对于劳动者无法获得的证据，劳动者可以申请法院进行调查取证，或者通过其他形式的证据来证明。

（三）推定解雇的救济

从救济途径上看，劳动者主张推定解雇救济，是参照不公平解雇救济途径向就业上诉法庭提起诉讼。判决的救济结果分为两种情况。其一，继续履行劳动合同。法院判决劳动者和用人单位继续履行劳动合同，必须对用人单位的真实意图作出判断。例如，如果用人单位增加劳动者的工作任务，只是为了更多地生产产品，没有逼迫劳动者辞职的意图，那么通过用人单位改变违约行为，劳动者依然可以继续在用人单位工作。如果用人单位与劳动者关系十分恶劣，双方失去了相互信任的基础，或者劳动者的工作岗位已经被其他劳动者占据，那么劳动者就无法继续在用人单位工作。其二，支付经济补偿金。劳动合同已经失去了继续履行的可能，或者劳动者不想继续履行劳动合同，那么用人单位需要向劳动者支付经济补偿金。经济补偿金包括三个部分。其一，基础性补偿金。这主要依据劳动者的工资和工作年限来计算。法官对此具有很大的自由裁量权。其二，补充性补偿金。主要是对劳动者因此受到的直接损害进行补偿。其三，额外性补偿金。这是考虑劳动者将来重新到用人单位工作的可能性而确定的补偿金。这类补偿金数额比较少。

三、加拿大

（一）推定解雇的法律发展

17 世纪英国和法国加强了对加拿大的殖民扩张，并在加拿大展开了长期战争，最终英国战胜了法国，1763 年英国和法国签订了《巴黎和约》，英国完全将加拿大变成了自己的殖民地，将原属法国的殖民地——魁北克设为其中的一个省级行政区。受到英国的影响，加拿大成为以判例法为主的国家。在加拿大的 10 个省中，9 个省的法律起源于英国的判例法，属于英美法系。只有魁北克的法律起源于法国的判例法，属于大陆法系。1867 年，加拿大脱离英国的殖民统治，建立了联邦。但是此时的加拿大在法律上依旧与英国法律保持着高度的一致。加拿大的任何法律不得违反英国宪法，甚至加拿大本国的宪法还需要英国议会通过。1982 年，加拿大通过了本国的成文宪法，不再受英国宪法的约束。此时，加拿大虽然是英联邦成员国，国家形式上的元首依然是英国女王，但是政府总理具有了最高行政权力，加拿大成为法律意义上的独立国家。1982 年之后，加拿大的法律虽然不必与英国保持一致，但是历史的深远影响依旧存在。加拿大的推定解雇制度也深受英国的影响。在加拿大，推定解雇被视为一种变相解雇，是指用人单位突然地、单方面地改变工作条件，劳动者无法接受改变后的工作条件，被迫辞职。

（二）推定解雇的情形

加拿大的法官在认定推定解雇的时候，重点关注的是用人单位的单方面行为是否根本性地改变了劳动合同的必备条款，一般可分为三种情形。其一，减少劳动者的工资数额。在"费伯诉皇家信托公司"一案中，最高法院认为减少的数额应当是明显的、巨大的。如果减少工资的数额不足以对劳动者产生实质影响，就不构成推定解雇。对于数额"明显的""巨大的"的理解，没有固定标准，法官对此具有自由裁量权。其二，非经济利益的降低。工作条件的降低，包括工作环境的恶化、工作地点的不方便等，都属于非经济利益的降低。工作职务的降低、晋升途径的阻碍，也属于非经济利益的降低。其三，用人单位对劳动者具有敌意。例如，在"沙赫诉施乐加拿大有限公司"一案中，劳动者沙赫与用人单位施乐加拿大有限公司签订了长期劳动合同。在 1995 年之后，施乐加拿大有限公司对沙赫进行了工作考核评价，结果都是差评，但这两次评价都没有确凿的依据。而后，沙赫在没有任何错误的情况下，被警告了 2 次。法院据此判断，用人单位对劳动者具有敌意，劳动者被迫辞职，属于推定解雇。

（三）推定解雇的救济

加拿大的法院系统分为联邦法院系统和省法院系统，两个系统各成体系。联邦法院系统分为三级：联邦最高法院、上诉法院、审判法院。省法院系统分为两级：审理法院、上诉法院。推定解雇的救济途径主要通过省法院系统，进行 2 级审判。推定解雇的救济结果与英国推定解雇的救济结果大体相同，本书在此不再重复。

四、启示

美国、英国、加拿大都是英美法系的代表性国家或地区。美国早年是英国的殖民地，相对于加拿大，更早地获得了独立，并在两次世界大战之后逐渐超越英国，成为世界超级大国。美国的法律起源于英国，但是在推定解雇制度的立法与实践中，逐渐形成了适合本国的一套制度，尤其是在判例法上的推定解雇制度，达到了比较先进的程度。英国作为美国、加拿大曾经的宗主国，在判例法上有着悠久的历史，也一度领先于其他国家。英国虽然在推定解雇制度上起步比较晚，但也形成了比较成熟的法律制度。加拿大是受到英国判例法影响最深的国家或地区之一。在推定解雇制度上，加拿大与英国具有很大的相似性。

中国可以从以下方面对美国、英国、加拿大的推定解雇制度进行借鉴：其一，注重考虑用人单位违约的严重性。推定解雇与不当解雇，用人单位都有违法或违约的不当行为，但是推定解雇中用人单位违约必须达到严重程度，这样才会与劳动者被迫辞职形成因果关系。其二，注重立法技术，明确适用情形。英美法系国家或地区可以通过判例，对推定解雇适用情形作出明确判断。同时，英美法系国家或地区也对成文法进行了立法，来规定推定解雇制度。中国可以借鉴成文法的立法经验，也可以将优秀的判例转变为推定解雇制度的新内容。

第五章　中国解雇制度的完善建议

第一节　中国合法解雇制度的
完善建议

一、"在试用期内被证明不符合录用条件"的完善建议

（一）明确录用条件的概念

目前在学术界，对录用条件概念的解释有两种。一种是狭义解释，认为录用条件仅指招聘条件；另一种是广义解释，认为录用条件不仅包括招聘条件，还包括在试用期内的工作胜任程度。本书采用录用条件的广义解释。如果认为录用条件仅指招聘条件，那么《中华人民共和国劳动合同法》第三十九条第一项①的规定就没有太多存在的意义了。该法律条文存在的意义就是赋予用人单位对劳动者在试用期内的考察权。劳动者是否符合招聘条件，用人单位在招聘的时候是比较容易判断的。当劳动者不符合招聘条件时，用人单位就不会录用，更不会让劳动者进入试用期。在司法实践中，会出现劳动者原本不符合招聘条件，但是通过虚假手段获得工作岗位的情形。例如，劳动者伪造学历、伪造工

---

① 参见第 15 页脚注①。

作经历。用人单位在试用期内发现了劳动者的虚假行为，可以依据该法律条文行使解雇权。如果仅仅将这种情况作为适用该法律条文的情形，那么该法律条文就没有用武之地了。其中有三个方面的原因：其一，用人单位在招聘阶段，一般会对劳动者提交的资料进行核查，很少有劳动者能够蒙混过关。其二，如果用人单位在招聘阶段没有仔细核查劳动者提交的资料，导致个别劳动者蒙混过关，那么在试用期内，用人单位复查资料的可能性也很小，超过了试用期，用人单位就不能再依据该法律条文行使解雇权了。其三，即使过了试用期限，用人单位发现了劳动者在应聘时的造假行为，也可以依据《中华人民共和国劳动合同法》第二十六条第一项①，以劳动者存在欺诈为由，主张劳动合同无效，从而使劳动者离开用人单位。

可以通过立法的方式将录用条件设定为招聘条件和试用期内工作胜任程度。虽然《中华人民共和国劳动合同法》第四十条第二项②规定，用人单位可以将不能胜任工作作为行使解雇权的事由，但是这种情况不能直接解雇劳动者，还需要对不能胜任工作的劳动者进行调岗或培训，那些不服从培训命令或者调岗后依然不能胜任工作的劳动者，才可以被解雇。而《中华人民共和国劳动合同法》第三十九条第一项③规定，在试用期内劳动者不能胜任工作，用人单位可以直接解雇劳动者。因此，第四十条第二项和第三十九条第一项是不重复的，所以将录用条件设定为招聘条件和试用期内工作胜任程度，是有意义的。

---

① 《中华人民共和国劳动合同法》第二十六条第一项："以欺诈、胁迫的手段或者乘人之危，使对方在违背真实意思的情况下订立或者变更劳动合同的。"

② 参见第 15 页脚注③。

③ 参见第 15 页脚注①。

（二）弥补录用条件的合法性缺陷

录用条件的合法性缺陷主要表现在用人单位招聘时，设定的招聘条件违反了《中华人民共和国就业促进法》中的第三条[①]的规定。该法律条文规定用人单位不能因为劳动者的性别、民族、种族、信仰等不同，对他们采用不同的录用条件。用人单位也不能在劳动者的试用期内因其性别、民族、种族、信仰等，认为劳动者不符合录用条件，从而解雇劳动者。本书认为，在中国，种族问题是指中华民族和外国民族的问题。2019 年超过 95 万外国人来到中国工作，中国已成为新的国际移民目的地。中国对待外国人的友好态度，是中国传统思想中与人为善理念的体现。因此，在劳动就业问题上，不应该出现种族歧视。目前，中国在劳动就业方面存在的歧视主要是性别歧视。性别歧视的原因是女性劳动者存在体能上的劣势，还有生育的负担。本书认为，解决就业中的歧视问题，目前的立法比较完善，但需要注意的是法律实践的问题，需要劳动行政部门、劳动争议仲裁委员会、法院等对用人单位在招聘中存在的歧视行为进行判断和否定（惩戒），以全面保障女性劳动者的权益。

（三）弥补录用条件的合理性缺陷

录用条件的合理性缺陷主要表现在录用条件缺乏法律依据，但不明显违法，且存在不合理因素，如外貌歧视、酒量歧视。《中华人民共和国就业促进法》没有规定禁止将这些因素作为录用条件，也就是说，用人单位若将这些因素为劳动者的录用条件并不违法，但是本书认为将这些因素作为录用条件是不合理的。弥补录用条件的合理性缺陷，最好的方法是通过立法的方式对不合理的录用条件进行否定。本书建议，具体的立法包括三部分内容。其一，对不

---

① 参见第 67 页脚注①。

合理的录用条件进行定义，将与工作无关的要求定义为不合理录用条件。其二，对于常见的不合理录用条件，通过列举的方式进行否定。如果用人单位以这些不合理的录用条件为由解雇劳动者，将被直接认定为非法解雇。其三，对于众多的无法列举的不合理录用条件，通过兜底性条款进行概括，赋予劳动争议仲裁委员会和法院在个案中对兜底性条款进行解释的权利。当然，这种解释权必须受到不合理录用条件定义的约束。

（四）完善相关解雇程序

《中华人民共和国劳动合同法》第四十三条[①]规定了用人单位行使解雇权的一般程序。用人单位解雇劳动者需要事先将解雇事由通知工会。在司法实践中，用人单位履行解雇的一般程序，主要是在解雇非试用期劳动者的时候适用。《中华人民共和国工会法》（于 1992 年 4 月 3 日由第七届全国人民代表大会第五次会议通过。根据 2001 年 10 月 27 日第九届全国人民代表大会常务委员会第二十四次会议《关于修改〈中华人民共和国工会法〉的决定》第一次修正，根据 2009 年 8 月 27 日第十一届全国人民代表大会常务委员会第十次会议《关于修改部分法律的决定》第二次修正）第二条[②]规定，工会是劳动者自愿加入的组织；没有明确规定在试用期的劳动者是否可以加入工会。在司法实践中，在试用期的劳动者加入工会的积极性不高。如果劳动者没有加入工会，工会是否有权利维护非工会会员的合法权益，也存在争议。因此本书建议，可以从两个方面对《中华人民共和国工会法》进行修订。其一，明确规定试用期内的

---

① 参见第 44 页脚注②。

② 《中华人民共和国工会法》第二条："工会是职工自愿结合的工人阶级的群众组织。中华全国总工会及其各工会组织代表职工的利益，依法维护职工的合法权益。"

劳动者有参加工会的权利。在当下中国，基层的工会组织一般会建立在用人单位之中，用人单位内部的部门或分支机构可以建立本单位基层工会的分支工会。因此，基层工会的建立与用人单位的组织架构保持着高度一致性，为劳动者加入工会提供了便利。其二，明确规定基层工会有权维护所在用人单位中非工会会员的权益。因为当下中国基层工会的建立与用人单位的组织架构保持着高度一致性，所以即便对于非工会会员，基层工会也应当从公益或人道的角度维护其权益，这样就可以加强工会的监督作用。

二、"严重违反用人单位规章制度"的完善建议

（一）弥补审查认定的合理性缺陷

《最高人民法院关于审理劳动争议案件适用法律问题的解释（一）》第五十条[①]规定了用人单位规章制度的合法性审查认定要件。但是，中国全国性法律规范中没有关于用人单位规章制度合理性的审查认定规定。中国学者陈伟忠认为，劳动争议仲裁委员会和法院不能对用人单位规章制度的合理性进行审查认定，因为缺乏法律依据，所以也不能将用人单位规章制度的合理性作为裁定判决的依据。用人单位规章制度合理性的审查认定，应当交予用人单位的工会。中国学者谢增毅认为，劳动争议仲裁委员会和法院不但需要审查认定用人单位规章制度的合法性，还要审查认定其合理性。合理性审查认定的缺失会导致案件裁判结果的不公正。中国学者王勇认为，对用人单位规章制度进行合理性审查认定是必要的，应当从劳动者从事工作的行业特点、岗位要求等多个方面考

---

① 参见第 49 页脚注①。

量用人单位规章制度的合理性。中国学者董保华认为，劳动争议仲裁委员会和法院在对用人单位的规章制度进行审查时，对于涉及劳动者关键利益的内容，应当进行合理性审查认定。中国学者胡大武认为，用人单位自身制定的规章制度不一定是法律意义上的用人单位的规章制度，两者要想保持一致，必须确保用人单位自身制定的规章制度不但具有合法性，而且具有合理性。合法性是指具有法律依据，合理性是指符合社会公平正义。中国学者覃甫政认为，对用人单位规章制度进行合理性审查，不仅有利于保护劳动者的权益，而且有利于维护用人单位的自主经营权，是平衡劳动者和用人单位利益的一种手段，是把追求生产效率和实现社会公平相结合的一种有效措施。由此可见，劳动争议仲裁委员会和法院应当对用人单位规章制度进行合理性审查认定，已经成为学术界的主流观点。

本书认为，与用人单位相比，劳动者属于弱势群体。法律赋予用人单位制定本单位规章制度的权利，并不意味着用人单位可以为了实现自身利益而滥用权利。如果用人单位的规章制度仅仅是为了方便企业进行自主经营管理，忽视了劳动者权益的保障，则会导致原本就属于弱势群体的劳动者将处于更加不利的地位，平衡用人单位与劳动者利益的劳动立法的目的就无法实现。用人单位规章制度的制定过程，也是劳动者与用人单位利益平衡的过程，所以这个过程不但要受到合法性因素的制约，而且要受到合理性因素的制约。从用人单位的角度看，规章制度的存在意义是规范生产秩序、激发劳动者的工作积极性，从而提高生产效率，为用人单位谋求更多利益。但是，用人单位过度注重自身利益，忽视劳动者权益，会导致与目的相反的结果。劳动者的权益受到侵害，会导致其对规章制度的反感，降低其积极性，最终会影响生产效率，用人单位的利益也会受损。只有规章制度具备合理性，它的功能才能充分地发挥出来，才能帮助劳资双方构建良好的关系，也才能促进用人单位的发展。

（二）明确审查认定的主体

应赋予工会对严重性的审查权。《最高人民法院关于审理劳动争议案件适用法律问题的解释（一）》第四十七条[①]规定，用人单位以劳动者严重违反用人单位规章制度为由行使解雇权时，必须提前通知工会。《中华人民共和国劳动合同法》第四十三条[②]规定，用人单位解雇劳动者时，如果用人单位存在违法、违约行为，工会可以提出意见。这两条法律结合的结论就是，工会对"严重性"没有审查权。这是因为严重性是用人单位在规章制度中规定的，用人单位对严重性作出判断，没有违反法律规定和合同约定，工会不能对此提出意见。在司法实践中，用人单位是严重性的审查认定主体，工会没有权利对此进行审查认定，劳动者的权益非常容易受到侵害。因此本书认为，应当通过立法的方式，赋予工会对严重性的审查权。用人单位在规章制度中可以明确对严重性进行解释，但这些解释必须通过工会的审查。也就是说，用人单位可以以"严重违反用人单位规章制度"为由解雇劳动者，但是劳动者的行为是否属于严重性行为，需要工会进行审查。

应赋予劳动争议仲裁委员会和法院对严重性的认定权。《中华人民共和国

---

① 《最高人民法院关于审理劳动争议案件适用法律问题的解释（一）》第四十七条："建立了工会组织的用人单位解除劳动合同符合劳动合同法第三十九条、第四十条规定，但未按照劳动合同法第四十三条规定事先通知工会，劳动者以用人单位违法解除劳动合同为由请求用人单位支付赔偿金的，人民法院应予支持，但起诉前用人单位已经补正有关程序的除外。"

② 参见第44页脚注②。

工会法》第二十一条①规定，工会对于用人单位解雇劳动者的行为，如果认为违反了法律规定或者合同约定，可以提出意见。这就意味着，工会只有提出意见的权利，没有决定权。因此本书在上文中也认为，应当赋予工会对严重性的审查权，而不是认定权。对严重性的认定权应当属于劳动争议仲裁委员会和法院。劳动争议仲裁委员会和法院对严重性的认定分为两个方面。其一，对用人单位在规章制度中对严重性的解释进行认定。具体操作方法是，工会利用对严重性的审查权，主动发起审查或者在劳动者与用人单位的纠纷中被动发起审查，经审查，认为用人单位在规章制度中对严重性的解释不正确的，可以向用人单位提出修改意见。如果用人单位拒绝接受修改意见，那么可以向劳动争议仲裁委员会和法院提出认定申请，由劳动争议仲裁委员会和法院对严重性进行认定。其二，用人单位以严重违反其规章制度为由解雇劳动者，劳动者向劳动争议仲裁委员会和法院提出异议请求。针对该案涉及的严重性，由劳动争议仲裁委员会和法院进行认定。需要注意的是，认定的依据应当以合法性为基础，重点考量合理性。

（三）明确审查认定的标准

1.审查认定标准的原则

本书认为，审查认定标准的原则有前瞻性原则、最后性原则、综合性原则。应当在这三个原则的指导下，进行审查认定。

---

① 《中华人民共和国工会法》第二十一条："企业、事业单位处分职工，工会认为不适当的，有权提出意见。企业单方面解除职工劳动合同时，应当事先将理由通知工会，工会认为企业违反法律、法规和有关合同，要求重新研究处理时，企业应当研究工会的意见，并将处理结果书面通知工会。职工认为企业侵犯其劳动权益而申请劳动争议仲裁或者向人民法院提起诉讼的，工会应当给予支持和帮助。"

（1）前瞻性原则

审查认定标准的前瞻性原则是指，劳动者的行为虽然目前没有对用人单位造成损害，但是这种行为在将来会对用人单位产生不良影响或实质上的损害。劳动者严重违反用人单位规章制度，并不一定导致用人单位立刻受到损害。劳动者的行为破坏了用人单位正常的生产秩序，破坏了与用人单位之间的信任基础，那么将来的工作一定是无法正常进行的，用人单位可以行使解雇权。前瞻性原则注重劳动者的行为对未来的影响和未来继续工作的可能。通过前瞻性原则，可以判断劳动者违反用人单位规章制度的严重性。因此本书认为，应当将前瞻性原则作为审查认定标准的原则。在司法实践中，上海市第二中级人民法院也持有相同的观点。在"舍弗勒贸易（上海）有限公司与周某的劳动合同纠纷案"中，劳动者周某违反了用人单位的规定，与他人另行注册了业务相同的公司。法院认为，周某的行为虽然暂时没有对舍弗勒贸易（上海）有限公司造成损害，但是将来一定会出现利益冲突，双方丧失了将来继续履行劳动合同的信任基础。所以认定周某的行为严重违反了用人单位的规章制度，舍弗勒贸易（上海）有限公司行使解雇权并无不当。[①]

（2）最后性原则

审查认定标准的最后性原则是指，对于劳动者的不当行为，用人单位可以采取多种惩戒措施，但是除解雇之外，其他惩戒措施不足以惩戒劳动者，因此需要对劳动者行使解雇权。用人单位的惩戒措施有警告、责令检讨、减少或取消一定时期的奖金、留用察看等。最后性原则并不意味着用人单位对劳动者逐一采取上述措施之后，再进行解雇，而是可以直接解雇劳动者。通过最后性原则，可以判断劳动者违反用人单位规章制度的严重性。因此本书

---

① （2019）沪 02 民终 11321 号。

认为，可以将最后性原则作为审查认定标准的原则。在司法实践中，广东省广州市中级人民法院也持有相同的观点。在"安利日用品有限公司与黄某的劳动合同纠纷"一案中，法院认为黄某违反了用人单位规定，用人单位可以通过多种措施达到惩戒目的，而不需要采取解雇手段，所以认定安利日用品有限公司解雇行为违法。^①

（3）综合性原则

审查认定标准的综合性原则是指，认定劳动者违规的严重性，不能仅仅以某些固定的因素进行判断，而应当在个案之中根据不同情况进行综合判断。在个案之中，即便劳动者严重违反用人单位规章制度的行为是一样的，根据不同时间、不同人员、不同环境，也应当区别对待。例如，劳动者的不当行为严重违反用人单位的规章制度，但是该劳动者平时工作勤勤恳恳，经常受到用人单位表彰，因为近来家庭矛盾的烦恼，偶然性地实施了不当行为，事后也进行了弥补，对此不建议用人单位行使解雇权。假如用人单位行使解雇权，会带来更大的损失。因此本书认为，应当将综合性原则作为审查认定标准的原则。劳动争议仲裁委员会和法院应当衡量企业自主权与劳动权的关系，以求达到劳资双方的利益平衡。

2.审查认定标准的内容

对严重违反用人单位规章制度的行为进行审查认定，应当依据主观过错和损害结果这两个方面的标准综合考量。

（1）主观过错

主观过错包括故意和重大过失。劳动者故意违反用人单位规章制度，主观恶意较大，尤以期待造成用人单位损失的故意，主观恶意最大，其行为属于严

---

① （2018）粤01民终18538、18539号。

重性的行为。故意的判断标准不是是否造成损害结果，而是劳动者的思想意图。劳动者的思想意图需要通过客观行为进行推断。例如，故意删除生产车间的软件系统，需要多个步骤才能完成，并不是触碰一下鼠标或按键就能删除的，劳动者不可能由于操作失误而删除系统。而监控视频显示劳动者操作了所有步骤，最终删除了软件系统，那么就可以推断劳动者具有最大的主观恶意。劳动者过失违反用人单位规章制度，主观恶意较小，需要根据损害结果进行判断。如果损害结果比较严重，就是重大过失；如果损害结果比较轻微，就不是重大过失。此外，还可以通过劳动者事后的认错态度和弥补手段来判断其主观过错。

（2）损害结果

损害结果既包括直接损害结果，也包括间接损害结果；既包括物质损害结果，也包括非物质损害结果；既包括当前损害结果，也包括未来损害结果。直接损害结果是指，劳动者严重违反用人单位规章制度直接导致的损害结果，例如，损毁生产设备、未完成工作导致产量的降低。间接损害结果是指，劳动者严重违反用人单位规章制度间接导致的损害结果，例如，损毁生产设备导致盈利的减少。物质损害结果是指，劳动者严重违反用人单位规章制度，导致用人单位收入的减少或支出的增加。非物质损害结果是指，劳动者严重违反用人单位规章制度，导致生产秩序的混乱、企业信誉的降低等。当前损害结果是指，劳动者严重违反用人单位规章制度立刻产生的不利后果。未来损害结果是指，劳动者严重违反用人单位规章制度未来产生的、可以预测的不利后果。损害结果是审查认定标准的重要内容，需要结合劳动者的主观过错，综合判断劳动者是否严重违反用人单位规章制度。

（四）明确规章制度产生和公示的程序

《中华人民共和国劳动合同法》第四条①规定了规章制度产生和公示的程序。在制定和修改的规章制度中涉及劳动者切身利益的部分（如休息休假、教育培训、劳动安全卫生、保险福利等），需要经过职工代表大会或者全体职工讨论，平等协商来确定。本书认为，应当明确平等协商的后续措施，即如果协商不成，无法达成一致意见，如何处理。本书建议，劳动行政部门对此应当具有最后决定权。协商不成时，由工会或者职工代表向当地劳动行政部门提起裁决申请，劳动行政部门依据合法性与合理性进行综合判断，作出裁决。只有对协商不成的事项规定救济程序，才可以切实保障劳动者的建议权。此外，应当明确规章制度公示程序的具体步骤。本书建议，在规章制度制定完成 3 日内，需要在用人单位官方网站、工会办公场所进行永久公示，同时在用人单位重要场所或者公告栏进行为期 30 日的公示，以确保劳动者有充分的时间、充分的条件了解规章制度的内容。对于新入职员工，在岗前培训阶段，需要专门介绍规章制度，以确保每一名劳动者的知情权。

三、"被依法追究刑事责任"的完善建议

（一）与宪法不一致的解决方案

《中华人民共和国宪法》第四十二条②规定了公民有劳动的权利和义务。宪法是中国的根本大法，其他法律不能与宪法相抵触。如果其他法律与宪法相

---

① 参见第 72 页脚注①。

② 参见第 73 页脚注②。

抵触，则需要修改，以保证与宪法的一致性。劳动者被依法追究刑事责任的，用人单位可以行使解雇权，因为被依法追究刑事责任意味着劳动者丧失劳动权利。劳动法上的劳动者的劳动权利丧失与宪法上的公民有劳动的权利形成了冲突。解决这个冲突，需要重点研究刑事责任的人身自由度问题，以确保劳动法与宪法的一致性。劳动部颁布的《关于〈中华人民共和国劳动法〉若干条文的说明》第二十五条第三项[①]，将"被依法追究刑事责任"分为三类：主刑、附加刑、免于刑事处分。本书认为，可以将"被依法追究刑事责任"分为两类：限制人身自由的刑罚和不限制人身自由的刑罚。劳动者能够为用人单位工作，最基本的条件就是劳动者具有人身自由。这种人身自由是现代法律意义上的人身自由，是劳动者能够自由决定从事劳动的行业、地点、雇主，不是政治意义和心理意义上的人身自由。

　　本书认为，政治意义上的人身自由是指，劳动者由于社会、经济、阶级等原因导致的人身束缚被解除。在奴隶社会，奴隶主对奴隶具有绝对的人身控制权，奴隶没有人身自由，此时对劳动权与解雇权的问题就无从谈起。例如，本书第四章论述的美国南北战争前的南方诸州种植园经济就是这种情况，黑人奴隶没有人身自由，更谈不上劳动权与解雇权。而资本主义经济需要自由劳动者，因此解放黑人奴隶就成为南北战争的焦点问题。虽然劳动者在封建社会具有了一定程度的人身自由，但是封建社会是农业社会，劳动者被紧紧地束缚在土地上，成为地主的佃户，只能从事农业劳动，只能自由选择为哪一个地主服务，这不是本书所谓的现代法律意义上的人身自由。例如英国的圈地运动，新型的资产阶级和新贵族通过暴力的方式，将农民从土地上赶走，使农民不再受到土地的束缚，自由到了一无所有的程度，只能选择进入资产阶级的工厂进行劳动。

---

① 参见第 50 页脚注②。

英国圈地运动之前的农民虽然相比奴隶社会的奴隶更加自由，但不是本书所谓的现代法律意义上的人身自由。英国圈地运动之后，农民进入资产阶级的工厂成为工人，才实现了本书所谓的现代法律意义上的人身自由。

本书认为，心理意义上的人身自由是指，劳动者从事劳动的深层次心理实现了完全自由。从心理意义上看，劳动者完全自由地、没有任何压力地、自愿地、乐意地从事劳动，是完全的人身自由。如果劳动者在心理上不是自愿地、乐意地从事劳动，而是被生活所迫，为了谋生、为了养家糊口，只能进行劳动，那么这是心理意义上的不自由。

本书认为，现实生活中，很少有人将工作作为一种乐趣和享受，从而自愿地、乐意地从事劳动，绝大部分劳动者依然将工作当作谋生手段。因此本书认为，劳动者的人身自由是现代法律意义上的人身自由，不是政治意义和心理意义上的人身自由。

在此定义的基础上，讨论宪法、刑法、劳动法上的人身自由才有意义。限制人身自由的刑罚有：拘役、有期徒刑、无期徒刑、死刑。不限制人身自由的刑罚有：管制、罚金、剥夺政治权利、没收财产、免予刑事处分。本书建议，可以通过立法的方式将被依法追究刑事责任解释为限制人身自由的刑罚。劳动者被判处拘役、有期徒刑、无期徒刑的时候，用人单位可以行使解雇权。《中华人民共和国刑法》第四十八条①规定，死刑分为死刑立即执行和死刑缓期二年执行。劳动者被判处死刑立即执行，劳动者死亡，导致劳动合同终止的，没

---

① 《中华人民共和国刑法》第四十八条："死刑只适用于罪行极其严重的犯罪分子。对于应当判处死刑的犯罪分子，如果不是必须立即执行的，可以判处死刑同时宣告缓期二年执行。死刑除依法由最高人民法院判决的以外，都应当报请最高人民法院核准。死刑缓期执行的，可以由高级人民法院判决或者核准。"

有必要赋予用人单位解雇权。劳动者被判处死刑缓期二年执行的，会被收监（关在监狱），在二年的缓刑期内，如果没有新的犯罪行为，则减为无期徒刑。此种情况，劳动者失去了人身自由，用人单位可以行使解雇权。劳动者在被判处管制、罚金、剥夺政治权利、没收财产、免予刑事处分的时候，可以视犯罪的主观因素赋予用人单位解雇权。

（二）与刑法不一致的解决方案

《中华人民共和国刑法》《中华人民共和国劳动法》和《中华人民共和国劳动合同法》都是由全国人民代表大会制定，由其常务委员会通过的，法律位阶是一样的，具有同等的法律效力。因此，这些法律之间如果出现了冲突，不存在下位法服从上位法的问题，其中任何法律都没有修改以符合其他法律的必要。但是一个国家为了保证整个法律体系的严肃性和可操作性，需要解决各部法律之间的冲突。《中华人民共和国刑法》的立法目的之一是预防犯罪、打击犯罪、惩罚犯罪者，尤其是对罪犯的改造，通过教育与惩戒相结合，将罪犯改造成对社会有用的人。《中华人民共和国劳动法》的立法目的之一是促进劳动者就业、保障劳动者权益。两部法律的立法目的具有一定的相似性，为解决两者之间的冲突提供了基础和可能。

刑法中的犯罪行为必须具备主观因素，犯罪的主观因素分为故意和过失。一般而言，故意犯罪比过失犯罪处罚更重；直接故意犯罪比间接故意犯罪处罚更重。故意犯罪与过失犯罪在主观恶性上具有明显的不同。例如，行为人为了发泄对电信部门的不满，故意破坏公用电信设施，造成严重后果的，应当被认定为故意破坏公用电信设施罪。行为人由于建房的需要，不顾公用电信设施的警示标志，自信不会触碰到地下通信光缆，进行挖掘，结果破坏了地下通信光缆，造成严重后果的，应当被认定为过失破坏公用电信设施罪。在此类刑事案件的审判中，法官会考虑犯罪的主观恶性来进行量刑，作出不同的判决。假如在某案件中，行为人故意破坏公用电信设施，被判处 10 年有期徒刑；行为人过失破坏公用电信设施，被判处 3 年有期徒刑。两者在刑事判决结果上有很大区别，但是两者在劳动法中的"被依法追究刑事责任"上，没有区别。实际上，即便是同样的故意犯罪，也有恶劣程度的不同。例如，在面对不法侵害的时候，出于防卫的必要，对加害者实施正当防卫，但却防卫过当导致加害者死亡的，其实施者应当被认定为故意杀人罪。但是，这种故意杀人与有预谋的故意杀人相比，虽然都具有主观故意，但是两者的主观恶劣程度是不同的。假如在某案件中，行为人正当防卫导致的故意杀人，被判处 5 年有期徒刑；而在另一案件中，行为人预谋杀人导致的故意杀人，被判处 15 年有期徒刑。两者在刑事判决结果上有很大区别，但是在劳动法中的"被依法追究刑事责任"上没有区别。所以，以被依法追究刑事责任为由解雇劳动者，不考虑犯罪的主观因素，是不合理的。

本书认为，以被依法追究刑事责任为由解雇劳动者，应当考虑犯罪的主观因素，这是在刑法立法目的与劳动法立法目的具有相似性的基础上，相互支撑、相互印证的有效方法。本书建议，以刑法规定的"从轻""减轻""免除处罚"为标准，判断犯罪主观的恶意程度。刑法中规定"从轻""减轻""免除处罚"的适用情形可以分为四类。其一，与犯罪主观因素有关的情形。例如，《中华人民共和国刑法》第二十条①规定的正当防卫，第二十一条②规定的紧急避险，第二十四条③规定的犯罪中止。其二，与年龄有关的情形。例如，《中华人民共

---

① 参见第 75 页脚注②。

② 参见第 75 页脚注③。

③ 《中华人民共和国刑法》第二十四条："在犯罪过程中，自动放弃犯罪或者自动有

和国刑法》第十七条①规定的未成年人犯罪，第十七条附加一条②规定的老年人犯罪。其三，与生理有关的情形。例如，《中华人民共和国刑法》第十八条③规定的未完全丧失辨认或者控制自己行为能力的精神病人犯罪，第十九条④规定的又聋又哑的人或盲人犯罪。其四，与犯罪程度或后果有关的情形。例如，《中

效地防止犯罪结果发生的，是犯罪中止。对于中止犯，没有造成损害的，应当免除处罚；造成损害的，应当减轻处罚。"

① 《中华人民共和国刑法》第十七条："已满十六周岁的人犯罪，应当负刑事责任。已满十四周岁不满十六周岁的人，犯故意杀人、故意伤害致人重伤或者死亡、强奸、抢劫、贩卖毒品、放火、爆炸、投放危险物质罪的，应当负刑事责任。已满十二周岁不满十四周岁的人，犯故意杀人、故意伤害罪，致人死亡或者以特别残忍手段致人重伤造成严重残疾，情节恶劣，经最高人民检察院核准追诉的，应当负刑事责任。对依照前三款规定追究刑事责任的不满十八周岁的人，应当从轻或者减轻处罚。因不满十六周岁不予刑事处罚的，责令其父母或者其他监护人加以管教；在必要的时候，依法进行专门矫治教育。"

② 《中华人民共和国刑法》第十七条之一："已满七十五周岁的人故意犯罪的，可以从轻或者减轻处罚；过失犯罪的，应当从轻或者减轻处罚。"

③ 《中华人民共和国刑法》第十八条："精神病人在不能辨认或者不能控制自己行为的时候造成危害结果，经法定程序鉴定确认的，不负刑事责任，但是应当责令他的家属或者监护人严加看管和医疗；在必要的时候，由政府强制医疗。间歇性的精神病人在精神正常的时候犯罪，应当负刑事责任。尚未完全丧失辨认或者控制自己行为能力的精神病人犯罪的，应当负刑事责任，但是可以从轻或者减轻处罚。醉酒的人犯罪，应当负刑事责任。"

④ 《中华人民共和国刑法》第十九条："又聋又哑的人或者盲人犯罪，可以从轻、减轻或者免除处罚。"

华人民共和国刑法》第二十三条①规定的犯罪未遂，第六十八条②规定的立功。符合上述四类情形中的第一类情形，可以认定犯罪主观的恶意程度较轻。对犯罪主观的恶意程度较轻，且被判处不限制人身自由刑罚的劳动者，用人单位不能行使解雇权。对犯罪主观的恶意程度较重的劳动者，无论是被判处不限制人身自由刑罚的，还是被判处限制人身自由刑罚的，用人单位都可以行使解雇权。

（三）与社会稳定相冲突的解决方案

本书认为，在被依法追究刑事责任的基础上，又被用人单位解雇，劳动者将遭受双重打击。如果劳动者的犯罪行为与工作有关，那么用人单位解雇劳动者属于事出有因，劳动者即便被解雇，心理上的抵触情绪和抱怨心态也会少一些。如果劳动者的犯罪行为与工作无关，用人单位作为一个无关的第三方行使解雇权，就有了落井下石的嫌疑，那么劳动者心理上更容易产生抵触情绪和抱怨心态。劳动者的抵触情绪和抱怨心态容易导致其仇视社会、报复社会，对社会稳定极为不利。

因此本书建议，将被依法追究刑事责任与工作关联起来考量解雇权的行使。两者关联包括三种情况：其一，侵害对象是用人单位或者用人单位其他劳动者。需要注意的是，无论劳动者是否在履行职务，只要犯罪行为侵害到了用人单位或者用人单位其他劳动者的权益，就应视为与工作具有关联性。例如，劳动者下班回家后，深夜返回用人单位故意破坏生产设施。这种情况与劳动者

---

① 《中华人民共和国刑法》第二十三条："已经着手实行犯罪，由于犯罪分子意志以外的原因而未得逞的，是犯罪未遂。对于未遂犯，可以比照既遂犯从轻或者减轻处罚。"

② 《中华人民共和国刑法》第六十八条："犯罪分子有揭发他人犯罪行为，查证属实的，或者提供重要线索，从而得以侦破其他案件等立功表现的，可以从轻或者减轻处罚；有重大立功表现的，可以减轻或者免除处罚。"

履行职务没有关系,但是对用人单位造成了侵害,应当认定与工作具有关联性。再例如,劳动者对本单位的女职工性骚扰,无论发生的时间、地点,都应当认定与工作具有关联性。其二,侵害地点是用人单位的场所。劳动者在用人单位的场所实施犯罪行为,无论是否侵害了用人单位或用人单位其他劳动者的权益,都应视为与工作具有关联性。例如,劳动者邀请贩毒集团来用人单位进行毒品交易,虽然没有直接侵害用人单位或用人单位其他劳动者的权益,但是也应当认定与工作具有关联性。其三,侵害时间是劳动者履行职务工作的时间。劳动者在履行职务的时候进行犯罪,无论犯罪地点和侵害对象如何,都应视为与工作具有关联性。例如,劳动者被派到外地出差,在外地与客户谈判时,将负责清洁工作的第三方员工打伤。这虽然没有直接侵害用人单位或用人单位其他劳动者的权益,甚至没有侵害用人单位客户的利益,但是也应当认定与工作具有关联性。

上述三种情况满足其一,即构成被依法追究刑事责任与工作的关联状态。如果被依法追究刑事责任与工作具有关联性,那么用人单位可以以被依法追究刑事责任为由解雇劳动者。如果被依法追究刑事责任与工作没有关联性,那么用人单位就不能以被依法追究刑事责任为由解雇劳动者。本书认为,这样的立法建议可以化解犯罪行为人的抵触情绪和抱怨心态,对于社会稳定将起到积极作用。

四、"不能胜任工作"的完善建议

(一)扩大认定主体范围

用人单位作为不能胜任工作的唯一认定主体,容易导致解雇权滥用,不利于全面保障劳动者的权益。本书建议通过立法的方式，将不能胜任工作的认定主体范围扩大到三个部分：工会、劳动者评定委员会、专家评定委员会。

1.工会

根据《中华人民共和国劳动合同法》第四十三条①的规定，用人单位在行使解雇权的时候，工会具有监督作用。用人单位行使解雇权，应当事先将理由通知工会，工会在发现用人单位有违法或违约行为时，具有纠正建议权。但是有的法院并不认为工会的意见具有独立证明效力，需要结合其他证据评价用人单位的解雇行为。②目前，当用人单位以不能胜任工作为由解雇劳动者时，工会只是起到了事后建议的作用。本书认为，工会应当由事后建议变为全程监督。工会对不能胜任工作的认定，是全程监督的重要环节，分为事前、事中、事后三个环节。其一，事前环节。工会参与员工考核评定制度的制定。对劳动者是否属于不能胜任工作行为的认定，用人单位的员工考核评定制度至关重要。工会参与该制度的制定，可以使该制度更加合理，更加反映劳动者的利益追求。其二，事中环节。在用人单位对劳动者进行考核评定的时候，工会可以对考核评定结果提出意见，可以对劳动者是否能胜任工作进行认定。其三，事后环节。用人单位将劳动者认定为不能胜任工作，并以此为由行使解雇权的时候，工会有权对不能胜任工作的认定提出异议，并重新进行认定。

2.劳动者评定委员会

虽然工会也是由劳动者组成的，但是本书建议的劳动者评定委员会，是由与被解雇者从事相同工作的劳动者组成的评定主体。相比于工会成员，劳动者评定委员会的成员从事着与被解雇者相同的工作，对工作任务、工作性质、工

---

① 参见第 44 页脚注②。

② （2017）粤 0183 民初 4520 号民事判决书、（2017）粤 13 民终 2886 号民事判决书。

作困难、工作业绩更有发言权。但是，从事与被解雇者相同工作的劳动者，由于工作原因，会与被解雇者存在密切的关系，这可能导致判断的主观性。一方面，从事与被解雇者相同工作的劳动者，与被解雇者存在工作竞争关系，可能会出现打击竞争对手的情况。另一方面，从事与被解雇者相同工作的劳动者与被解雇者之间是同事关系，容易出现包庇同事。但是这些问题都可以通过制度进行约束。本书建议，从劳动者评定委员会的设立和运行两方面制定制度。其一，劳动者评定委员会的设立。在用人单位规模足够大、劳动者人数足够多的情况下，可以从不同部门或者不同分公司选取与被解雇者从事相同工作的劳动者，使他们成为劳动者评定委员会成员。这些成员与被解雇者没有密切关系，能够做到公正认定。在用人单位规模比较小、劳动者人数比较少的情况下，可以从被解雇者的工作部门选取与被解雇者从事相同工作的劳动者了解情况。为了坚持回避原则，与被解雇者有利害关系的劳动者将被排除在外。这里的利害关系是指，因为被解雇者的离开，直接从中获利或受损的因果关系。其二，劳动者评定委员会的运行。劳动者评定委员会对不能胜任工作的情况进行全面审查，各成员对该问题进行公开讨论，而后通过不记名投票的方式，以多数表决的意见作为对不能胜任工作情况的认定结果。

3.专家评定委员会

无论是用人单位还是工会，或是劳动者评定委员会，都是与劳动争议有关的主体，各自站在自身利益的角度考虑问题。如果有一个第三方主体，不站在任何一方的角度，而只从专业角度考虑问题，那么就能更好地解决不能胜任工作引起的劳动纠纷。此外，当今社会的一些工作具有很强的科技性、技能性，选取这方面的专家对不能胜任工作的情况进行认定，更具有可信度。因此，本书建议，在一些专业性比较强的领域，设置专家评定委员会来对不能胜任工作的情况进行认定。需要注意的是，为了保证专家评定委员的中立地位，应当由各行业协会或者各行业联合会负责设置专家评定委员会，以避免来自用人单位和劳动者的干扰。专家评定委员会成员的选取，应当排除用人单位高级管理人员和所有者。即便用人单位高级管理人员和所有者是某专业领域的专家，也不能入选专家评定委员会。在司法实践中，已经有法院采用专家评定委员会作为不能胜任工作的认定主体。

（二）明确认定标准

不能胜任工作的认定标准，主要通过用人单位的员工考核评定制度来体现。用人单位应当制定员工考核评定制度，以避免不能胜任工作认定的随意性。制定员工考核评定制度，应当依据用人单位规章制度的制定程序进行。本章第一节第二部分，对用人单位规章制度的制定程序做了改进方案的论述，此处不再重复。此处重点讨论员工考核评定制度的内容，以明确不能胜任工作的认定标准。

1.考核评定周期的设定

用人单位对劳动者考核评定的周期，根据不同行业的性质有所不同。周期的时长有"每周考核""每月考核""每季度考核""每半年考核""每年考核"。无论采用哪种考核周期，都应具有合理性。本书认为，每周考核、每月考核、每季度考核属于周期较短的考核，此类考核即便考核结果较差，用人单位也不能将其等同于不能胜任工作。这是因为，在短期内劳动者的工作能力是无法完全展现出来的，周期较短的考核结果易受不确定性因素的影响，具有很大的偶然性。每半年考核、每年考核属于周期较长的考核，此类考核需要根据考核结果的等级来确定劳动者是否能胜任工作。无论是关键绩效指标（KPI）考核体系还是平衡计分卡（BSC）考核体系，常见的考核结果均分为四分法和五分法。四分法的结果有：优秀（A）、合格（B）、基本合格（C）、不合格

（D）。五分法的结果有：优秀（A）、良好（B）、合格（C）、待改进（D）、不合格（E）。本书建议，在用人单位采用周期较长的考核，且使用四分法考核结果的情况下，劳动者被认定为不合格（D），可以视为不能胜任工作。在用人单位采用周期较长的考核，且使用五分法考核结果的情况下，劳动者被连续2次认定为待改进（D），或者1次不合格（E），可以视为不能胜任工作。科学高效的考核可以促进用人单位的发展，对于考核结果较差的劳动者，应当给予一定的处罚。

2.考核评定指标的设定

考核评定指标的设定应当与劳动合同中规定的劳动者的工作任务相一致。不同岗位的工作采取不同的指标，考核指标要明确、量化。例如，生产部门的考核指标可以用产品的产量和质量确定。营销部门的考核指标可以用销售的数量和客户满意度来确定。有一些工作岗位的考核指标比较复杂，但也要做到明确、量化。例如，行政管理部门的考核可以用服务对象满意度来确定。需要注意的是，考核指标要提前明确，不能因为个案进行临时调整，否则就有不当解雇或者推定解雇的嫌疑。例如，对某一名劳动者进行考核的时候，突然改变考核指标，使其考核不合格，从而解雇或者迫使劳动者辞职。此外，还应当将劳动者的学习能力、职业道德素养等列入考核指标之中。

3.考核评定申诉的设定

考核结果要及时通知劳动者，并经过劳动者签字确认。劳动者对考核结果有异议，可以通过考核评定申诉程序进行质疑。用人单位应当在考核评定制度中设立申诉程序，避免在考核过程中出现不当行为。本书认为，申诉程序应当分为两个步骤。其一，有异议的劳动者向负责考核的部门提出申诉。申诉请求包括查阅考核资料、更改考核结果、重新组织考核等。如果负责考核的部门接受了申诉请求，达到了劳动者的申诉要求，则申诉程序结束。其二，如果负责考核的部门驳回了申诉请求，或者处理的结果没有达到劳动者的要求，则劳动者可以向工会提出申诉请求。工会对申诉进行审查，认为申诉合理，则由工会代表劳动者向用人单位提出意见。工会认为申诉不合理，则驳回申诉。需要注意的是，当工会驳回申诉或者用人单位未采纳工会意见时，劳动者不能仅就考核事项申请劳动争议仲裁委员会仲裁，也不能向法院起诉。这是因为考核评定本身属于用人单位内部管理事务。如果用人单位以考核结果认定劳动者不能胜任工作，进而行使解雇权，那么劳动者可以就解雇事项申请劳动争议仲裁委员会仲裁，对仲裁结果不服的可以向法院起诉。如果劳动者对考核结果无异议并签字，则表明劳动者实现了知情权。如果劳动者对考核结果无异议，但是不签字，在相关人员见证下，用人单位可以将未签字的考核通知书标注"无异议，拒签"，视为劳动者实现了知情权。

（三）规范后续措施

用人单位在认定劳动者不能胜任工作后，不能直接解雇劳动者，而是要对劳动者进行培训或者调岗。培训和调岗是劳动者被认定为不能胜任工作的后续措施。但是，法律没有详细规定培训或者调岗的内容。本书建议，通过立法的方式规范培训和调岗这两项选择性后续措施。

1.培训

使劳动者重新返回原来的工作岗位，是确立培训制度的初衷。本书认为，立法应明确两方面内容：培训计划和培训费用。其一，培训计划。不同工作岗位有不同的培训计划，法律对此没有办法作出详细规定。但是，对培训内容和时间，可以作出指导性规定。本书认为，培训内容必须是以提高劳动者工作能力为目的的。一般性的职业道德教育、企业文化教育、团队精神锻炼，不能成为培训内容。培训目的不是提高劳动者整体素质，而是提高劳动技能，因此不能将有限的培训时间浪费在与劳动技能无关的方面。其二，培训费用。中国的全国性法律没有规定由谁来承担培训费用。广东省汕头市的《汕头经济特区职工权益保障条例》第二十四条①规定，用人单位承担培训费用。但是，本书建议，可以通过立法明确培训费用由劳动者承担。如果用人单位承担培训费用，从表面上看，是对劳动者权益的维护，减轻了劳动者的负担。但是，从实质上看，却损害了劳动者的权益。这是因为，如果由用人单位承担费用，基于用人单位节约成本、追求利益最大化的本质，用人单位不会将大量费用投入到对不能胜任工作的劳动者的培训之中，低质量的培训无法使劳动者快速提升劳动技能，劳动者最终依然无法胜任工作，会面临被解雇的风险。因此，由劳动者支付培训费用更能保证培训质量。

2.调岗

对于劳动者而言，调岗相比培训更加不利。这是因为，经过培训合格后，劳动者回到原来的工作岗位，工资待遇不变，而调岗则很有可能伴随着降薪。在实际生活中，没有用人单位会把不能胜任工作的劳动者调岗到工资待遇更高的岗位，劳动者必须接受调岗降薪的现实。但这并不意味着用人单位调岗的权利不受限制。本书认为，调岗应遵循逐级下调和相邻下调的原则。逐级下调是指，将劳动者调岗到工资待遇低一级别的岗位。例如，将一名分公司经理直接调岗到一线业务员，两者的工资待遇差距太大，而且两者之间还存在多个级别的岗位，这种调岗显然是不合理的。相邻下调是指，将劳动者调岗到与原岗位

---

① 《汕头经济特区职工权益保障条例》第二十四条："用人单位应当根据本单位的实际，有计划地对本单位的职工和准备录用的人员实施职业教育和职业培训，并相应给予经费支持。用人单位未对职工进行职业培训，不得以职工不能胜任工作为由解除劳动关系。职工拒不参加职业培训的除外。用人单位应当组织和支持职工参加科学文化和专业知识学习，以及职业技能鉴定或者技术职称评定。"

工作性质相似的岗位。例如，将一名总工程师调岗到清洁工岗位，两者工作性质差距太大，而且总工程师相近的岗位还有其他工程师岗位，这种调岗显然是不合理的。

五、"客观情况发生重大变化"的完善建议

（一）明确认定标准

对客观情况发生重大变化的认定，本质上是用人单位的自主经营权和劳动者的劳动权之间的博弈。明确认定标准，就是寻求用人单位的自主经营权和劳动者的劳动权之间的平衡点。本书认为，客观情况发生重大变化的认定标准应分为两部分：基本性的认定标准和排除性的认定标准。

1.明确基本性的认定标准

本书认为，基本性的认定标准包括四个部分：时间标准、事件标准、性质标准、程度标准。只有上述四个基本性的认定标准同时存在，才可以认定客观情况发生了重大变化。

其一，时间标准。客观情况发生重大变化的时间是从劳动合同签订之日至劳动合同终止之日（劳动合同履行期限内）。如果在劳动合同签订之前，客观情况已经开始发生，但还没有达到重大变化的程度，在劳动合同履行期限内，客观情况达到重大变化的程度，应当认定为劳动合同履行期限内客观情况发生了重大变化。中国学者杨芳认为，劳动合同签订之前，客观情况发生重大变化不存在，也没有开始发生，但是用人单位或劳动者已经意识到客观情况发生重大变化的可能性，却依然签订劳动合同，就应当承担不利后果。本书认为，客观情况发生重大变化必须是客观发生的，而不是主观推测的，并且在司法实践

中，也无法证明用人单位或劳动者对客观情况发生重大变化具有预测能力。

其二，事件标准。客观情况是指用人单位和劳动者签订劳动合同所依托的利益和背景，包括政治背景、政策背景、经济背景、法律背景、科技背景等。例如，劳动者与用人单位签订的劳动合同约定劳动者的工作任务是，负责研发农村家用燃煤锅炉的节能设备。之后，国家发布了有序取消农村家用燃煤锅炉、全面推广燃油锅炉的新政策。国家政策的变化，导致劳动者的工作失去了所依托的利益和背景，这种情况就是客观情况发生了重大变化。

其三，性质标准。客观情况发生重大变化的性质是客观的和被动的。客观情况发生重大变化的客观性是指，该情况是现实发生的，而不是可能发生的。该情况是客观存在的，而不是主观臆断的。例如，用人单位不能主观认为客观情况可能发生重大变化，并以此为由解雇劳动者。即便用人单位主观认为客观情况可能发生重大变化被证实，也只能在客观情况发生重大变化之后行使解雇权。客观情况发生重大变化的被动性是指，用人单位不是为了达到解雇劳动者的目的，主动地促使该情况的发生，而是被动地面对客观情况发生重大变化。即便用人单位主动促使客观情况的发生，也是为了调整产业结构、适应市场需求、提高生产效率做出的举动，而不是为了解雇劳动者做出的举动。如果仅仅是为了解雇劳动者，用人单位促使客观情况发生重大变化，那么可能导致不当解雇。

其四，程度标准。达到劳动合同无法继续履行的程度，如果继续履行合同，会给用人单位造成巨大的损失，这种损失大于解雇劳动者的损失，也大于劳动者因被解雇而遭受的损失。

2.明确排除性的认定标准

在司法实践中，由于案件的复杂和社会的复杂，仅仅依靠基本性认定标准是无法准确对客观情况发生的重大变化进行认定的，甚至会发生与其他认定标准相混淆的现象。这就需要排除性的认定标准。本书认为，排除性的认定标准包括两类：排除经济裁员的认定标准和排除列举式的认定标准。

其一，排除经济裁员的认定标准。客观情况发生重大变化和经济裁员的适用情形非常相似，甚至还有重叠。例如《中华人民共和国劳动合同法》第四十一条第一部分（款）第四项^①规定，用人单位在客观经济情况发生重大变化的时候，可以进行经济裁员。对于既符合客观情况发生重大变化认定标准的情形，又符合经济裁员认定标准的情形，应当认定为经济裁员。这是因为经济裁员中的劳动者权益，相比客观情况发生重大变化的合法解雇中的劳动者权益更多，对劳动者更有利。劳动者与用人单位处于不平等的地位，劳动法的立法目的之一就是保护劳动者的合法权益，因此应当选择对劳动者更有利的认定标准，即选择经济裁员的认定标准。需要注意的是，经济裁员有人数上的要求。如果客观经济情况发生重大变化导致的是个别劳动者被解雇，没有出现一次性大规模的解雇事件，那么就不能选择经济裁员的认定标准，只能选择客观情况发生重大变化的认定标准，从合法解雇的角度保护劳动者的权益。

其二，排除列举式的认定标准。《关于〈中华人民共和国劳动法〉若干条文的说明》，其中第二十六条第三项^②，对客观情况发生重大变化进行了解释，并列举了企业迁移、被兼并，企业资产转移等情况。由此导致了中国各地法院对企业迁移、被兼并，企业资产转移，市场衰退，经济困难等情况在理解上的巨大差异。^③本书认为，不能将企业迁移、被兼并，企业资产转移，市场衰退，

---

① 参见第 18 页脚注②。

② 参见第 57 页脚注①。

③ （2016）苏 02 民终 4566 号一审；（2016）沪 01 民终 10974 号一审；（2016）苏 01 民终 5538 号一审；（2016）吉 01 民终 2740 号一审；（2016）粤 01 民终 17682 号一审；

经济困难等情况简单地划为客观经济情况发生重大变化的肯定情形或否定情形。这是因为企业迁移、被兼并，企业资产转移，市场衰退，经济困难等情况在具体的案件中差异巨大。有的企业迁移、被兼并，企业资产转移，市场衰退，经济困难，对企业而言是非常大的变化，企业无力承担这些变化造成的压力，势必会导致解雇劳动者。[①]有的企业迁移、被兼并，企业资产转移，市场衰退，经济困难，对企业而言并不是很严重的变化，企业可以承担这些变化造成的压力，不需要解雇劳动者。[②]本书建议排除上述列举的事项，如果在司法实践中发生了上述列举的事项，依据前文论述的基本认定标准进行判断即可。此外，现实情况具有复杂、多变的特点，难以通过列举的方式规范客观情况发生的重大变化。

（二）完善协商变更制度

根据《中华人民共和国劳动合同法》第四十条第三项[③]的规定，协商变更程序成为用人单位以客观情况发生重大变化为由进行解雇的前置程序。这是立法者根据社会经济状况、工会运行状况、劳资关系状况，在充分考虑用人单位与劳动者双方利益的基础上作出的合理设计，只是这种设计过于笼统。因此本

（2016）京 03 民终 12322 号二审；（2016）苏 05 民终 5885 号二审；（2016）津 02 民终 4669 号一审；（2016）苏 05 民终 8333 号一审；（2016）京 03 民终 13254 号一审二审；（2016）辽 02 民终 5567 号一审；（2016）辽 01 民终 12592 号一审。

① （2016）粤 01 民终 17682 号一审；（2016）吉 01 民终 2740 号二审；（2016）京 03 民终 12322 号二审。

② （2016）苏 02 民终 4566 号一审；（2016）沪 01 民终 10974 号一审；（2016）苏 01 民终 5538 号一审；（2016）沪 01 民终 10974 号二审；（2016）吉 01 民终 2740 号一审。

③ 参见第 15 页脚注③。

书认为，协商变更制度应从两个方面进行完善：明确实质审查调岗的合理性和明确协商变更的程序。

1.明确实质审查调岗的合理性

在客观情况发生重大变化之后，用人单位与劳动者进行协商，协商的结果就是对劳动者进行调岗，并就调岗事项变更原来的劳动合同。劳动关系是基于契约的一种管理关系，用人单位对劳动者有权进行工作方面的管理。用人单位的这种管理权也是自主经营权的体现。用人单位可以在合法的情况下，对劳动者的工作内容、工作地点、工作岗位、工资报酬等作出调整。这里的关键问题就是调岗是否合理。不合理的调岗使劳动者无法接受而被用人单位解雇，可能成为不当解雇；不合理的调岗使劳动者无法接受而辞职，可能成为推定解雇。

本书认为，合理的调岗表现在三个方面：内部因素、对等因素、大众因素。其一，内部因素是指用人单位只能在本单位内部对劳动者进行调岗，不能将劳动者调岗到其他用人单位。本单位内部的调岗可以发生在不同部门之间、不同驻地之间。对于分公司、子公司之间的调岗是否合理，本书认为，要依据法人资格和劳动合同的主体来判断。例如，中国工商银行是一个独立的法人，总部设在北京，在全国各地设有银行分行、银行支行、银行分理处、银行营业所、银行储蓄所。单独领取营业执照的银行分行、银行支行、银行分理处、银行营业所、银行储蓄所，虽然不是独立法人，但是根据《中华人民共和国民事诉讼法》第四十八条①的规定，可以成为诉讼主体。如果与劳动者签订劳动合同的主体是中国工商银行（总行），那么劳动者可以被调岗到任意的分支机构。如果与劳动者签订劳动合同的主体是中国工商银行（河北省分行），那么劳

---

① 《中华人民共和国民事诉讼法》第四十八条："公民、法人和其他组织可以作为民事诉讼的当事人。法人由其法定代表人进行诉讼。其他组织由其主要负责人进行诉讼。"

动者可以被调岗到河北省内的其他分支机构。其二，对等因素是指调岗后的岗位与原来的岗位是对等的或者相似的。本书在本章第一节对此进行了论述，此处不再重复。其三，大众因素是指劳动者对新岗位的承受度是依据大众承受度来判断的。例如，将劳动者调岗到另一城市的分公司，因为路途遥远，大部分人是无法接受的，这就是不合理的。因此，用人单位调岗的权利应当受到上述因素的限制。

2.明确协商变更的程序

明确协商变更的程序，既是对协商过程的保障，也是对协商内容的证据固定。本书认为，应当从三个方面明确协商变更的程序：事由的通知、意见的征求、结果的公布。其一，事由的通知。用人单位在与劳动者协商调岗之前，需要将客观情况发生重大变化的事实以书面的方式通知劳动者，并要求劳动者签字确认，以证明用人单位履行了通知义务。其二，意见的征求。有条件的用人单位可以列出多个岗位，以供劳动者选择。如果用人单位只提供一个调岗的岗位，劳动者认为用人单位有其他空缺岗位，可以向用人单位提出意见。即使用人单位没有任何岗位提供给劳动者，也不能直接将劳动者解雇，用人单位要么想办法提供新岗位，要么与劳动者协商，在给予劳动者一定条件的基础上，与劳动者达成解除劳动合同的意见。其三，结果的公布。本书认为，应当以新的劳动合同的形式，公布协商后的调岗结果。新的劳动合同必须以书面形式签订。如果不使用书面形式，则不利于对劳动者权益的保护。

六、"合法解雇经济补偿金"的完善建议

（一）明确经济补偿金的计算基数

中国的经济补偿金以"月工资"为计算基数，但是对月工资的解释，法律没有作出明确且统一的规定，司法实践中也存在很大的差异。本书认为，月工资就是扣除劳动者负担的"五险一金"和个人所得税，其余的全部劳动报酬，包括基本工资、加班工资、补助、津贴、奖金、提成、年终奖。需要注意的是，一些用人单位实行"年薪制"，取消了"月工资"。本书认为，一定要警惕用人单位以年薪制为借口，拖欠劳动者工资的违法行为。这是因为，《中华人民共和国劳动法》第五十条①规定工资必须按月支付，不得拖欠劳动者工资。例如，劳动者要求月工资1万元，用人单位通过劳动合同约定年薪制12万元，在年终的时候，一次性支付给劳动者12万元。这种行为就是典型的以年薪制为借口，拖欠劳动者工资的违法行为。

本书认为可以实行年薪制，但不能违反法律对月工资的规定。即便用人单位采取年薪制，也需要每个月支付给劳动者月工资，而且不能低于国家规定的最低月工资标准。年终的时候，应当将约定的年薪制总金额减去已经支付的12个月的月工资，将剩余金额一次性支付给劳动者。例如，劳动合同约定年薪20万，用人单位每月支付月工资1万，在年终的时候，用人单位一次性支付劳动者剩余金额8万（20万减去12万）。根据本书对年薪制的论述，同样的理论适用于年终奖。年终奖是用人单位对劳动者工作1年的最终奖励，是对12个

---

① 《中华人民共和国劳动法》第五十条："工资应当以货币形式按月支付给劳动者本人。不得克扣或者无故拖欠劳动者的工资。"

月所有工作的奖励。本书认为，即便劳动者中途离职，用人单位也应当将年终奖按照工作时间的比例支付给劳动者。例如，劳动合同约定或者用人单位默认年终奖为 10 万，劳动者工作了 6 个月后离职，劳动者工作时间是一年的一半，那么用人单位需要将年终奖 10 万的一半（5 万）支付给劳动者。因此，应当将年终奖平均分为 12 份，计入月工资，统计在经济补偿金的计算基数之内。此外，由于加班工资、补助、津贴、奖金和提成在每个月的数额不一样，所以应当将 1 年的加班工资、补助、津贴、奖金、提成总数，除以 12 个月，得出每个月的平均数额，计入月工资，统计在经济补偿金的计算基数之内。只有以立法的形式将月工资明确定义，才能防止用人单位利用法律漏洞实施违法行为。

（二）细化工作年限的计算方法

中国目前的经济补偿金数额是以半年为参数来计算的，没有精确到以月为参数进行计算，这会导致工作年限不同，但经济补偿金数额相同的现象。这显然是不合理的。本书建议，采用以月为参数的计算方法。具体的计算方法是，设定工作年限的月数为 M，月工资为 G，经济补偿金的数额是 N，那么经济补偿金数额的计算公式就是 $N=\frac{GM}{12}$。该计算公式与中国目前经济补偿金数额的计算方法大体上一致，从而避免了因为法律的大幅度修改而导致的社会混乱。同时，在中国目前经济补偿金数额计算方法的基础上进行了细化，避免了因计算方法过于粗略而导致的不严谨。《中华人民共和国劳动合同法》第四十七条[①]规定，工作年限每满 1 年，按照 1 个月工资补偿。按照公式 $N=\frac{GM}{12}$ 计算，结

---

① 参见第 63 页脚注②。

果是一样的。但是公式 $N=\dfrac{GM}{12}$ 可以细化到月，这样就可以解决"没有差距"

和"差距过大"两个弊端。其一，解决没有差距的弊端。假定有两个劳动者，

第一个劳动者设定为 A，第二个劳动者设定为 B，A 的工作年限是 1 个月，B 的

工作年限是 4 个月，按照中国目前经济补偿金数额的计算方法，A 和 B 的经济

补偿金数额都是半个月工资，即 $\dfrac{G}{2}$。结论是：B 的工作年限是 A 的 4 倍，但是经济

补偿金数额是相等的，这显然不合理。采用公式 $N=\dfrac{GM}{12}$，A 的工作年限是 1 个月，

即 $M=1$，经济补偿金数额是 $N=\dfrac{GM}{12}=\dfrac{G}{12}$。$B$ 的工作年限是 4 个月，即 $M=4$，经济

补偿金数额是 $N=\dfrac{GM}{12}=\dfrac{G}{3}$。结论是：$B$ 的工作年限是 A 的 4 倍，B 的经济补偿金

数额也是 A 的 4 倍。这就使得工作年限与经济补偿金数额完全对应。其二，解决

差距过大的弊端。假定有两个劳动者，第一个劳动者设定为 A，第二个劳动者设

定为 B，A 的工作年限是 4 个月，B 的工作年限是 6 个月，按照中国目前经济补偿

金数额的计算方法，A 的经济补偿金数额是半个月工资，即 $\dfrac{G}{2}$，B 的经济补偿金数

额是 1 个月工资，即 G。结论是：A 和 B 工作年限相差不大，但是经济补偿金数

额有 1 倍的差距，这显然不合理。采用公式 $N=\dfrac{GM}{12}$，A 的工作年限是 4 个月，即

$M=4$，经济补偿金数额是 $N=\dfrac{GM}{12}=\dfrac{G}{3}$。$B$ 的工作年限是 6 个月，即 $M=6$，经济补

偿金数额是 $N=\dfrac{GM}{12}=\dfrac{G}{2}$。结论是：$A$ 的工作年限与 B 的比例，就是两者的经济

补偿金数额的比例。这就使得工作年限与经济补偿金数额完全对应。

（三）单独制定小规模用人单位的补偿金制度

小规模用人单位因为雇员比较少、财产比较少，所以实施经济补偿制度存

在一定的困难。本书认为，应当单独制定小规模用人单位的补偿金制度，应重点做好两个方面的事项：对小规模用人单位的界定，补偿金的数额和来源。其一，对小规模用人单位的界定。由于本书在此处讨论的是小规模用人单位的最低标准，所以不进行行业的区分。本书在本章第三节，讨论经济裁员的企业规模时，会根据不同行业确定不同规模的标准。小规模用人单位应当同时满足两个条件：雇佣劳动者人数在 5 人以下；月平均盈利在 5 万元以下。2018 年 10 月 26 日第十三届全国人民代表大会常务委员会第六次会议审议通过的《关于修改〈中华人民共和国公司法〉的决定》，取消了对公司注册资金的限制。[1]也就是说公司的注册资金没有下限，可以无限少。因此，根据注册资本不能准确判断用人单位的规模。雇佣劳动者人数在 5 人以下的用人单位，主要是个体工商户，也包括一些小微企业。如果只规定雇佣劳动者人数在 5 人以下的用人单位就是小规模用人单位，是有漏洞的。因为企业如果财力雄厚，即便雇员很少，也应当承担经济补偿金，不能算是小规模用人单位。用人单位的月平均盈利是判断用人单位规模最有效的条件，但是也不能是唯一条件。在中国，用人单位盈利少，并不一定是规模小，也有可能是具有公益性质，甚至有可能是洗钱的工具，这些用人单位是具有一定人力资源和财力资源的，因此不能以盈利作为判断用人单位规模的唯一条件。其二，补偿金的数额和来源。小规模用人单位在法定情形下向劳动者支付经济补偿金之后可以申请专项补贴，将金额设定为经济补偿金的一半，这部分补贴由失业保险基金承担。

---

① 《中华人民共和国公司法》第二十六条："有限责任公司的注册资本为在公司登记机关登记的全体股东认缴的出资额。法律、行政法规以及国务院决定对有限责任公司注册资本实缴、注册资本最低限额另有规定的，从其规定。"

（四）将劳动者年龄纳入补偿制度

劳动法的立法目的之一就是保护弱势群体，年老的劳动者即是弱势群体，但是目前的经济补偿制度没有对年老劳动者的特殊保护。中国学者谢增毅认为，确定经济补偿金的支付标准应以 40 周岁为界限，对于年龄超过 40 周岁的员工给予特殊保护。本书同意中国学者谢增毅关于对年老的劳动者给予特殊保护的观点，但是其对年龄界限的划分尚待讨论。2017 年，总部设于瑞士日内瓦的联合国世界卫生组织对各年龄段进行了新的划分：0～17 岁是未成年人；18～65 岁是青年人；66～79 岁是中年人；80～99 岁是老年人；100 岁以上是长寿老人。虽然本书认为联合国世界卫生组织对各年龄段的划分岁数偏大，但是 40 岁的劳动者绝不能称为年老的劳动者。40 岁的劳动者在体力、精力、阅历方面正处于最佳时期。2021 年 2 月 26 日，中国国务院新闻办公室举行新闻发布会表示，人力资源和社会保障部正在研究延迟退休的改革方案。本书认为，可以将从事一般职业的 55 岁以上男性劳动者视为年老的劳动者，将从事特殊职业（例如高度危险的职业）的 50 岁以上男性劳动者视为年老的劳动者，将从事一般职业的 50 岁以上女性劳动者视为年老的劳动者，将从事特殊职业（例如高度危险的职业）的 45 岁以上女性劳动者视为年老的劳动者。对于年老的劳动者，经济补偿金应当双倍计算，以补偿因年老导致的就业困难，以及补偿因年老导致的家庭负担。

第二节　中国不当解雇救济制度的
完善建议

一、区分不同类型不当解雇的救济方式

不当解雇分为实体违法解雇和程序违法解雇。由前文可知，实体违法解雇是指违反解雇事由或者违反禁止事项的不当解雇，程序违法解雇是指违反法律规定的解雇程序的不当解雇。实体违法解雇与程序违法解雇无论在用人单位主观恶意上，还是在劳动者心理影响上都是不同的。本书建议，对实体违法解雇与程序违法解雇的救济方式分别进行立法规定。

（一）对实体违法解雇的救济方式进行再区分

实体违法解雇意味着用人单位的解雇行为本身就存在不当行为，是用人单位滥用解雇权的最典型的表现。因此，法律应当对实体违法解雇赋予更严格的法律责任。不当解雇的两种救济方式，即继续履行劳动合同和支付经济赔偿金，都可以作为实体违法解雇的救济方式。实体违法解雇可以分为两种情况：违反解雇事由和违反禁止事项。违反解雇事由源于合法解雇制度，是合法解雇事由的否定形态。违反禁止事项本身就是违法行为，是对法律特别强调事项的否定。本书认为，违反禁止事项比违反解雇事由主观恶意更大，应当承担更重的法律责任。

因此本书建议，对于违反禁止事项的救济方式，应首先强调恢复劳动关系，在劳动者有意愿恢复劳动关系的情况下，裁判机关应尽一切可能，为劳动者和

用人单位能够继续履行劳动合同作出努力。在劳动者没有意愿恢复劳动关系或者恢复劳动关系已无可能的情况下，应当由用人单位向劳动者支付 2 倍的经济赔偿金，以表示对用人单位主观恶意的惩罚。对于违反解雇事由的救济方式，应首先建议恢复劳动关系，在尊重劳动者和用人单位双方意愿的基础上，裁判机关作出是否继续履行劳动合同的裁判。在双方不同意恢复劳动关系的情况下，应当由用人单位向劳动者支付 1.5 倍的经济赔偿金。这是因为违反解雇事由的主观恶意比违反禁止事项的主观恶意要小，所以经济赔偿金可以适度减少。对于不同的类型，应当采取不同的救济方式，若对两者无差别使用不当解雇的法律救济措施和救济程序，则不利于平衡用人单位和劳动者在解雇事件中的利益。

（二）对程序违法解雇的救济方式进行限制

程序违法解雇意味着用人单位在解雇劳动者的时候，没有违反解雇事由，也没有违反禁止事项，只是在解雇程序上存在瑕疵。从解雇的事由上看，劳动者可能具有过错，或者劳动者虽然没有过错，但是出现了阻碍劳动合同继续履行的客观事由。在用人单位作出解雇决定这件事情上，用人单位是没有过错的。因此，程序违法解雇相比实体违法解雇，用人单位的主观恶意比较小，甚至没有主观恶意。本书建议，用人单位支付的经济赔偿金应当比实体违法解雇的经济赔偿金要少，可以按照现有经济赔偿金的 0.75 倍支付，其中 0.5 倍的经济赔偿金属于经济补偿金性质，另外 0.25 倍的经济赔偿金属于对违反解雇程序的惩罚。如果用人单位改正了程序违法的错误行为，那么就可以合理、合法地解雇劳动者。若劳动者被解雇是不可避免的，本书建议，程序违法解雇的救济方式仅限于经济赔偿金，排除继续履行劳动合同。因为如果用人单位将劳动者解雇后，裁定判决用人单位继续履行劳动合同，用人单位也可以依据劳动者过错或者其他解雇的客观事由，再次解雇劳动者，这样更容易激化矛盾。此时，对劳动者进行经济赔偿，让其重新寻找工作，是最合适的选择。

二、完善"继续履行劳动合同"救济制度

本书在上文中已经排除了程序违法解雇中的继续履行劳动合同的救济方式，使其能够更加便于操作，然而继续履行劳动合同的救济制度依然存在两方面的问题：继续履行劳动合同的判断标准不明确和继续履行劳动合同执行困难。其中，执行困难是本书重点解决的问题。

（一）明确"继续履行劳动合同"的判断标准

本书认为，继续履行劳动合同的判断标准分为主观标准和客观标准。只有两个标准同时满足时，才可以作出继续履行劳动合同的判断。其一，主观标准。对于违反禁止事项的不当解雇，因为其侵害了特殊保护群体的权益，所以本书主张尽一切可能恢复劳动关系。在这种情况下，主观标准就是劳动者的复职意愿。劳动者具有恢复劳动关系的主观意愿的时候，裁判机关才可以裁定判决继续履行劳动合同，否则会因为劳动者随后辞职使其权益无法得到保障。对于违反解雇事由的不当解雇，因为其侵害了一般劳动者的权益，所以本书主张劳动者与用人单位达成一致意见。如果劳动者和用人单位其中一方明确表示拒绝继续履行劳动合同，那么双方就失去了达成一致意见的基础，继续履行劳动合同已无可能。其二，客观标准。劳动者具有继续履行劳动合同的能力，包括胜任工作的技术能力、身体健康条件、职业技术资格等。用人单位具有继续履行劳动合同的条件，包括营业资格、生产条件、工作岗位等。需要注意的是，下列几种特殊情况也属于不具备继续履行劳动合同的条件：劳动合同期限届满（不

当解雇发生在期限内，作出裁判结果的时候期限届满）；劳动者已经在其他用人单位开始工作；劳动者达到了法定退休年龄（不当解雇的时候没有达到法定退休年龄，作出裁判结果的时候达到了法定退休年龄）；用人单位对劳动者进行经济裁员。

（二）解决"继续履行劳动合同"的执行困难

1.加强执行机关与裁判机关的配合

执行机关在执行裁判机关（劳动争议仲裁委员会是裁决机关，法院是审判机关，本书统称裁判机关，下文相似内容不再重复）作出的裁判结果的时候，对裁判结果中的内容可能会产生理解上的困惑，这时候就需要对其进行解释。最高人民法院认为解释权应当属于裁判机关，应当由执行机关申请，由裁判机关进行说明。[①]在司法实践中，执行机关与裁判机关对解释权的争议，会导致案件执行困难。例如"薛某与税务局的继续履行劳动合同案件"[②]中，薛某的原用人单位与税务局签有劳动者借调协议，法院认为该协议无效，对薛某提出恢复工作的请求予以支持，但不支持其恢复税务局员工地位的请求。执行机关与裁判机关针对执行标的是否明确产生了分歧，该案件的执行经历了8年，对执行标的是否明确进行了4次裁定，其中2次裁定执行标的明确，2次裁定执行标的不明确。税务局表示可以以劳动派遣的方式安排薛某就业，但是不能给予其税务局员工的地位。执行机关认为税务局已经执行完毕，法院终审裁定认可

---

① 2018年最高人民法院《关于人民法院立案、审判与执行工作协调运行的意见》第十五条第一款规定，执行机构发现本院作出的生效法律文书执行内容不明确的，应书面征询审判部门的意见。

② （2019）辽0214执异46号执行裁定书。

了执行机关的观点。[1]因此本书认为，执行机关对执行内容没有任何解释权，不利于对裁判结果的执行，这也是造成执行困难的原因之一。执行机关和审判机关应当相互配合，从执行的角度看，应当赋予执行机关一定权限的解释权。况且在更早的时期，最高人民法院也对此进行了认可，认为只要未扩大应履行义务的范围或超出判决内容，亦未涉及对当事人责任的重新审查判断，只是将概括表现的内容具体化，并没有违反审判与执行分离的原则。

2.根据对执行难度的预判进行裁定和判决

造成继续履行劳动合同的执行困难重要的原因就是，裁判机关在裁决和审理的时候，没有充分考虑继续履行劳动合同执行的可能性。劳动争议案件的裁定和判决限于当事人的请求范围，对当事人没有提出的请求，不可以作出裁定和判决。继续履行劳动合同和支付经济赔偿金是不当解雇的两种救济手段，但是这两种救济手段不能并存，只能选择其中一种。在审理和裁决过程中，如果劳动者提出继续履行劳动合同的请求，裁判机关要先行对执行的困难程度作出预判，如果认为执行难度较大，则可以在裁判结果中允许劳动者将支付经济赔偿金作为备选方案。当执行机关作出继续履行劳动合同的裁判结果时，如果发现执行困难，则可以选择直接执行支付经济赔偿金的备选方案。但是，在裁决和审理过程中，如果劳动者提出支付经济赔偿金的请求，在裁判结果中，则不能将继续履行劳动合同作为备选方案。

三、完善"支付赔偿金"救济制度

由前文可知，经济赔偿金是指尚未到达劳动合同约定的期限，劳动者被不

---

① （2020）辽 02 执复 74 号执行裁定书。

当解雇，根据剩余劳动合同期限的工资损失和其他损失进行的赔偿。经济赔偿金的性质是损害赔偿。本书认为，完善支付赔偿金救济制度，应当将经济赔偿金分为损害赔偿金和惩罚赔偿金，并着重完善惩罚赔偿金的计算标准。

（一）将经济赔偿金分为损害赔偿金和惩罚赔偿金

劳动者被不当解雇会遭受比合法解雇更多的损失，这种损失既包括经济损失，也包括精神损失。在合法解雇中，劳动者被解雇后会面临诸多困难，为了帮助劳动者渡过暂时失业的难关，也为了体现对劳动者过去工作的认可，我国相关部门设置了经济补偿制度。被不当解雇的劳动者，一方面面临着与被合法解雇的劳动者同样的困难，另一方面还面临着被不当解雇的特殊困难。因此，首先，经济赔偿金应包括与合法解雇中同样的补偿金。为了与合法解雇补偿金相区别，本书将该金额称为损害赔偿金。损害赔偿金的数额和计算方法参照合法解雇赔偿金。其次，经济赔偿金应包括惩罚赔偿金，这是为了体现对用人单位不当解雇行为的惩罚，也是对劳动者被不当解雇的特殊赔偿。中国也有学者认为，经济赔偿金不应按照经济补偿金的 2 倍计算，而是分为两笔补偿金。第一笔补偿金是对劳动者的补偿，第二笔补偿金是对用人单位违法行为的惩罚，这样才能体现经济赔偿金制度设立的目的。

（二）完善惩罚赔偿金的标准

合法解雇经济补偿金是以月工资和工作年限为计算标准的。惩罚赔偿金是对用人单位违法行为的惩罚，是对劳动者被不当解雇的特殊赔偿，所以不能仅仅以月工资和工作年限为计算标准，还应当考虑用人单位不当解雇行为的违法程度。本书认为，根据不当解雇的违法事由，可以将不当解雇的违法程度划分为三个等级。第三等级是违反禁止事项的不当解雇，是违法程度最严重的情况。

第二等级是违反解雇事由的不当解雇，是违法程度比较严重的情况。第一等级是违反解雇程序的不当解雇，是违法程度最轻的情况。本书建议，采用公式 $W=S \times G \times N$ 计算惩罚赔偿金。其中，W 是惩罚赔偿金数额，S 是不当解雇违法程度的等级，G 是当地平均月收入，N 是工作年限。对于用人单位不顾劳动者的安危，采取危害劳动者人身安全的手段逼迫劳动者离职，或者大规模地辞退劳动者（不同于经济性裁员）的行为，应该认定为特别严重的违法行为，此时惩罚赔偿金应按 2 倍计算。

四、增加"不当解雇期间劳动者工资支付"的规定

在劳动争议仲裁或诉讼期间，劳动者面对较长时间的等待、复杂的程序、激烈的辩论，很难进行工作。但是在这期间，劳动者还是用人单位的员工。本书认为，在劳动争议仲裁或诉讼期间，劳动者虽然没有继续工作，但是用人单位依然需要支付劳动者工资。这不仅仅是因为劳动者还是用人单位的员工，更重要的是用人单位不当解雇是一种既违法又违约的行为，应当由用人单位承担更多的责任。本书建议，可以通过立法的方式，明确不当解雇期间用人单位对劳动者工资的支付义务。需要注意的是，此处的工资不是只有基本工资，而是所有应得收入，包括基本工资、奖金、补贴、津贴等，因为这些都是用人单位不当解雇导致劳动者减少的收入。这样才可以对用人单位的不当解雇行为进行惩戒，同时全面维护劳动者的权益。

第三节　中国经济裁员制度的
完善建议

一、细化裁员条件

（一）按照用人单位规模规定裁员人数和比例

对于用人单位裁员达到多少数量即构成经济裁员，本书认为，应当按照用人单位规模规定裁员人数和比例。本章第一节在论述"小规模用人单位单独制定经济补偿金标准"的时候，因为讨论的是小规模用人单位的最低标准，所以没有进行行业的区分。但是，此处讨论经济裁员的企业规模时，应当根据不同行业，确定不同规模的标准。本书将行业划分为六类：农业（包含种植业、林业、牧业、渔业）、工业、商业、建筑业、信息技术业、其他服务业。首先确定基准用人单位的条件，然后各个行业参照基准进行一定比例的测算。基准小规模用人单位应当同时满足两个条件：雇佣劳动者人数在 5 人以下；月平均盈利在 5 万元以下。基准一般规模用人单位应当同时满足两个条件：雇佣劳动者人数在 5 人以上 50 人以下；月平均盈利在 5 万元以上 50 万元以下。基准较大规模用人单位应当同时满足两个条件：50 人以上 100 人以下；月平均盈利在 50 万元以上 100 万元以下。基准大规模用人单位应当同时满足两个条件：100 人以上 300 人以下；月平均盈利在 100 万元以上 300 万元以下。基准超大规模用人单位应当同时满足两个条件：雇佣劳动者人数在 300 人以上；月平均盈利在 300 万元以上。（"以上"的数字包含本数，"以下"的数字不包含本数）

在确定了基准用人单位条件后，再按照一定比例确定每个行业的具体规模。农业（包含种植业、林业、牧业、渔业）参照基准的 1 倍；工业参照基准的 5 倍；商业参照基准的 3 倍；建筑业参照基准的 6 倍；信息技术业参照基准的 2 倍；其他服务业参照基准的 1 倍。本书认为，小规模用人单位不适用经济裁员制度。其他规模的裁员标准是：一般规模用人单位，一次性裁员 10 人以上或裁员人数占用人单位劳动者人数的 20%以上；较大规模用人单位，一次性裁员 15 人以上或裁员人数占用人单位劳动者人数的 15%以上；大规模用人单位，一次性裁员 30 人以上或裁员人数占用人单位劳动者人数的 10%以上；超大规模用人单位，一次性裁员 60 人以上或裁员人数占用人单位劳动者人数的 5%以上。本书参照了中国国家统计局颁布的《统计上大中小微型企业划分办法（2017 年）》中的划分标准。

（二）对裁员时间进行限制

如果法律对裁员时间没有限制，那么用人单位可以分批次地大量解雇劳动者，这也是中国经济裁员制度的一大漏洞。对于这个漏洞，福建省劳动和社会保障厅（今福建省人力资源与社会保障厅）在 2008 年 12 月 12 日颁布了《福建省企业经济性裁减人员实施办法》。该文件第四条①规定了经济裁员时间限制为 1 年之内。地方性的文件适用地域有限，不能够从根本上解决问题。本书建议应当以全国性法律文件的方式规定裁员的时间限制。同时本书认为，福建省规定经济裁员时间限制为 1 年之内，时间过长。中国学者袁海钧认为，国际普遍的标准是 60 天，所以中国的经济裁员时间限制也应当设定为 60 天。本书

---

① 《福建省企业经济性裁减人员实施办法》第四条："用人单位一年内累计裁减人员二十人以上或者裁减不足二十人但占企业职工总数百分之十以上的，应按照本实施办法第三条规定程序执行。"

不同意袁海钧的观点。首先，"国际普遍的标准是 60 天"，这个结论有待考证。美国《工人调整和再培训通知法》第 2 101 条第（a）项规定了经济裁员时间限制是 30 天。德国《解雇保护法》第 17 条第（1）项对经济裁员的时间限制进行了规定，即经济裁员是"在一段时间内"大量解雇劳动者。"在一段时间内"是指在 30 日之内。因此，袁海钧认为"中国的经济裁员时间限制应当设定为 60 天"，这个建议不合理。本书认为，参考美国和德国的经济裁员制度，将中国的经济裁员的时间限制设定为 30 天更为合理。这是因为，30 天的时间与中国工资制度和经济补偿制度的相关时间是一致的。此外还应当注意，应以劳动者接到经济裁员通知的时间为起算点。

（三）明确经济裁员的事由

中国经济裁员制度规定了四种裁员事由，除"依照企业破产法规定进行重整"由《中华人民共和国企业破产法》明确规定之外，其他三种事由都应当通过立法的方式进行明确。

其一，明确"生产经营发生严重困难"的具体内容。天津市劳动与社会保障局（今天津市人力资源与社会保障局）于 2001 年 8 月 1 日颁布了《天津市企业经济性裁减人员暂行规定》。该文件第六条[①]规定，生产经营状况发生严重困难的认定，应参照用人单位亏损状况、员工失业状况、拖欠工资状况。本书认为，生产经营状况发生严重困难的认定，不应当参照员工失业状况，因为

---

① 《天津市企业经济性裁减人员暂行规定》（有效）第六条："生产经营状况发生严重困难确需裁减人员，应当同时具备下列条件：（一）生产经营实际亏损连续三年（财政决算年度）以上，亏损额逐年增加，且生产经营状况无明显好转；（二）连续两年开工率不足 60%，有 50% 以上职工下岗待工；（三）连续六个月以上在岗职工工资不能按照本市规定的最低工资标准支付。"

这属于因果关系的颠倒。经营困难才需要解雇劳动者，而不是解雇劳动者才导致经营困难。生产经营状况发生严重困难的认定，不应当参照拖欠工资状况。用人单位拖欠工资，不一定是因为经营困难，也有可能是恶意欠薪。因此，本书认为，用人单位持续 3 年亏损，且状况继续恶化，就可以认定为生产经营发生严重困难。

其二，明确"企业转产、重大技术革新或者经营方式调整"的具体内容。本书认为，企业转产应当明确为"主要产品或服务类型的改变"；重大技术革新应由政府的知识产权管理部门认定；经营方式调整应当明确为"主要生产或服务方式的改变"。

其三，关联"其他因劳动合同订立时所依据的客观经济情况发生重大变化"。将该条款与合法解雇中的客观情况发生重大变化相联系。本章第一节对此有详细的论述，此处不再重复。只有明确界定经济裁员的事由，才能便于企业判断其在何种情况下可以进行经济裁员，也更有利于劳动者运用法律武器去规制企业违反经济裁员制度的行为。

二、规范裁员程序

（一）明确规定被裁减劳动者的知情权

用人单位将经济裁员情况告知工会，并不意味着被裁减劳动者能够及时获得相关信息。工会是维护劳动者利益的组织，立法者规定工会的知情权，目的是通过工会实现所有劳动者的知情权。但是，被裁减劳动者是经济裁员事件中利益受到损害最大的劳动者，他们才是最需要获得知情权的群体。因此，本书建议，通过立法的方式明确规定被裁减劳动者的知情权。用人单位的告知程序应设定为两种方式。其一，将经济裁员情况提前 30 日告知工会和被裁减劳动者。被裁减劳动者此时具有和工会同等的知情权。其二，将经济裁员情况提前 30 日告知工会和全体劳动者，并对被裁减劳动者进行特别提示。全体劳动者中包括被裁减劳动者，告知了全体劳动者就实现了被裁减劳动者的知情权。但是在司法实践中，用人单位在对全体劳动者进行告知的时候，不容易引起被裁减劳动者的注意，容易使被裁减劳动者忽略一些信息。因此，用人单位即便向全体劳动者履行了告知程序，还需要特别提示被裁减劳动者，以切实保障其知情权。此外，还应当明确规定用人单位告知的具体内容，为被裁减劳动者离开企业后进入劳动力市场做准备。

（二）制定有效的协商机制

有效的协商机制是保护劳动者权益的重要手段，也是促进用人单位发展的重要方式。中国学者王俊认为，协商次数（时间）是协商机制的重要组成部分。本书认为，在经济裁员协商机制中，协商次数（时间）没有设定的意义。这是因为对于用人单位而言，它们希望尽早完成协商程序，尽早实施经济裁员方案，不会故意拖延协商时间，所以没有必要对协商次数（时间）进行规定。本书认为，制定有效的协商机制应当从三个方面着手：协商机构、协商内容、协商后果。其一，协商机构。协商机构应当由用人单位、工会、劳动者三方构成。本书建议，协商机构的人数应参照用人单位雇佣劳动者的人数来确定。在人数确定的基础上，用人单位代表、工会代表、劳动者代表各占 1/3 的名额。劳动者代表中必须有被裁减劳动者代表，占（$N-1$）（N 为劳动者代表人数）个名额。如果劳动者代表只有 1 名，那么他只能是被裁减劳动者代表。需要特别注意的是，协商机构中的被裁减劳动者代表，不能通过协商程序使自己变成不被裁减的人员。如果用人单位想要将协商机构中的被裁减劳动者代表变为不被裁减人员，那么该劳动者代表资格立即取消，需从被裁减劳动者中选举新的代表。这是为了防止用人单位收买被裁减劳动者代表，侵害其他被裁减劳动者权益事件的发生。其二，协商内容。协商内容应包括经济裁员的事由、方案和被裁减人员名单。协商应当以尽可能减少被裁减人数为目的。其三，协商后果。协商达成一致意见，经济裁员方案可以实施。协商不能达成一致意见，劳动者有权向劳动行政部门申请调解，若调解不成，则劳动者有权向劳动仲裁委员会或者人民法院寻求帮助。

（三）强化劳动行政部门的监督职能

在经济裁员中，劳动行政部门充分发挥其监督职能，是保障劳动者权益，尤其是保障被裁减劳动者权益的重要前提。本书认为，强化劳动行政部门的监督职能，应当从事前监督、事中监督、事后监督三个环节进行。其一，事前监督。在经济裁员实施之前，劳动行政部门对用人单位的裁员事由、裁员方案、裁员名单进行监督。在这个环节，劳动行政部门主要发挥"聆听"的作用。其二，事中监督。在经济裁员的协商环节，劳动行政部门不但发挥"聆听"的作用，而且具有发表意见的权力。其三，事后监督。在协商无果的情况下，劳动行政部门具有调解的权力。对于用人单位明显违法的行为，劳动行政部门有权要求其改正。劳动行政部门在各个环节履行监督职能，能够更有效地促进工会和协商机构发挥协商谈判和解决纠纷的作用，弥补中国工会或职工代表组织发展的不足。

三、完善优先条款

(一)完善优先留用条款

完善优先留用条款应当从裁员标准和留用效果两方面进行。其一,明确裁员标准。本书认为,应当建立系统的裁员标准体系。以目前法律规定的三个优先留用条件(与用人单位签订较长期限劳动合同的劳动者、与用人单位签订无固定期限劳动合同的劳动者、家庭中只有一名就业人员且家庭中有老人和儿童的劳动者)为基本要素,按照一定比例,运用明确的公式计算,以计算结果确定优先留用名单。本书建立了如下一套运算公式。设定"与用人单位签订较长期限劳动合同的劳动者"为 A, A 为常数 2。设定"A 的工作年限"为 N(年), N 为 1~10 的整数,5 个月以下四舍五入为 0,5 个月以上四舍五入为 1。设定"与用人单位签订无固定期限劳动合同的劳动者"为 B, B 为常数 2.5。设定"B 的工作年限"为 M(年), M 为 1~10 的整数,5 个月以下四舍五入为 0,5 个月以上四舍五入为 1。设定"家庭中只有一名就业人员且家庭中有老人和儿童的劳动者"为 C, C 为常数 3。设定"C 家庭中老人和儿童的人数"为 X, X 为 1~10 的整数。设定公式结果为 Q。公式为:$Q=A\times N+B\times M+C\times X$。将用人单位所有劳动者按照公式计算,得分高的劳动者优先留用。其二,加强优先留用的实效性。对于违反职业道德的劳动者,实行一票否决,避免职业道德水平低下的劳动者通过公式 $Q=A\times N+B\times M+C\times X$ 获得优先留用的权利,干扰优先留用制度的效果。如此,可以实现用人单位权利、劳动者权益和社会平稳的最大化平衡。

（二）完善优先录用条款

赋予劳动者优先录用权不仅可以在一定程度上促进裁员工作的顺利进行，阻止企业滥用招工自主权，更重要的是，还能够充分利用劳动力资源。本书认为，完善优先录用条款应当从同等条件和通知程序着手。其一，明确同等条件的内容。同等条件仅限于与工作有关的事项，排除歧视性事项。用人单位不能以年龄、性别、户籍来否定同等条件，以达到淘汰被裁减劳动者的目的。其二，在用人单位经济裁员之后6个月内，需要重新招聘劳动者时，必须将招聘通知发送给被裁减劳动者，给予其应聘机会。用人单位应当使用电话、短信、邮件等方式，提醒被裁减劳动者查看招聘通知。此外，政府可以考虑实施奖励政策，鼓励用人单位履行优先录用的义务。

第四节　中国推定解雇制度的
完善建议

一、制定明确的推定解雇制度

中国现行法律中有专门的辞职制度。辞职是劳动者单方解除劳动关系，是劳动者的一种权利。辞职具有无因性（没有原因的特性），劳动者的辞职不强调具体原因。推定解雇是有因行为（具有原因的行为），其原因是用人单位实施了迫使劳动者辞职的行为。辞职不具有惩罚性，用人单位不会因为劳动者的辞职而承担惩罚性的法律责任。推定解雇具有惩罚性，用人单位会因为劳动者的被迫辞职而承担惩罚性的法律责任。由于辞职与推定解雇具有诸多的不同之处，因此本书认为，应当制定明确的推定解雇制度。

本书建议，明确的推定解雇制度应包括四部分内容。其一，推定解雇的概念。本书建议通过立法的方式，将推定解雇定义为：用人单位主动实施了一定的违约行为，造成了劳动者工作条件恶化、工资待遇下降；或者用人单位主动实施了一定的违法行为，侵害了劳动者的合法权益；或者用人单位对于发生在本单位内的非法行为，未采取积极措施，导致劳动者合法权益持续被侵害。这些行为或事件伤害了劳动者对用人单位的信任情感或依赖情感，迫使劳动者提出辞职，从而使劳动关系终止。其二，推定解雇的适用情形。其三，推定解雇的认定标准。其四，推定解雇的法律责任。上述的第二、三、四项，下文将详细论述，此处不再重复。

二、采取列举式与概括式相结合的方式细化适用情形

（一）完善列举式的法律条文

列举式的法律条文优点是：明确地表达了立法者的部分意图（重点意图），使司法机关在适用法律时简单明了，不容易出现司法上的适用错误。列举式的法律条文缺点是：列举事项有限，不能够完全表达立法者的所有意图，司法机关适用法律会受到严格限制，对于现实中出现的没有被列举的事项，无法进行裁决和判决。弥补列举式法律条文缺点的重要手段就是尽可能地列出预见的情形。因此，本书建议，在现有的列举情形之外增加新的列举情形。例如，在劳动者受到性骚扰等不法侵害的时候，用人单位采取漠视态度，甚至包庇行为，

造成了性骚扰等不法侵害持续进行；再例如，劳动者因工作原因受到恐吓、威胁，造成了心理恐惧，用人单位没有为消除劳动者的恐惧心理制订积极的应对方案；又例如，劳动者维权遭到报复，用人单位未设置投诉渠道，或者在接到投诉后未采取有效措施。

（二）增加概括式的法律条文

弥补列举式的法律条文缺点的另一重要手段就是增加概括式的法律条文。这是因为法律具有滞后性，立法者可以对已经发生的事项进行详细了解，并将其纳入列举事项；也可以对一部分未来可能发生的事项进行预判，并将其纳入列举事项。但是立法者不可能预见到未来发生的所有事项，甚至对现存事项的列举也不全面。因此，需要概括式的法律条文作为列举式法律条文的补充。从司法实践的角度看，司法裁判者仅仅依靠列举式的法律条文进行裁决判决，对于列举事项以外的情况直接否定，不利于对劳动者权益的保障。例如，在"黄某起诉上海某印刷公司"一案中，上海某印刷公司没有为劳动者黄某缴纳住房公积金，黄某以此为由辞职，并向上海市青浦区人民法院提起诉讼，要求用人单位支付经济补偿金。法官认为该情况不是推定解雇的列举情形，不属于推定解雇，黄某的辞职只是一般性的辞职，劳动者不享有要求用人单位支付解除劳动合同经济补偿金的权利。本书建议，增加概括性法律条文，即"用人单位违反法律、行政法规强制性规定或违反劳动合同约定，侵害劳动者权益，迫使劳动者辞职的其他行为"。

（三）细化适用情形的法律条文

中国现行推定解雇制度中的一些法律条文用语模糊不清，需要细化明确。本书认为，"劳动保护""劳动条件""未依法缴纳社会保险费"三个方面需要细化。

其一，对劳动保护的细化。本书建议，将劳动保护解释为用人单位对劳动者在工作中的保护照顾义务，既包括劳动者身体上的安全和健康，也包括劳动者心理上的健康。具体内容有：高度危险作业的安全特殊保护、一般职业的安全卫生保护、防护用品的配发和使用、心理健康疏导和教育、特殊群体（女性劳动者、残疾劳动者）的特殊保护等。

其二，对劳动条件的细化。劳动者与用人单位之间，在经过协商而达成的劳动契约中，所规定的有关工资报酬、工作时长、工作环境等与劳动有关的内容，称为劳动条件。本书认为，在劳动者履行职务时，一切与劳动有关的内容，都应该被视为劳动条件。

其三，对未依法缴纳社会保险费的细化。本书认为，未依法缴纳社会保险费分为两种情况。其一，种类的欠缺。中国规定了"五险一金"制度，其中"五险"是指养老保险、医疗保险、失业保险、工伤保险和生育保险，"一金"是指住房公积金。但是在司法实践中，公积金是被排除在社会保险之外的。中国现在关于住房公积金的政策只有一个国务院制定的《住房公积金管理条例》，相对而言，社会保险达到了由全国人民代表大会及其常务委员会立法的程度，《中华人民共和国劳动法》第七十条[①]规定了社会保险的五个类型。一些用人单位没有给劳动者缴纳住房公积金，并没有因此受到任何处罚。本书建议，应当由全国人民代表大会及其常务委员会及时制定相关法律，明确用人单位缴纳五险一金的义务。其二，数额的不足。在司法实践中，用人单位缴纳社会保险

---

① 《中华人民共和国劳动法》第七十条："国家发展社会保险事业，建立社会保险制度，设立社会保险基金，使劳动者在年老、患病、工伤、失业、生育等情况下获得帮助和补偿。"

数额不足的现象并不常见。这是因为，如果用人单位不想履行社会保险的义务，会直接选择不予缴纳，而不是减少缴纳数额。需要注意的是，如果用人单位未及时缴纳社会保险费用是由于客观原因（如经办机构、银行操作原因）造成的，劳动者不能以此为由主张推定解雇。

三、明确认定标准

在推定解雇中，虽然劳动合同是劳动者解除的，但是此时视为用人单位违法解除劳动合同，劳动者应获得相应的保护。因此，完善的认定标准就显得非常重要。本书认为，应当从用人单位的主观思想、行为因素，以及劳动者提出辞职时所用的理由等方面进行认定。

（一）用人单位在主观上具有恶意

本书认为，用人单位的主观恶意包括两种情形：其一是故意解雇劳动者；其二是不以解雇为目的，仅仅是出于自身利益的追求。中国学者陈新认为，推定解雇中用人单位的恶意仅仅是指解雇劳动者的故意。用人单位的行为应当体现出迫使劳动者辞职的意思表示，不能过分解读为一般的自主用工行为。这种意思表示既包括明示的意思表示，也包括默示的意思表示，前者即单位明确提出解雇的意思，并要求劳动者主动与单位解除劳动合同；后者即默示的行为，诸如用人单位明显改变工作环境使劳动者无法忍受，在孕期擅自改变劳动者职位或采用侮辱性等方式逼迫劳动者辞职。本书不同意陈新的观点。这是因为，与推定解雇制度有关的《中华人民共和国劳动合同法》第三十八条第六项[1]规

---

① 参见第 19 页脚注②。

定，用人单位以暴力、威胁或者非法限制人身自由的手段强迫劳动者劳动的，或者用人单位违章指挥、强令冒险作业，危及劳动者人身安全的情形，是推定解雇的适用情形之一。这种情形下，用人单位非但没有解雇劳动者的意图，甚至希望劳动者一直为其工作。因此，陈新的观点是不符合法律规定的。本书认为，如果用人单位明确表示了解雇劳动者的意图，并实施了违法或违约行为，就可以认定为推定解雇。如果用人单位没有表明意图，就需要依靠用人单位的行为来判断，无论用人单位是否想解雇劳动者，只要实施了违法或违约行为，导致了劳动者被迫辞职，就可以认定为推定解雇。

（二）用人单位在行为上具有违法或违约事实

用人单位实施违法或违约行为必须达到一定程度。推定解雇的条件不能过于宽松，否则会影响劳动合同的正常履行。用人单位疏忽大意或工作失误造成的违法或违约行为，不应视为推定解雇的事由。例如，用人单位疏忽大意或者工作失误，导致支付给劳动者的工资减少，劳动者以此为由辞职，就不能认定为推定解雇。本书认为，判断用人单位疏忽大意或者工作失误的方法是：通过劳动者投诉，用人单位能够积极改正错误，就可以认定为用人单位疏忽大意或者工作失误。因此，在用人单位建立内部投诉机制就显得非常有意义。本书建议，内部投诉机构可以与工会或者人事部门重合，不建议为此单独设立专门投诉机构。这是因为，一方面，机构设置太多不利于用人单位生产经营，也不利于劳动者行使权利；另一方面，投诉机构的存在价值主要是判断用人单位行为是否属于疏忽大意或者工作失误，解决投诉问题的关键还在于工会和用人单位的人事部门。

（三）劳动者在辞职时具有理由

劳动者辞职的理由，如果是用人单位以暴力、威胁或者非法限制人身自由的手段强迫劳动者劳动的，或者用人单位违章指挥、强令冒险作业危及劳动者人身安全的情形，那么这些辞职的理由就具有合理性，且比较容易判断。诸如用人单位改变劳动条件这样的理由，能否成为推定解雇的事由，还需要根据其程度进行判断。本书建议采取"一般人的忍受程度"和"双方的合意程度"来判断推定解雇的事由。其一，一般人的忍受程度是指，用人单位变更劳动条件，变更后的条件是一般人无法忍受的，那么就构成了推定解雇的事由。需要注意的是，一般人的忍受程度可以参考该用人单位相同工作岗位劳动者的意见，不应该参考不同工作岗位劳动者的意见。如果该用人单位相同工作岗位的劳动者过少，数据不具有参考意义，那么可以参考相同行业的相同工作岗位劳动者的意见。其二，双方合意的程度是指，在劳动合同中双方已经达成合意，哪怕这种合意与其他劳动者不一致，也不能构成推定解雇的事由。例如，用人单位与劳动者在劳动合同中约定了工资标准，之后劳动者发现本单位其他相同岗位劳动者的工资高于自己的工资，如果以此为由辞职，就不是推定解雇。

四、加重用人单位的法律责任

本书认为，按照用人单位承担责任的不同，可以将推定解雇情形分为两类：承担民事责任的情形、承担多种责任的情形。其一，承担民事责任的情形。用人单位改变劳动条件、降低劳动待遇，或者对于发生在本单位内的非法行为，未采取积极措施，导致劳动者合法权益持续被侵害的情形，依据现行的推定解雇制度，应当向劳动者支付经济补偿金。本书认为，这种情形本质上是不当解雇，建议修改目前的法律，将"向劳动者支付经济补偿金"改为"向劳动者支付经济赔偿金"。其二，承担多种责任的情形。依据现行的推定解雇制度，对于用人单位以暴力、威胁或者非法限制人身自由的手段强迫劳动者劳动的，以及侮辱劳动者，或者用人单位违章指挥、强令冒险作业危及劳动者人身安全的情形，用人单位责任人需承担行政责任或刑事责任。本书认为，对于上述情形，从劳动法的角度，应当由用人单位向劳动者支付双倍的经济赔偿金，以弥补劳动者受到的非法侵害。这能够使用人单位认识到，一旦解雇行为被认定为推定解雇，将要付出沉重的代价，这样能更好地维护劳动者的生存权和劳动权。

参考文献

[1] Bob Hepple. European Rules for Dismissal Law[J]. Comparative Labor Law & Policy Journal，1997，18：204.

[2] Robert Braucher. Freedom of Contract and the Second Restatement[J]. Yale Law Journal，1969，78：601.

[3] W. 杜茨. 劳动法[M]. 张国文，译. 北京：法律出版社，2005.

[4] 巴德. 劳动关系：寻求平衡[M]. 于桂兰等译. 北京：机械工业出版社，2013.

[5] 毕雪丹. 论非法解雇中劳动者的法律保护[D]. 长春：吉林财经大学，2018.

[6] 卞传山. 传统法务如何牵头企业合规管理[J]. 法人，2019，2（2）：78.

[7] 蔡红. 英国劳动法的不公平解雇及其法律救济[J]. 欧洲，2002（2）：63.

[8] 蔡梦丽. 经济补偿金制度研究[D]. 沈阳：辽宁大学，2018.

[9] 蔡守秋. 调整论：对主流法理学的反思与补充[M]. 北京：高等教育出版社，2003.

[10] 曹媛. 不当解雇的法律救济制度研究[D]. 合肥：安徽大学，2019.

[11] 陈慧. 浅析中国解雇保护制度的完善[J]. 法制与社会，2019，2（6）：26.

[12] 陈婷. 中国企业裁员法律实施的困境及出路[D]. 兰州：兰州大学，2017.

[13] 陈伟忠. 再谈法院对用人单位规章制度合理性审查[J]. 办案手记，2014（9）：59.

[14] 陈曦. 劳动者不能胜任工作之认定与处置[D]. 长春：吉林大学，2017.

[15] 陈新. 论中国劳动保护中的推定解雇制度[D]. 青岛：青岛大学，2018.

[16] 陈艳.如何判定试用期劳动者不符合录用条件[J].中国人力资源社会保障，2014，4（4）：53.

[17] 陈元.中国推定解雇制度研究[D].上海：华东政法大学，2013.

[18] 程立武.困境与重构：劳动合同的继续履行：以实质性解决纠纷为视角[J].法律适用，2016，1（2）：99-104.

[19] 程越.论解雇权的法律限制[D].长春：长春工业大学，2017.

[20] 储运杰.客观情况发生重大变化下的劳动合同解除[D].上海：上海交通大学，2017.

[21] 丛钰玲.经济性裁员制度研究[D].北京：中国青年政治学院，2012.

[22] 崔红星.二战后的德国法治与经济腾飞[J].法学，1998（4）：20-21.

[23] 邓书丹.被追究刑事责任劳动者的解雇保护研究[D].兰州：兰州大学，2018.

[24] 丁建安.论企业单方调岗行为法律效力的判断[J].当代法学，2015，6（3）：134.

[25] 董保华，刘海燕.解雇保护制度研究[M].北京：中国劳动社会保障出版社，2005.

[26] 董保华.劳动合同法的突破点[J].新理财（政府理财），2016（7）：71.

[27] 董保华.劳动合同法中经济补偿金的定性及其制度构建[J].河北法学，2008，10（5）：43-48.

[28] 董保华.劳动合同研究[M].北京：中国劳动和社会保障出版社，2005.

[29] 董保华.十大热点事件透视劳动合同法[M].北京：法律出版社，2007.

[30] 董保华.用人单位劳动规章制度法律性质之我见[J].中国雇佣观察，2011（12）：10.

[31] 董文军.中国劳动合同法中的倾斜保护与利益平衡[J].当代法学，2008，

6（3）：110.

[32] 范围.从 Suders 案看美国的推定解雇制度[J].中国审判，2006（6）：73.

[33] 冯飘飘.论经济性裁员制度的不足及补正[D].北京：中国矿业大学，2018.

[34] 冯彦君.劳动法学[M].长春：吉林大学出版社，1999.

[35] 冯彦君.论劳动者录用优先权[J].吉林大学社会科学学报，2000（6）：74-75.

[36] 傅静坤.劳动合同解约金问题研究[J].现代法学，2000，10（5）：38.

[37] 高洋.劳动法中经济性裁员制度研究[D].大连：辽宁师范大学，2020.

[38] 耿启幸.劳动合同不能胜任解除的反思：基于 45 份判决书为例的实证研究[J].吉首大学学报，2017（6）：23.

[39] 龚向和.社会权的历史演变[J].时代法学，2005，6（3）：27.

[40] 关怀，林嘉.劳动法[M].北京：中国人民大学出版社，2016.

[41] 关怀，林嘉.劳动与社会保障法学[M].北京：法律出版社，2011.

[42] 郭道晖.法的时代呼唤[M].北京：中国法制出版社，1998.

[43] 郭捷，冯彦君.劳动法学[M].北京：高等教育出版社，2014.

[44] 郭文龙.试用期内患病是否属不符合录用条件[J].中国劳动，2007，7（4）：45.

[45] 何荣飞.劳动作为谋生手段的性质及其现实形式[J].浙江学刊，1986，3（3）：28.

[46] 洪芳.劳动者职业稳定权视野下的解雇保护[J].理论与改革，2013（5）：123-124.

[47] 洪金建.论劳动者不能胜任的解雇规则[D].泉州：华侨大学，2019.

[48] 侯建新.封建地租市场与英国圈地[J].世界历史，2019（4）：47-48.

[49] 胡大武，杨芳.严重违反单位规章制度之严重性边界的实证分析：以《劳

动合同法》第 39 条第（二）款为视角[J]. 中国劳动，2016，12（24）：26.

[50] 胡培冰. 试用期不符合录用条件解聘问题研究[D]. 重庆：西南政法大学，2015.

[51] 胡新民. 一边倒格局下的人民外交[J]. 党史博采（纪实），2018，1（1）：28-32.

[52] 黄并. 德国劳动法中的解雇保护制度[J]. 中外法学，2007，2（1）：99-112.

[53] 黄程贯. 劳动法 [M]. 北京：空中大学出版社，1997.

[54] 黄泇锜. 解雇保护制度比较研究[D]. 南宁：广西大学，2014.

[55] 黄其长. 工作向来是劳动者的谋生手段：与周彦文同志的商榷[J]. 中国解决问题，1983（4）：50.

[56] 黄校. 用人单位向劳动者支付赔偿金制度研究[D]. 兰州：兰州大学，2014.

[57] 黄越钦. 劳动法新论[M]. 3 版. 北京：中国政法大学出版社，2006.

[58] 纪晓东. 劳动者被追究刑事责任条款适用困惑之排解[D]. 吉林：吉林大学，2020.

[59] 江超. 论企业规章制度的适当性[D]. 合肥：安徽大学，2016.

[60] 江逢艳. 对劳动合同法中客观情况变化与解除合同问题的思考[J]. 企业导报，2010，4（7）：263-265.

[61] 江凯. 论经济性裁员中的合同解除[J]. 政治与法律，2015，4（4）：112.

[62] 金柏妍. 浅析高校法务工作机制[J]. 山西青年，2020，3（5）：284.

[63] 雷达. 论经济补偿金制度的改良与立法完善[D]. 南昌：江西财经大学，2020.

[64] 李炳安. 劳动权论[M]. 北京：人民法院出版社，2006.

[65] 李纯智. 因严重违反用人单位规章制度而遭解雇之研究[D]. 兰州：兰州大

学，2017.

[66] 李聪.中国不当解雇限制机制研究[D].重庆：西南政法大学，2018.

[67] 李峰江.经济性裁员法律制度研究[D].重庆：西南政法大学，2016.

[68] 李国庆.解雇权限制研究[D].上海：华东政法大学，2010.

[69] 李敏.经济性裁员法律制度问题与解决模式研究[D].上海：上海交通大学，2016.

[70] 李先广.加拿大宪法发展历程及其宪政成功的原因[J].华北水利水电学院学报（社会科学版），2011，10（5）：142-143.

[71] 李雪原.试用期劳动合同解除权的法律问题研究[D].天津：天津师范大学，2018.

[72] 李阳.两次不能胜任被解雇的判断与适用问题研究[D].杭州：浙江大学，2019.

[73] 栗宏豪.用人单位单方解除劳动合同的理性反省和制度完善：以解雇保护的正当性与合理性为视角[J].安徽警官职业学院学报，2013，1（1）：31.

[74] 梁桂平.劳动合同解除权研究[D].重庆：西南政法大学，2016.

[75] 林更盛.劳动法案例研究（一）[M].台北：翰芦图书出版有限公司，2002.

[76] 林嘉.劳动法评论：第1卷[M].北京：中国人民大学出版社，2005.

[77] 刘诚.不当解雇保护立法研究[D].上海：上海师范大学，2020.

[78] 刘峰，张飞.试论中国犯罪构成理论的发展：改良与重构[J].法制与社会，2013，11（32）：240.

[79] 刘京州.浅议解除劳动合同的经济补偿[J].甘肃科技，2004，3（6）：169.

[80] 刘军.A公司绩效考核体系优化研究[D].西安：西安科技大学，2020.

[81] 刘玲玲.企业调职权的法律规制[D].重庆：西南政法大学，2015.

[82] 刘权.中国经济性裁员法律适用问题研究[D].深圳：深圳大学，2017.

[83] 刘焱白. 中国违法解雇赔偿金的功能重塑及制度完善[J]. 法学, 2015（3）：41-52.

[84] 刘阳. 不能胜任工作解雇制度研究[D]. 沈阳：辽宁大学, 2018.

[85] 龙灼. 论中国解雇保护制度[D]. 贵阳：贵州民族大学, 2019.

[86] 陆春兰. 论客观情况发生重大变化解除之法律适用[D]. 上海：华东政法大学, 2018.

[87] 马克思. 资本论[M]. 中央编译局译著. 北京：人民出版社, 2018.

[88] 马琳. 犯罪构成理论比较研究的困境及出路[D]. 长沙：湖南师范大学, 2012.

[89] 麦克尼尔. 新社会契约论[M]. 雷喜宁, 潘勤译. 北京：中国政法大学出版, 1994.

[90] 孟凡依. 经济性裁员纠纷司法处置分析：以近三年京津冀地区为样本[D]. 天津：天津商业大学, 2020.

[91] 牛宇. 用人单位解雇权限制研究[D]. 北京：首都经济贸易大学, 2019.

[92] 潘爽. 不能胜任工作的认定及解雇保护[D]. 杭州：浙江财经大学, 2018.

[93] 庞明稳. 违法解雇中继续履行问题研究[D]. 芜湖：安徽师范大学, 2018.

[94] 彭小坤. 劳动合同单方解除制度研究[M]. 北京：法律出版社, 2009.

[95] 钱津. 论私有制、阶级、剥削产生的历史进步性[J]. 河北经贸大学学报, 2019（4）：5.

[96] 邱捷. 试用期不符合录用条件的认定[J]. 中国劳动, 2005, 8（16）：59.

[97] 任鑫宇. 严重违反用人单位规章制度之司法认定研究[D]. 鞍山：辽宁科技大学, 2019.

[98] 邵剑涛. 浅析公司法务人员面临的弊端[J]. 现代商业, 2020, 1（2）：116.

[99] 沈建峰. 论用人单位劳动规章的制定模式与效力控制：基于对德国、日本

和中国台湾地区的比较分析[J]. 比较法研究，2016（1）：26.

[100] 宋英帅. 违法解雇期间劳动者报酬请求权研究[D]. 大连：东北财经大学，2018.

[101] 苏号朋. 劳动合同法案例评析[M]. 北京：对外经济贸易大学出版社，2008.

[102] 覃甫政. 劳动规章制度法律性质软法解释论之提出及证成[J]. 东方法学，2016，4（2）：107.

[103] 覃曼卿. 违法解雇期间劳动者复制救济的困境与出路[J]. 研究探讨，2014，6（3）：19-22.

[104] 唐艺. 用人单位解雇权限制研究[D]. 大连：辽宁师范大学，2019.

[105] 陶有云. 对单方解除被追究刑事责任劳动合同的质疑[J]. 安庆师范学院学报（社会科学版），2010，1（1）：24-27.

[106] 童华英. 劳动者被迫辞职制度研究[D]. 西安：西北政法大学，2016.

[107] 汪家彬. 劳动法中经济补偿金问题研究[D]. 上海：上海师范大学，2020.

[108] 王彬. 就业中的前科歧视研究[D]. 上海：上海交通大学，2009.

[109] 王博. 不当解雇法律救济制度研究：以孙某与 W 公司劳动纠纷案为例[D]. 沈阳：辽宁大学，2017.

[110] 王飞. 香港的即时解雇与构定解雇制度[J]. 中国劳动，2002（4）：34.

[111] 王凤. 继续履行劳动合同判决的执行困境与对策[J]. 哈尔滨工业大学学报（社会科学版），2021（1）：41.

[112] 王皎皎. 解雇保护制度研究：以解雇要件为中心[D]. 长春：吉林大学，2010.

[113] 王俊. 经济性裁员制度研究[D]. 长沙：中南大学，2011.

[114] 王克金. 权利冲突的概念、原因及解决：一个法律实证主义的分析[J]. 法

制与社会发展，2004，4（2）：36.

[115] 王林清. 情势变更原则与劳动合同法[J]. 中国劳动，2009，12（6）：31.

[116] 王璐. 解雇权限制制度研究[D]. 上海：上海师范大学，2016.

[117] 王曼. 论劳动者严重违反用人单位规章制度的认定[D]. 沈阳：辽宁大学，2018.

[118] 王琼. 经济性裁员之法律规制研究[D]. 兰州：兰州大学，2012.

[119] 王全兴. 劳动法[M]. 3版. 北京：法律出版社，2008.

[120] 王晓萍. 推定解雇制度研究：基于李某诉D公司劳动合同纠纷案的分析[D]. 沈阳：辽宁大学，2014.

[121] 王晓英. 未签订劳动合同情形下如何认定劳动关系的司法实践探析[J]. 上海企业，2020，6（12）：88-89.

[122] 王璇. 违纪解雇正当性研究[D]. 合肥：安徽大学，2017.

[123] 王益英，黎建飞. 外国劳动法和社会保障法[M]. 北京：中国人民大学出版社，2001.

[124] 王勇，陈建志. 用人单位依劳动规章制度单方解除劳动合同的合理性判断[J]. 人民司法，2015（24）：50.

[125] 王泽鉴. 民法总则[M]. 北京：中国政法大学出版社，2001.

[126] 王昭. 解雇保护制度研究：基于解雇保护与企业经营自由平衡视角[D]. 西安：陕西师范大学，2018.

[127] 王志强. 浅谈劳动合同试用期的录用条件[J]. 法制与经济，2011，1（263）：106.

[128] 卫学莉，扬帆，刘辉. 德国劳动法解雇保护制度及对我国的启示[J]. 河北法学，2016，34（10）：147.

[129] 吴华彧. 违法解雇赔偿制度研究[D]. 重庆：西南政法大学，2017.

[130] 肖凤城. 为什么程序比实体法更重要[J]. 比较法研究，2003，4（4）：117.

[131] 肖良平，刘树生. 论试用期不符合录用条件之理解与操作[J]. 商场现代化，2008，10（554）：255.

[132] 谢雯琦. 劳动合同经济补偿金制度的司法难题及立法完善[D]. 湘潭：湘潭大学，2017.

[133] 谢增毅. 雇主不当解雇雇员的赔偿责任[J]. 法律科学，2010，6（3）：127.

[134] 谢增毅. 劳动法的比较与反思[M]. 北京：社会科学文献出版社，2011.

[135] 谢增毅. 用工成本视角下的劳动合同法修改[J]. 法学，2017（11）：70.

[136] 谢增毅. 用人单位惩戒权的法理基础与法律规制[J]. 比较法研究，2016（1）：11-12.

[137] 辛临军，孙新鸿. 论劳动合同的解除[J]. 中国市场，2019，6（17）：106.

[138] 信春鹰，阚珂. 中华人民共和国劳动合同法释义[M]. 北京：法律出版社，2007.

[139] 信春鹰，杨晓雨.《关于审理劳动争议案件适用法律若干问题的解释（四）》第十二条的探讨[J]. 研究探讨，2014（4）：22.

[140] 熊晖. 解雇保护制度研究[M]. 北京：法律出版社，2012.

[141] 徐丹. 员工试用期管理的法律风险及防范[J]. 职业，2011，2（6）：69.

[142] 徐中舒. 论尧舜禹禅让与父系家族私有制的产生和发展[J]. 四川大学学报（社会科学版），1958，1（1）：6.

[143] 许建宇. 劳动权的位阶与权利（力）冲突[J]. 浙江大学学报（社会科学版），2005，1（1）：169.

[144] 许剑波. 论劳动合同变更中用人单位和劳动者的利益平衡：以《司法解释（四）》第11条为视角[J]. 研究生法学，2016（2）：99.

[145] 许凯. 马克思对主体客体关系的解决及其意义[J]. 湖北师范学院学报

（哲学社会科学版），1992，4（4）：15.

[146] 许志雄，蔡茂寅.现代宪法论[M].台北：元照出版公司，2000.

[147] 杨芳.《劳动合同法》第四十条第三项司法适用研究[D].重庆：西南政法大学，2018.

[148] 杨绿遥.推定解雇的司法认定研究[D].泉州：华侨大学，2020.

[149] 杨诺.论劳动者严重违反用人单位规章制度的司法认定[D].石家庄：河北师范大学，2020.

[150] 杨珊.不能胜任工作解雇问题研究[D].厦门：厦门大学，2018.

[151] 喻存中，王晓华，童新.法官办案手记：劳动纠纷卷[M].长沙：湖南大学出版社，2005.

[152] 袁海钧.论经济性裁员的法律规制[D].重庆：西南政法大学，2012.

[153] 战东升.日本法上的解雇制度研究[D].济南：山东大学，2009.

[154] 张朝辉.推定解雇制度研究[D].沈阳：辽宁大学，2016.

[155] 张格军.就业歧视的宪法学思考[D].苏州：苏州大学，2008.

[156] 张国文.劳动法［M］.北京：法律出版社，2005.

[157] 张慧.英国推定解雇制度研究[D].上海：华东政法大学，2018.

[158] 张凯.武赢教育科技公司员工绩效考核体系优化研究[D].兰州：兰州理工大学，2020.

[159] 张萌萌.劳动合同试用期法律制度研究[D].沈阳：辽宁大学，2016.

[160] 张倩.违纪解除劳动合同的司法认定：以某区人民法院2012年度相关判决为例[D].上海：上海交通大学，2014.

[161] 张晓蕾.论经济性裁员[D].广州：广东外语外贸大学，2017.

[162] 张笑然.马克思劳动价值论的哲学意蕴研究[D].西安：西安建筑科技大学，2020.

[163] 张艳. 关系契约理论对意思自治的价值超越[J]. 现代法学, 2014, 2（2）: 78.

[164] 张焰. 劳动合同法适用法律问题研究[M]. 北京: 中国政法大学出版社, 2015.

[165] 张颖鸿. 犯罪构成理论的反思与变革: 以四要件与三阶层论为分析视角[J]. 福建法学, 2019, 1（1）: 27-28.

[166] 张俞红. 解雇理由立法完善[J]. 中国社会保障, 2007, 5（5）: 74.

[167] 张原. 解雇事由比较研究[D]. 上海: 华东政法大学, 2010.

[168] 章红丽. 劳动者严重违反用人单位规章制度的认定[D]. 合肥: 安徽大学, 2020.

[169] 赵喆山. 试用期劳动者不符合录用条件认定实证研究[D]. 重庆: 西南政法大学, 2017.

[170] 郑爱青. 法国劳动合同法概要[M]. 北京: 光明日报出版社, 2010.

[171] 郑尚元. 劳动法学[M]. 北京: 中国政法大学出版社, 2007.

[172] 郑尚元. 劳动合同法的制度与理念[M]. 北京: 中国政法大学出版社, 2008.

[173] 周宝妹, 朗俊义. 论罪犯的劳动权[J]. 政治与法律, 2005, 4（4）: 125-126.

[174] 周沧贤. 非法解雇之法理探讨[D]. 长春: 吉林大学, 2014.

[175] 周春华, 刘俊. 用人单位单方解除劳动合同制度研究[J]. 法学论坛, 2008, 10（5）: 140.

[176] 周国良, 俞里江, 赵宇. 对不能继续履行劳动合同争议如何处理[J]. 中国劳动, 2012, 7（4）: 53-56, 58.

[177] 周健. 劳动者严重违反用人单位规章制度的司法认定研究[D]. 镇江: 江

苏大学，2018.

[178] 周军.中国解雇权研究[D].湘潭：湘潭大学，2008.

[179] 朱军.认定严重违反劳动规章制度的因素及规范构成：基于相关案例的实证分析[J].法学，2018（7）：182-183.

[180] 朱立文.浅析中国用人单位经济性裁员制度[J].科技信息，2011，5（13）：823-825.

后　记

　　法律是一门实用学科，必须做到理论联系实际。如果制定的法律脱离了实际情况，无法实施，那么法律就会毫无意义。本书为了确保中国解雇制度理论联系实际，独创了"三原则"。

　　确保中国解雇制度理论联系实际的第一条原则是利益平衡原则。所谓利益平衡原则，是指寻求用人单位与劳动者的利益平衡。中国解雇制度的立法目的之一就是保护劳动者的合法权益。劳动者在劳动关系中处于弱势地位，法律只有对劳动者进行倾斜性保护，才能确保劳动者与用人单位的利益平衡。但是，这种倾斜性保护是有限度的。本书认为，劳动法及相关法律法规不仅保护劳动者的合法权益，也保护用人单位的合法权益。如果对劳动者的倾斜性保护过度，会侵害用人单位的自主经营权，对用人单位的发展和社会经济的发展是不利的。因此，本书提出的利益平衡原则是对双方利益的权衡，不是对一方利益的过度保护，应当进行有限的倾斜性保护，最终寻求符合双方利益的平衡点。这一原则在本书中有多种体现。例如，在"严重违反用人单位规章制度"的研究中，本书提出了用人单位规章制度的制定过程，也是劳动者与用人单位利益平衡的过程，所以这种过程不但要受到合法性因素制约，而且要受到合理性因素制约。

　　确保中国解雇制度理论联系实际的第二条原则是便于操作原则。所谓便于操作原则，就是在立法技术上，应当尽可能采用简明直观的立法方式，便于劳动争议双方当事人和裁判机关（劳动争议仲裁委员会、法院）进行法律适用。虽然中国拥有法官、律师等专业的法律工作者，可以对复杂、专业的法律事项进行操作，但是中国解雇制度适用的主体首先是用人单位和劳动者，而不是专业的法律工作者。因此，中国解雇制度的改进方案必须便于操作。这一原则在本书中有多处体现。例如，在"经济赔偿金"的研究中，提出了采用公式 $W＝S×G×N$ 计算惩罚赔偿金。又如，在"推定解雇优先条款"的研究中，提出了将用人单位所有劳动者的得分按照公式 $Q＝A×N＋B×M＋C×X$ 进行计算，得分高的劳动者优先留用。这些公式的操作十分简便。

确保中国解雇制度理论联系实际的第三条原则是逐步推进原则。所谓逐步推进原则，是指中国解雇制度改进方案应当在考虑社会稳定的情况下逐步推进，不能一蹴而就。中国解雇制度的发展与建设不能只考虑立法技术和立法目的，还应考虑社会承受度。这一原则在本书中有多处体现。

本书贯彻了确保中国解雇制度理论联系实际的"三原则"，提出了一些旨在全面保障劳动者权益的观点，希望为中国解雇制度的发展贡献微薄力量。

梁晓

2021 年 10 月